憲法裁判の可能性

憲法裁判の可能性

奥 平 康 弘 著

岩 波 書 店

目　次

序

1　本書において私は、憲法八一条のもとで構築された司法審査(＝憲法裁判)がどのように展開してきたかを、その成立過程および初期段階など歴史的な文脈を重視しながら、検討してみた。私がおこなったことは、多くの人びとが指摘するところの、いわゆる司法消極主義を浮き彫りにすることに結果としてなった。それだけとれば、こうした作業はかず多くの憲法研究者たちがやってきていることに帰一するのであって、屋上屋を重ねたものでしかないようにみえる。

しかし私が本書で試みようとしたのは、司法消極主義を単に批判的に検討するという、いわば従来型の研究ではなくて、あえていえば、もう少し野心的なねらいがある。司法消極主義の特殊日本的なありようを、できるだけ各論的なレベルで問題を拾って明らかにし、それは一体どこからきたのか、なにに由来するのかを可能なかぎり客観的にさぐってみようとした。こうした問題視角からの司法審査研究は、これまでのところ十分になされてきたとは思えないからである。

従来の司法審査研究は、批判する者おのおのがもっているなんらかの規準に照らして、個々の判決を批評するか、あるいは、自己からみてあるべき一定の司法審査イメージを物指しにして、現実の制度運用の欠点を挙示するといったような、どちらかというと外在的な性格を帯有してきたように思う。これに反し、私の本書での試みが内在的だというつもりは毛頭ないが、「外在的に批判的である」まえに、私はまず批判対象としての制度およびその運用のありようを認識し、かつ了解することに努めようとした。

けれどもいかんせん、本書で取り扱った主題は、第一章、第二章のような「憲法訴訟の軌跡」を辿る作業を除けば、その主題選択と考察方法においてほとんど新奇といえるようなものばかりであったため、私としては一歩駒を進めては立ちどまってその防戦に努めるといった、まどろこしい仕事振りに終始してしまった。命の永らえることがあれば、本書で取り上げた各主題を換骨奪胎して、もう少し整った、まとまりのある「憲法訴訟」論へと仕上げてゆきたいものである。

2　これまでの司法審査研究にあっては、日本型司法審査に貫流している消極主義を、牢固抜くべからざる刻印と見做し、もしくはもはや治癒しえない重症と診断する傾向が強い。こうした評価はある意味で正当であって、ほとんど不可避であると思う。だが、問題はそれから先である。この消極診断、否定的な評価を前提として、そこから次のような声がかなり顕著に聞かれるようになったところに、最近の特色がある。すなわち、司法裁判所にになわせる仕方の憲法訴訟は日本では不毛であるから、司法審査の代わりに、ヨーロッパ大陸型の特別裁判所としての憲法裁判所を導入すべきだという主張である。

周知のように、韓国が一九八七年新しい憲法典を制定したさい、韓国の法学界にもとからあるプロ・ドイツ思考にもとづいて大陸型憲法裁判所を採用した(アメリカ型司法審査制を採らなかった理由の一つに、その型に属する日本の制度がいちじるしく不毛であるという判断があったからでもあると伝えられる)。そして成立後の韓国憲法裁判所は、活発に憲法判断をおこなって少なからざる数の法令・国家活動に違憲無効の宣言をしたのであった。日本の「進歩的な」憲法学者たちのあいだには、こうした制度・制度運営にかんがみ、韓国憲法裁判所にラブ・コールをおくる人たちが出てきたのが看取される。

日本司法審査の消極的な性格は、多くの人たちが指摘するように、生え抜きの裁判官(職業裁判官、キャリアの裁判官)が憲法裁判のありように決定的な主導権を握っている現状況に由来するところが少なくない。いわゆる学者裁判官としてほぼ一〇年最高裁裁判官を務めた伊藤正己氏は、その著書『裁判官と学者の間』(有斐閣、一九九三年)において、この現状況が必然的にもたらす消極主義を指摘しながら、日本型司法審査の代わりにかなりはっきりと大陸型憲法裁判所への志向を示唆して、注目をひいた。

一九九四年一一月三日に公表された『読売新聞憲法改正試案』は、かねての作業蓄積から予想されたとおり、「憲法裁判所」構想(試案八五—八九条)を打ち出し、これをそのセールス・ポイントの一つにしている。この『読売改正試案』は、いまの司法審査状況にイライラしはじめている市民層の要求に、こういう形で感応して、まことにたくみなるものがある。

私は、しかしながら、単に『読売』の憲法裁判所構想に賛同しえないだけではなくて、一部憲法学者のなかに浸透しはじめている憲法裁判所憧憬論にも反対の意見をもつ。私はまず、この種の思考方法に共通する「制度」論的な物の見方に、かなり不信感をいだく。ある「制度」がうまくはたらかないのは、その「制度」が悪いからであって、別の新しい「制度」をもってくれば、こんどはうまくはたらくと考える傾向には、警戒を要する。こういう物の見方には、いろんな角度からの検討が必要である。なかんずく問題なのは、「制度」が土壌とするさまざまな要素——あいまいに「文化」と呼んできている社会的・歴史的な背景もここに入るのだが——を捨象して、拙速に別の「制度」の導入を叫ぶ姿勢である。私はこれを、思想の怠惰性の現れであるとさえ考える。A制度の現状を規定している文化的な——と、取りあえずひと口で言っておくが——諸要素を深く地道に探究もせず、そしてそれらの組み替えの提言をもおこなうこともなく、同じ土壌のうえに、Aの代わりにB制度を持ってきても、存外、Bもまた、うまくはたらかないかもしれないのである。私は、まず、現状としての司法審査のありようを、それを成り立たしめている土壌分析とともに、もっと真面目に、もっと個別具体的に点検する作業がなければならないと思う。口早《くちばや》に「制度疲労」を語り、「首のすげ替え」を万能剤と思ってしまうのは、社会科学的ではない。

いま、ある制度が「うまくはたらかない」といい、他の制度なら「うまくはたらく」という言い方をしてみたが、きっと一番の問題は、「うまくはたらく」とか「うまくはたらかない」とかが意味するものはなにかということを、しっかり見すえることである。

ここで『読売改正試案』をもう一度取り上げてみよう。司法該当部分についての「解説」によれば、その憲法裁判所構想は、読売新聞社・憲法問題調査会の第一次提言における「日本には独立の憲法裁判所がなく、合憲、違憲の判断を求めることが極めて難しい。この点で速やかな判断を下しうる憲法裁判所の設置があり、検討に値する」とするメッセージをうけたものである。「憲法裁判所が迅速に対応」という見出し(『This is 読売』一九九四年一二月号、一〇三頁)にあるように、現行制度は憲法判断に「迅速に対応しない」からいけないのであって、新しい制度は「迅速に対応する」からよろしい、というのである。こうして、「憲法裁判所は、具体的紛争を待たずに法令等を抽象的に審査する」という自分たちの提言する仕組みを、一番のメリットをもつものとして自画自賛している。

しかしながら、「迅速な憲法判断」「抽象的な憲法審査」によって、ひとは一体全体、なにをイメージするのであろうか。

ほぼ五〇年の日本国憲法史のなかで、自衛隊憲法問題こそが、よかれ悪しかれ、もっとも政治的に重要性をもった争点であった。この問題は——一般の常識に反し——いまだ一度も最高裁判所の実体判断の対象になりえておらず、その意味では、この争点は憲法制度上いまなお全然決着がつけられていない。私たちは、この状況――これは特殊日本的・消極主義的な司法審査の特徴的な所産にほかならないのであるが――を戦後五〇年の日本歴史全体のなかで、じっくりと多面的に眺め直してみるべきだと思う。が、それはさておき、『読売』的な構想によれば、これはアノマリーの最たるものであるだろう。この憲法問題は、一九五四年自衛隊法が成立した時点、その時点において、抽象的な法規審査がおこなわれ、さっさと合憲・違憲の判断がくだされるべきであったのである。『読売改正試案』の拠って立つ「安全保障」構想からすれば、「自衛のための組織」は日本国にとって不可欠であるのだから、自衛隊法はその成立時点において合憲の祝福が与えられるべきであったはずである。事実は、警察予備隊、保安隊、そして自衛隊へと成長してゆく節々において、はたまた自衛隊が組織・装備・規模を増大させてゆく諸過程において、散々の憲法論議にさらされたのであったが、『読売』的な発想によれば、こうした憲法論争、憲法運動は、すべて生じてならない徒《いたず》ら事であらねばならないことになる。

自衛隊は一九九〇年夏の湾岸危機以来、「国際貢献」の名のもとに、大きな機能転換を経由することにより、新たな存在正当性をかちえた、と体制側は認識している。そうであるにしても、しかし、日本政府は、多国籍軍への多額軍事費支出をはじめ、自衛隊航空機・掃海艇などをはじめとする部隊海外派遣に当たって、憲法論議にさらされつづけた。そこでの論議は、いまなお歴然と尾を引いて、将来に課題を残している。ところが『読売』的な立場からすれば、これらの論点は、それぞれその初発の段階で、政府機関がさっさと憲法裁判所に提訴し、速やかに憲法判断の決着をつけてしまうべきものであったのである。市民は、憲法九条のもとで「あるべき国際貢献」はなにかを、議論し合うなどということはかったるくて無駄なことなのである。

ひとは、非常にたくさんの市民は、司法消極主義を改め司法積極主義に切り換えれば、自分の気に入らない法令や政府の行為が――どしどしというほどではないにしても――相当程度において「違憲」と判定されるにちがいないという見込みを抱く傾向をもつ。けれども、それは短絡というものである。そんな保障はどこにもない。憲法裁判の迅速化・積極化が、それ自体プロパーに「いいこと」だと考えるのは、幻想である。かえって、市民不在の、体制適合的な憲法裁判を招来する可能性があることを知るべきである。

3　たしかに、アメリカ型司法審査の日本への移植は、木に竹を接いだようなところがある。しかしそれをいえば、司法審査の継承だけがそうだったわけではない。それによって保障されるところの憲法における実体的な価値、すなわち民主主義、市民的な諸自由および生存と平和とのための諸措置は、ほとんどすべてがすべて、戦前の旧日本とはうまくつながり得ない「外来的なるもの」であった、とさえ言える。

私たちはほぼ五〇年、これらと付き合い、これらを自分のものとするために努めてきた。楽観のそしりもあるだろうが、それらはそれなりに相当に自分のものとすることができたし、これあるがため、すなわち「人類の普遍的な原理」たる政治原則をそれなりに身につけることができたから、私たちは、世界の諸国との交際において――尊敬とはとうていいえないにしても――相応の承認と信頼をかちえてきているのである。

なるほど、民主主義、市民的自由と平和的生存の確保のために司法審査が果たしてきた役割は、尠少なるものがある。それがなぜしかるかは――たとえばアメリカ合衆国最高裁がある種の憲法領域で果たしてきた役割と比較検討するなどしながら――今後の考察にゆだねるべき課題ではある。ともあれ、「ほんの少しの司法審査」と折り合いをつけながら、私たちは他のいろんな手段を補強的に用いることによって、市民的自由、民主主義および平和的生存の確保に努めてきた。この実績は、あながち棄てたものではなく、それなりに認識されてしかるべきかもしれないのである。

今後、憲法問題として私たちが当面するものはなんであり、そのなかで私たちはどんな価値を憲法によって保障されるべきものと構成することになるであろうか。それらがなんであるにしろ、私たちは、こうした問題を解決するに当たって、私たちが参加し、私たちがその方向づけをするのに貢献することを無しですませるわけにゆかない。そして、私の理解によれば、市民の憲法感覚・権利意識に根ざした個別具体的な係争事件からはじまるところの司法審査という制度は、市民参加という点で、より適合的なのである。私としては、「満更棄てたものではありませんよ」といいたい部分がある。一部から「保守的」のそしりを受けることを覚悟して、「折角ここまで折り合いをつけてやってきて、どこに、どんな問題があるか、代替的補強措置はなにか、などということがようやく分かってきたのだから、文句をいいつづけながら、このままやりつづけましょうよ」といいたいのである。

4　司法審査に将来の可能性を託すにさいしては、検討すべきことがたぶん山ほどあるだろう。私たちは、現状、すなわち司法審査をほとんど制度閉塞的なものにしてしまっている状況を成り立たしめている要素をしらみつぶしに調べ上げ、そうした仕組み・慣行・思考方法の組み替えをしないわけにゆかない(こうした、多分それぞれの社会の底辺にまで及ぶような組み替えをするのが面倒だからというので、司法型憲法裁判の代わりに「憲法裁判所」という表面的な「首のすげ替え」をすれば「うまくゆく」などというのは、くり返しになるが、幻想交響曲でしかない)。

ここでは、司法審査の憲法適合化という点で是非必要な、裁判所あるいは裁判官の「市民化」という課題に、ちょっとだけ接近してみたい。憲法裁判を職業裁判官に頼ることにしている現行の慣例(下級裁判所ではこのこと、すなわち職業裁判官がイニシャティヴをとるのは、ある意味で制度上必然であるが、最高裁判所にあっては職業裁判官がへゲモニーを握らねばならない制度的な必然性は全然ない。この点での最高裁人事構成その他の仕組みに組み替えを要求しなければならないのは、もちろんである)を前提にしていえば、職業裁判官の「市民化」がないわけにゆかない。職業裁判官、またの名、官僚的裁判官を既存の前提としたうえで、そのような裁判官に、私たちの市民的自由と平和的生存にかんする憲法保障を託しても、それはうまくゆかないのは、当たりまえの話である。

憲法訴訟の活性化のためには、裁判官が法律のもう一つ先(あるいはもう一つ上)にある憲法規範までアクセスし、憲法的な観点から市民の現実の欲求を見直してみることに、いますこし積極的になる必要がある。裁判官が、従来からそうしてきたように、あたかも法が自足的に完結した法であって、それに何ひとつ新しいものをつけ加えることなく自律的に運用することこそ、職業として守るべき第一準則だとするのでなく(セルズニックのいう「自律的な法」の観念から脱出し)、法をめぐる環境がいかにあるかを、もう一つ高い次元、すなわち憲法の地平から眺めて、法をそれが取りまく環境と対応させて捉えること(すなわち、セルズニックのいう「適応する法」として、法と現実とを調整すること)が試みられるべきである。このばあい、裁判官が総体としてイメージ・チェインジし、職業裁判官というものの限界を一度は取り払い、新しい裁判官像を創り上げてゆくのでなければなるまいと思う。そのための方途の一つを、裁判官の「市民化」という目標設定として、言い表すことができるであろう。

実際のところ、裁判官のあいだには、こういった方向を志向するなにかがあるように思う。その現れの一例として挙げていいのではないかと私が思うのは、以下のことである。一九九四年春、最高裁は司法修習生・神坂直樹さんの裁判官任官希望を拒否する措置をとり、このことがジャーナリズムでも大きく取り上げられた。この最高裁のやり方に異議を述べる、現職裁判官の意見が新聞投書欄に載った(寺西和史氏投書、朝日新聞一九九四年四月一三日)。知られているように、最高裁はこれまで一貫して裁判官不採用決定について、その理由を開示しない方針を堅持してきており

（これに関連して、裁判官再任拒否決定の問題を論じた、私の『知る権利』岩波書店、一九七九年、二九一頁以下参照）、今回の神坂氏に対しても同様に、不採用理由を公表はもちろん氏本人にも明らかにしていない。そのことの問題性が、以前と同じように、今回も多くの人たちによって指摘された。いま紹介した、新聞投稿欄に寄せた現職裁判官が衝いているのも、その点である。「最高裁が不採用の理由を明確にしないのなら、思想・信条を理由に不採用にしたのだと言われても仕方なかろう」と疑問を呈している。氏はこうして、「神坂さんが要求しているように、その理由をちゃんと説明すべきであると思う」と論じる。けれども私にとって、とくに興味があるのは、次の部分である。「私が、このように言うのも、これは現役の裁判官である私にとっても決して他人事としてすませられる問題ではないからである。なぜなら、裁判官には十年の任期があり、六十五歳まで裁判官を続けたいと思っている私は、任期を迎えるたびに再任を希望するつもりであるが、神坂さんが理由も明らかにされずに不採用になったように、私が理由も明らかにされずに再任を拒否されないとは限らないからである」。そして、氏は、今回の措置を「見殺しにすることは、自分自身の首を絞めることになりかねないと思い、筆を執った次第である」と結んでいる。

5　不採用人事においてその理由を明らかにしない方針をとっていることにつき、最高裁は——ジャーナリズム等で伝えられるところによれば——そうすることが採用を拒否された当人の利益に反するからである、という説明を提示するのが、つねである。今回のばあいも、それらしい説明（＝正当化根拠）が伝えられている。これが最高裁にとって唯一の正当化根拠なのか、それともただ単に表面的に理由として語られているだけなのかは、残念ながら不明である。しかしながら、それが唯一の論拠か、あるいは、そうでないにしても真に最大・最強の論拠であるのだとしたならば、それには、ひとを納得させる力がなく、したがって正当化の論拠たり得ないことを指摘しないわけにゆかない。

この、「当人の利益のために」というパターナリスティックな説明は、きわめてしばしば一般に、権威主義的なひとまたは機関が自らの権威主義的決定を正当化するために用いてきている。しかしたいていのばあい、疑ってかかる必要があるのである。ここでは多くは言うまい。もし真に「当人の利益」のためであるのなら、公表しないことに正当性があると言えるかもしれない。けれども、そのことは、当の本人にさえも開示しないという絶対非開示の措置を正当化し得ないのである。今回の神坂氏の請求がそうであるように、「私にその理由を示してほしい」という主張のなかには、「それを知らされることが私に不快・悲観その他の不利益を与えるものであっても、その不利益効果は私自身の責任において負担するであろうから、ともかくも私には示してほしい」というメッセージが含まれている。開示された理由をどう受けとめるかは、自分の運命をどう切り開いてゆくかという点に責任を負うところの当事者本人である、というべきだからである。最高裁が「本人に開示するのは本人のために不利である」と判断するところの情報は、それがほかならぬ自分にかんする情報なのであるから、本人が自分の置かれている環境を知り、自分が世界に向かって運命を切り開いてゆくについて、まことに貴重なものであるはずである。

いま私が述べつつあることは、間口を広げていえば、「告知・聴聞を受ける権利」として本書で別の角度から取り上げた「適正手続」要件と触れ合うところがある(第四章補論)。すなわち、国家は市民に対して不利益を課そうとするさい、それ相応に「適正な」手続を踏まえなければならないという、法の一般原則(あるいは、それを体現している憲法三一条)の要請がこれである。

もっとも、このように裁判官不採用問題を「適正手続」要件に近いところで議論することには、大いなる批判があるだろう。実際の話、最高裁がこうした議論の立て方を、一番嫌うにちがいない。裁判官の採用・不採用は、司法行政機関内部の内輪の問題であって、けっして対市民との関係、市民社会との関係を含むものではなく、したがって

「適正手続」がどうのこうのということは、はなから問題にならないのだ、という立場である(ここでは詳述しないが、"due process" 要件についてアメリカでかつて通用した「権利・特権峻別」論とこれとは、通底している)。この立場からすると、一般社会への公表であろうと、当事者本人にかぎっての開示であろうと、そもそも当局にとっては見せる必要がないことがらなのだから、見せないという論理になる。絶対非開示、そのことについて問答無用という態度をとっている現在の最高裁の立場に、これがいちばん適合しているもののようである。

指名権・任命権を持つ国家機関内部の事務処理の問題で、市民とかかわる権利義務関係は含まないとし、「適正手続」要件と触れ合うのを拒むのは、セルズニックのいう「自律的な法」の典型的な現れである。法ということを自己完結的なものと受け止める。そしてそれを自分たちが、自分たちだけの判断で、昨日と同じように今日もこれをころがす。そう運用するように自分たちに任されているからである——と、こう考える。

私の理解によれば、「適正手続」要件が大事なのは、まさにこの「自律的な法」との対抗関係においてなのである。「自律的な法」というものは、放っておけばかぎりなく拡大する。拡大しないまでも、法の運用を司る機関の側の恣意、能力上の限界その他いろいろな理由により、正義に適わないものが出てくる可能性があるのに、まさに「自律的な法」であるがゆえに、外部からそれを指摘し匡正をもとめることができない。法は、現実適合性を欠くことになるが、「自律的な法」はまさに「自律的」にうごくべきなのだから、現実と適合するか否かは知ったことではないのである(匡正があるべきだとすればそれは、ケース・バイ・ケースの解釈運用によってではなくて、新しい法の創造(=立法)によってなされるべきなのである)。

このような「自律的な法」の欠陥の「被害者」は、こうした「法」を強制される市民である。市民は、被害を最小限に食い止めるべく、通告(=理由開示)を受け自己の立場を弁明し防御したいと思う。こうして出てきたのが、「適正手続」の要求である。「適正手続」というのは、相手方にも、法の解釈と適用につき、一言、二言言わせるチャンスを与えること、つまり法の運用に参加させることを意味するから、「法」はそのかぎりにおいて「自律的な法」であることを止めることになる。「適正手続」要件は、「自律的な法」の解体をもたらす(そうだから、「自律的な法」においてあれやこれやの既得権を有する国家機関は、「適正手続」の導入を嫌い、その伸展に抵抗する)。そして、それに代わって、セルズニックのいわゆる「現実適合的な法」が成立することになる。「適正手続」コンセプトは、「現実適合的な法」を成立させる要素であるとも、その所産であるとも言えるだろう。

以上要するに、「適正手続」コンセプトは、「自律的な法」の世界における「法」運用機関およびそこにおける「法」コンセプトに対し、「市民化」をもたらすはたらきをするということである。

6　さてここで、神坂任官拒否事件に話を戻して言えば、先に指摘した現職裁判官の声は、職業的裁判官の声ではなくて、あれは市民の声であり、市民の「適正手続」をもとめる声である。

旧来の身分規律(「自律的な法」の一形態)からすれば、官職にある者が職務に関連して新聞投稿・論文発表するさいには、上司の事前許可がなければならない、と考えられていたのである。そういう規律が明文上あろうとなかろうと、この種のメッセージを外部社会に表明することは職業倫理に反し、はしたないこととされ、めったなことでは、こうしたことは生じなかった。これが日本社会の法文化であったし、そうであるから「自律的な法」は安泰に自律的であり得たのである。

だが、この、新聞投稿をあえてした若い裁判官は、機関内部にありながら、市民として発言することによって、旧来の身分規律またはその惰性としての自己規制慣行がもはや完全には有効でなくなりつつあることを示したのである。

こうした裁判官の「市民」化は、憲法裁判の方向づけに小さくない影響を与えるであろうと期待される。はじめにも述べたように、裁判官が憲法裁判をするのであるから、その裁判官が「市民化」することは、憲法裁判制度を活かしてゆくための不可欠な要素の一つだと思う。

さてそろそろ「序」の文章を閉じようと思う。たまたま私が接しえた最近の憲法判決(あるいはそのような実体を具えた判決)に、一九九四年一二月二二日、大阪高裁が示した「エホバの証人」判決がある。ここではその内容を紹介するいとまがないが、簡単にいえば、「エホバの証人」の信者たる学生が、その宗教的な信念にもとづいて学校が課した体育の剣道実技を拒否し、それに代替しうるような体育実技を承認してくれるように要請した。しかし学校当局は、これを許さず、当該学生はそのゆえに必要な単位を取得することができないという不利益を受け、ついに単位数不足のゆえに退学処分に処せられた。第一審・大阪地方裁判所は、学校教育の自己完結性をつよく認め、いわばそこにおける「自律的な法」を簡単に許してしまった。これに対し、第二審・大阪高等裁判所は、こうした「自律的な法」を自己完結的に承認してしまうことによって、学校教育が憲法によって保障されるべき信教の自由に対応できなくなってしまうマイナス面を重視した。「自律的な法」に対して個人の自由の観点からの見直しをおこなったのである。

この大阪高裁判決に雁行して想起されるのは、たとえば、一九九三年六月の、民法九〇〇条四号但書前段(非嫡出子の相続分を摘出子の相続分の二分の一とする規定)を憲法一四条一項の平等条項に違反し無効であると判示した決定(東京高決一九九三年六月二三日判時一四六五号五五頁)である。

どちらの高裁判決あるいは決定も、上告審の場で争われることになる。が、どう転んでも最高裁判所は、「自律的な法」のありようにゆさぶりをかけたことになる原審判決あるいは決定を真面目に検討することなしに、ただやみくもに破棄するというわけにはゆくまいと思う。最高裁は、もし原審判断を破棄し、第一の例でいえば学生の信教の自由に後退をせまるばあいにしろ、第二の例でいえば非嫡出子である以上は差別を受けるのは一夫一婦制を根幹とする現行家族制度上、自然のなりゆきであると判示するばあいにしろ、原審裁判所がおこなった論理構成の「上をゆく」必要があるであろう。ただやみくもに原審判決決定を破棄して、「合憲」と宣言するわけにはゆかない。それなりに納得のゆく合憲論を提示することが要請されるのである。こんなふうに、徐々ながら、司法審査はそれなりに展開してゆくにちがいあるまい、と希望的な観測ともいえる展望を、私はなおしばらくは持ちつづけるであろう。

一　憲法訴訟の軌跡と理論

一　憲法訴訟をめぐる一般状況

1　憲法訴訟の制度は、わが国の社会体制（＝イスタブリッシュメント、社会体制の支配層）にほぼ適合的に形成展開し、そういうものとしてそれは現在、まずは無難な存在として安定した立場を享有しつつあるといえる。もっともそうだからといって、わが憲法訴訟制度にはあまり問題性がないということではない。むしろ逆に、社会体制上無難な制度になりおおせているところに、一定の小さくない問題性をうかがわせるものがあるように思えるのである。

わが国に憲法訴訟制度が創設されてから三六年になる。(1)三六年といえば――たとえば明治憲法の寿命が約五五年、治安維持法のそれが二〇年といった事実と対比していえば――法制度の生存期間としてはけっして短いとはいえない。その間にあって、最高裁判所は、その関与した憲法裁判との関係で、社会支配層から論議の的にされたことがどれほどあったであろうか。いうまでもなく、最高裁判所にもち込まれる憲法訴訟の多くは、政治的・社会的・経済的な価値にかかわるものとして、当事者にたいしてはもちろんのこと、広い国民各層にわたって、大きな利害関係を及ぼさずにはおかない。最高裁判決は、否応なく、ある程度の論議を誘発しないわけにはゆかないのである。もし最高裁判決にして、少しの論議をもひきおこさないていのものであるとしたならば、憲法訴訟は、現実世界にあってほとんど意味のない無用の長物となり、化石化するほかない。わが最高裁判所は、個別の憲法判決において、いろいろのレベルの利害関係者から、さまざまな論議の対象とされるのがつねである。すなわち、それなりに動いているから、誉められたりくさされたり、期待されたり失望させたりするのである。そしてそのかぎりでは、わが憲法訴訟は命脈を保っており、そして命脈を保っているかぎりにおいて、それを将来においてどう活かすべきかを、われわれは論ずる意味があるわけである。

こういった制度上当然にともなう論争ではなく、もっとドラスティックな、制度のあり方そのものにかかわるような性質の震駭を、わが最高裁判所はどの程度経験しただろうか。こうした事態に近い事例としてあげることができるのは、たぶん、官公労働者の争議権禁止をめぐる全逓(東京)中郵判決(最大判一九六六年一〇月二六日刑集二〇巻八号九〇一頁)および都教組判決(最大判一九六九年四月二日刑集二三巻五号三〇五頁)の、この二つの大法廷判決に向けられた社会支配層のかなり直截な批判的反応であっただろう。

全逓中郵判決および都教組判決は、それ以前の憲法訴訟の動向が「公共の福祉」論にもとづくプリミティヴな憲法判断処理を基調とするものであったことと対照的に、ようやく憲法訴訟といえる形姿を整えてできたといえる点において、画期的なものがあった。

しかしながら、両判決は、それぞれ公共企業体等労働関係法一七条一項、もしくは地公法三七条・六一条四号に制限解釈を加えることにより、官公労働者の争議権に一定の承認を与える内容のものであったために、社会支配層から強い反感を買うことになってしまったのであった。官公労働運動を制御することによって、労働運動全般をもコントロールしえてきた体制側にとっては、官公労働者を抑制する手綱をちょっとでもゆるめることは、許されてならない、あるいはかれらの琴線に触れる大事《おおごと》であったのである。こうした状況判断を反映して、政治レベルすなわち国会や政党では、少々品を欠いた議論もふくめて、きわめてきびしい最高裁批判が飛び交ったのであった。

このときの最高裁論議がどんなものであり、それが最高裁にどんな影響を与えたかを追究するのは、本稿の外におこう。ここで指摘したいのは、社会体制にとって重要な意味をもつ争点が社会体制にとって気に入らない形で裁断されたということがらの実体をさしあたり度外視して、両判決をもっぱら法律学上の見地から憲法訴訟のあり方（＝手法）として――たとえば、アメリカ合衆国最高裁判所の憲法判例の趨勢と照合しながら――みてみれば、それらはそんなにきわ立って目覚ましい特徴をもつものであったわけではないということである。たとえばこの二つの判決は、いかなる意味でも、いわゆる司法積極主義の性格や徴候をもつものではなかった。かえって逆に、問題の法規を違憲無効と解釈するみちを意識的に回避し、法規を合憲的たらしめるよう限定解釈して、国会と対決することのないよう注意ぶかく配慮されている。取られた手法はブランダイス＝フランクファーター流の司法自制方式[2]に近いのであって、むしろ司法消極主義の現れといっていい。ついでにもう一つ特徴的なことをいえば、多数意見におけるこうした消極主義的な限定解釈手法は、都教組事件にあっては奥野健一ほか五名の反対意見によって、「法の明文に反する一種の立法であり、法解釈の域を逸脱したものといわざるを得ない」と手きびしい異論に当面した。つまり、反対意見は伝統的な立法権優位の原則に固執して、より強く司法消極主義に徹すべきことをもとめ、法規を限定解釈する方法自体を拒否するとともに、わざわざ限定解釈をするまでもなく法規はその生地のままで合憲であるはずだ、と強気の構えをとった。そして、周知のようにこのときの反対意見が、ほぼそのままのちの全農林警職法判決と全逓（名古屋）中郵判決の、いわゆる「逆転」判決において、多数意見へと上昇転化するという道筋をたどることになる。全逓（東京）中郵判決と都教組判決で「出た釘」は、のちの時間経過――そうしたなかで生じた最高裁人事の変化――により、打たれて引っ込んだ。こうして実体的にいえば、社会体制の価値が復元し貫徹することになる。

2　司法積極主義か司法消極主義かをめぐり、わが国でもそれなりにかまびすしく論ぜられてきている。けれども、アメリカと対比してわが国のばあい、下級審の憲法判決例を別にして最高裁レベルでいえば、一体全体、司法積極主義を体現あるいは暗示するような判例があっただろうか。もっとも、司法積極（逆にあるいは司法消極）主義とはなにかをはっきりさせずにこうした設問をすることは愚かなことではある。[3]　実際たとえば、前記都教組判決での奥野ほか五名の反対意見論者からすれば、「法解釈の域を逸脱し」「一種の立法」をおこなった多数意見は、司法積極主義もいいところだ、ということになるだろう。しかし、司法積極主義の刻印を極端に司法自制的な立場からなんにでもおすのでないかぎりは、わが最高裁が司法積極主義をとったり、それに近づいたりしたことは、かつて一度もなかったといえるのではなかろうか。このことは、おいおい本稿において明らかにするところであるが、わが憲法訴訟の軌跡を、合衆国最高裁のそれと引き比べてみれば、わが方がきわめて忠実に司法消極主義に従ってきていることがわかる。

いまここで合衆国最高裁の憲法訴訟の取り組みを司法積極（消極）主義の観点から総点検する余裕はない。さしあたり、一九五四年の Brown v. B'd of Education (347 U. S. 483 (1954)) を画期として展開する一連の流れを垣間見さえすれば、それで足りる。ブラウン判決は、それまでごまかしごまかし使ってきた「分離すれども平等」の法理を、まずさしあたり義務教育学校レベルで破棄したものであることは、周知のとおりである。こうして、学校での黒人白人の人種統合政策が憲法の命ずるところとして実行されねばならなくなった。これをいかに執行するか――その道筋をつけ実行を監督することが司法の任務とされることとなった。同時に、学校以外の社会諸制度においても「分離することが不平等」とする法理が、拡散適用される運命になり、司法の役目はさらにます。人種を素材とした差別問題に端を発して、政治・経済・社会において長いあいだ容認されてきたさまざまな「差異」が違憲か合憲か争われるようになる。政治的な脈絡で事例をあげれば、一九六二年の Baker v. Carr (369 U. S. 186 (1962)) がある。議員定数配分の不均等問題を、伝統的な「政治問題」ドクトリン(わが国でいわゆる「統治行為」論)の束縛から解放し、司法審査の対象とした画期的判決であるのは、知られているとおりである。爾来、裁判所が積極的に議席再配分にかかわって庞大な裁判例を集積しながら今日にいたっている。

精神的自由の領域で例をとろう。一九六二年の Engel v. Vitale(370 U. S. 421(1962))は公立学校の教室で一定の宗派にとらわれない形のものであっても、祈禱をするよう指示するのは、政教分離に違反すると判示した。

社会生活や社会風俗、あるいは社会モラルの分野にかかわっていえば、夫婦間の避妊の自由選択をあつかった一九六五年の Griswold v. Connecticut(381 U. S. 479(1965))に端を発し、こどもを産む産まないの自主決定権を問題にして人工流産規制立法の合憲性を争った一九七三年の Roe v. Wade(410 U. S. 113(1973))へと展開する。こうして一方では、人工流産の規制方法をめぐるかず多くの裁判例が続出し、他方では、生活様式(ライフ・スタイル)にかかわる公権力規制のあれやこれやが司法審査の対象にされ、やむことを知らぬ勢いを示している。

以上の動向は、まずは差しあたり、「司法積極主義」によって特色づけられる、いわゆるウォーレン裁判所においてみられるが、とかくわれわれが「司法消極主義」一色でみようとする、いわゆるバーガー裁判所にまで引きつづきうかがうことができるものなのである(4)。

一九六九年ニクソン大統領により任命されたバーガー長官の統轄下に形成されたバーガー裁判所、またの名ニクソン裁判所は、ウォーレン裁判所がほしいままにしてきた司法積極主義に強力なブレーキをかけることが期待された。しかしながら、流れには抗しえなかったのであった。そのことを象徴するのは、いまさっき言及した一九七三年の Roe v. Wade である。人工流産の自由に一定の憲法保障を与えたこの判決は、のちにある種の社会勢力から「諸悪の根源」とされ目の敵にされることになるのであるが、これはほかならぬバーガー裁判所になってからの産物である。

バーガーら司法自制論者たちをもってしても、この判決を阻止しえなかったのである。

このように、バーガー裁判所になったからといって、かならずしも司法審査のありように大きな変革が生じたわけではない[5]。いやかえって、ブラウン判決にその源を発するところの、制度訴訟(公共訴訟、(社会)改革訴訟)という新しい形の憲法訴訟の展開が顕著にみられるようになっている。個別の権利義務関係がではなく、学校、監獄、病院などの制度や社会保障の体系などの管理運営の総体そのものの合憲性を問い、ある水準・ある内容までの制度改革を司法救済として受けとめるという訴訟形態がこれである。これは、ウォーレン裁判所においてよりもむしろバーガー裁判所において発達した、あえていえば司法積極主義の範疇に属するというほかない新動向なのである[6]。

古きよき日の「伝統」への回帰を希求するレーガン政権は、こうした司法積極主義に歯止めをかけるべく、機会あるごとに司法自制論の正当性を人心に訴えるとともに、連邦の諸裁判所人事では、司法自制論者たるべきことを最大の選考要件としてことにあたっている、と伝えられる。こうして強烈な州権論者であり司法自制論者であって、しかも史上はじめての女性裁判官としてオカナー女史が任命された。オカナーが参加することによって、バーガー、レーンキストらの司法消極主義者は、こんごは相当程度に判例の趨勢に軌道修正をおこなうことができるようになるかもしれない。しかし、憲法問題(争点)の性質によっては、一概に司法消極一元で割り切れない部分がのこるはずである。

多少の後退がみえはじめているとはいえ、少なくもいまのところは合衆国最高裁判所は司法消極主義へ明確に傾いた、とはとうていいえない状況にある。そして、そうだから、ある種の政治家たちは、最高裁判所あるいはその他の連邦裁判所が関与しうる裁判事項を明文上縮減しようとする法律案を競って合衆国議会に提出するという、かつてない深刻な事態を招来しているのである。知られているように、裁判事項の制限をはかるこうした法案は、二〇以上も国会に上程されている。それらは、州が制定する人工流産規制法にかんする事案、公立学校で「自由意思」にもとづきおこなわれる宗教上の礼拝にかかわる事案、もしくは学校教育制度上なされる人種統合計画の実施に関係する事案をあげ、これらについて連邦裁判所の審理権限を剝奪制限し、連邦裁判所が原審判決の破棄や差止め命令・宣言判決その他の司法救済を与えることができないようにしようというねらいをもつものなのである。(7) こうした裁判事項の剝奪・制限立法が合憲でありうるかどうか、それ自体論議の対象たりうる主題であるが(8)、立法にむけたデモンストレーション自身が、裁判所にたいする効果的な抑止力を内包してもいるのである。

合衆国の司法積極主義か司法消極主義かの論議が、じつはこのような現実の政治的な対立・対決を背景とし、それとのかかわりにおいてなされているものであることを、われわれは肝に銘じておくべきである。

積極か消極かの二者択一のアメリカ的状況について、もう一つ付言しておいていいと思われるのは、次の点である。司法自制をもとめて迫っている争点は、どれひとつとっても底知れぬ深淵をかかえている種類のものだということである。人工流産制限に象徴される性その他人間のある種の生きざまを規制することを多数決原理にもとづく立法府の判断に最大限まかせ、司法がやたらに介入しないようにすべきだということにより、憲法論を割り切ることができようか。(9) それで真に問題は解決するだろうか。あるいはまた、人種統合のすすめ方は州や地方の裁量にゆだね、憲法上の平等原理をふりかざしてあれこれと裁判所が口出しをしないことによって、人種差別は解消し、社会の進展をさまたげる人種対立がなくなりうるだろうか。総じて、司法消極主義に切り換えて、裁判所の介入に手加減を加えれば、憲法的価値が自ら貫徹し、人びとはひとしなみに満足することができるようになると考えられるか。

よかれあしかれ合衆国最高裁は、抜きさしならぬ形で憲法上の争点を識別し、これに接近して、いまではもはや憲法をまったく放りなげるのでないかぎりは、ある種の憲法上の価値(表現の自由、適正手続、平等、残虐な刑罰の禁止などなど)の実現にコミットしつづけてゆくほかないところまできているのではなかろうかと、私には思われるのである。

前置きのつもりのアメリカの話が冗漫になってしまったが、要するにこうした状況に取りまかれた合衆国の憲法訴訟は、アメリカ型を継承したといわれるものの日本の憲法訴訟のありようと随分ちがうものがあるといわねばならないのである。わが国のそれは一義的な司法消極主義に取りまかれて、社会政治支配層からたいして誉められもしない代わりに手ひどく叱られもせず、語弊があるがあえていえば、こぢんまりと自己を規定し、かかるものとして特殊日本型憲法訴訟の姿を析出しつつあるのではなかろうかと思われる。

私は長いあいだ日本国憲法が設定した憲法訴訟を理解するばあい、合衆国のそれをモデルにし、それに引きつけて接近してきた。こうしたアプローチにはある程度の正当性があるといまでも思っている。しかしながら、憲法上の他の制度や現象と同様、この憲法訴訟の領域でも最近は日本の特殊性・独自性が目立って気になりはじめている。こうした日本的性格を認識することは、ただちにこれを肯定することを毫も意味するものではない。けれども違ったものをそれとして認識したうえで、ではこれをどう評価すべきかと考えるべきなのであって、アメリカの法理や訴訟理論をそのままわが法上にすべり込ませるのは、わが法に固有な問題点をいつまでも糊塗することになって、正当ではないと考えはじめている。

(1)　本章の原型は、一九八三年に書かれた論文である。これを本書に収録するに当たり、内容上相当の修正増補を加えてはいるが、執筆当時の筆者の構えのようなものは、よかれ悪しかれそのまま残してある。時代変化から生じたある種のずれは、本章につづく第二章において調整をはかるという方法をとった。このことを予め、了解していただきたい。

(2)　この範型をもとめるとしたら、L・D・ブランダイス裁判官の補足意見(his concurring opinion in Ashwander v. T. V. A., 297 U. S. 288, 346-348 (1936))に見出すことができる。要言すれば、憲法判断は、当該訴訟事件の具体的な紛争解決に不可避的に関連するかぎりでなすべきであり、当該法律は合憲的な解釈が可能であって、こうした解釈により当事者間の紛争解決、とりわけ市民の側の権利救済が達成しうるばあいには、あえて憲法審査に踏み込むべきではない、という考え方である。F・フランクファーター裁判官は、こうしたブランダイス流の司法慎重論を継ぎ、もう一つ自制論の度合いをつよめる司法行動をとった、と解される。

(3) 芦部信喜『司法のあり方と人権』(東京大学出版会、一九八三年)九一頁以下、佐藤功「司法積極主義と司法消極主義」法学セミナー三〇〇―三〇四号(一九八〇年)(『続憲法問題を考える』(日本評論社、一九八三年)一八九頁以下収録)など参照。

(4) ちなみに、バーガー裁判所が比較的最近、憲法訴訟上、州および連邦の行為にくだした法的評価の割合を、左上の表からみていただきたい。州の行為を破棄した事例の方が、連邦のそれよりも多いことがわかる。しかし全体として、バーガー裁判所が存外に多く破棄判決をくだしていることもうかがえる。

(5) ここから来るいらだちの表明を、たとえば次の論文によって代表的にみることができる。Glazer, Towards an imperial judiciary?, Public Interest No. 4, p. 104 Fall 1975.

裁判期	州・地方レベル		連邦レベル	
	維持	破棄	維持	破棄
1980—1981	17	21	15	0
1979—1980	18	19	17	3
1978—1979	31	26	9	3
1977—1978	24	24	7	5
1976—1977	33	25	19	5
計	122(ママ)	115	67	16

Sager, The Supreme Court, 1980 Term—Foreword: Constitutional Limitations on Congress' Authority to Regulate the Jurisdiction of the Federal Courts, 95 Harv. L. Rev. 17, n. 112 at 56 (1981)

(6) この、日本の憲法訴訟の形態としては非常に成り立ちにくいと思われる訴訟形態が、合衆国においてどう受けとめられているかを示す、きわめてかず多くの論文があるが、ここでは若干の例をあげるにとどめる。Chayes, The Role of the Judge in Public Law Litigation, 89 Harv. L. Rev. 1281 (1976); do., The Supreme Court 1981 Term—Foreword: Public Law Litigation and the Burger Court, 96 Harv. L. Rev. 4 (1982); Goldstein, *A Swann Song* for Remedies: Equitable Relief in the Burger Court, 13 Harv. C. R. —C. L. Rev. 1 (1978); Yeazell, Intervention and the Idea of Litigation: A Commentary in the Los Angeles School Case, 25 U. C. L. A. Rev. 244 (1977); Eisenberg and Yeazell, The Ordinary and the Extraordinary in Institutional Litigation, 93 Harv. L. Rev. 465 (1980); Fiss, The Supreme Court, 1978 Term—Foreword: The Forms of Justice, 93 Harv. L. Rev. 1 (1979).

(7) Sager, op. cit., at n. 4 を参照。

(8) たとえば、Emerson, The Power of Congress to Change Constitutional Decisions of the Supreme Court: The Human Life Bill, 77 Nw. Univ. L. Rev. 129 (1982) を参照。

(9) たとえば、Brest, The Fundamental Rights Controversy, 90 Yale L. J. 1063 (1981) を参照。

二　判例理論の軌跡

わが憲法訴訟およびそれにかんする理論がどんな歴史的展開の産物であるのかを詳細に検討する作業は、ぜひ必要なことである。これを将来の課題としてのこしておいて、ここでは、現在の状況を認識するのに必要な最小限度の歴史的な概観を試みるにとどめる。[10] 以下の時代区分は、一応のそれであるにすぎない。憲法訴訟の制度の展開とそれにかんする理論の展開とは、相互に分ちがたく関連するので、両方をにらみ合わせて区分してみる。[11]

第Ⅰ期(一九四七年—一九五九年)

この時期は、日本国憲法によって創設された憲法訴訟制度が離陸するために要した滑走期と称しえよう。制度の作り方(憲法レベルの草案作成の過程、裁判所法その他手続き・機構の形成過程、裁判官人事などなど)やそれにたいする人びとの対応などは、その後の展開を左右するものであるが、ここでは、明治憲法体系と根本的に異なる、この憲法制度の受容には、政府当局者も法曹界も研究者も、大いにとまどい、混迷し——意識するしないにかかわらず——大いに抵抗したに違いないとだけ、示唆しておく。いま「明治憲法体系と根本的に異なる」と書いたが、これは単にのちの展開で明らかになるように、アメリカ型司法審査制(およびそれにともなうさまざまな特質)が明治憲法と無縁であったということを意味するだけではない。アメリカ型の前提には、憲法というものは国民の権利・自由を直接的に保障するものであって、それは当然に国家機関と国民との対立関係に適用される規範であるという憲法観があるのだが、明治憲法体系はこうした憲法観を採用していなかったことをも内包する。[12] そしてまた、じつは「明治憲法体系と根本的に異なる」とする、この評価的叙述自体、当時にあってはたいへん問題性をふくむものであったことも指摘しておかねばならない。というのは、ヨーロッパには第一次大戦以降、オーストリー憲法やワイマール憲法によりある種の憲法裁判制度が成立しており、この型の(特別)憲法裁判はかならずしも基本的に明治憲法体系と矛盾するものではない、と考えられたからである。すなわち、こうした大陸型の憲法裁判制度は、立法権優位の憲法原則および憲法規範とは国家機関にむけられた客観法であり、かつ、それにとどまるという憲法観のうえに成立したのであって、この点においては、明治憲法の延長線上で少なくも理解可能な性格を有していたのである。

憲法八一条を中心として日本国憲法が定めた憲法訴訟にかんする条文を、このように大陸型憲法にひきつけ、あるいは明治憲法の延長線上で理解した典型を、佐々木惣一[13]の理論にみることができる。日本国憲法は一義的明確に(特別)憲法裁判制度をとったものとはいえぬが、その方向性をもっているのであって、法律上の選択で憲法裁判を創設することができるという説[14]も、のちのことであるが、出てきた。そののちの法実践の過程で、結局はこれら(特別)憲法裁判説は浸透力をかちえず、アメリカ型司法審査説が貫徹し通説となる。しかし、それはあとからの話であって、理論のうえでは、大陸型かアメリカ型かという、制度の根本デザインのところで、人びとは多大のエネルギーを費消したのであった。

制度の根本デザイン、あるいは器の問題が実際上片づきはじめたのは、一九五〇年代前半であった。司法審査型への方向がはっきりするとともに、訴えの利益、事件性など訴訟要件、下級裁判所の審査状況などなど、それに付随したことがらも、ある程度、明らかになった。さて、この間にあって、器に盛られた中身はどんなものであっただろうか。これを、どんな仕方で憲法判断の内容が決定されたのかという観点から、総括的にみることができる。だれでもが知っているように、「公共の福祉」の有無の検討という、たいへん抽象的で次元の高いところで法規の合憲性を決定する方法が、ほとんど一元的に支配するようになった。すなわち憲法学説・理論は、憲法一二条、一三条のいわゆる人権総則規定中の「公共の福祉」に着目し、ここにいっさいの人権の制約根拠を見出したし、判例は当然のことながら、えたりかしこしとばかり、これを解釈原理として採用した。

「公共の福祉」審査方法は、過渡期の理論として、それなりに了解できるものがある。その一つの側面は、ともかくも「立法権の優位」を否定し人権保障を推進するという変革的な契機である。各種の自由権規定に「法律の留保」をつけ、「立法権の優位」を中心眼目としてきた明治憲法との対比でいえば、どんなレベル、どんな基準をもってするのであれ、ともかくも裁判所が法律の内容を実質的に審査するというのは、文字どおり画期的なものであった。革命的なものであった。少なくとも、そうであるような外観を呈したのであった。たとえば「言論の自由は、法律をもってしても奪われないものとして、憲法はこれを保障するにいたった！」という言明は——その具体的な意味内容がなんであるかを問うまでもなく、それ自体において——強烈に刺激的であった。

右は、「公共の福祉」論の——すくなくとも外観的には——進歩的、画期的な面であった。「公共の福祉」論のもう一つの側面は、伝統とのつながりにおいて受容されるものであった。それは、「立法権の優位」を実質的には保存する機能との関係で現われる。「公共の福祉」方法は要するに、特定の法規が合理的な規制目的を具有しているかどうかを審査し、なんらかの合理的な根拠があれば、当該法規は合憲とするものである。だれしもがわかるように、いやしくも国会や帝国議会が制定した法律に、どこをどうさがしても合理的な根拠を一片も見出しえないということは、非常にありそうなことではない。すなわち、この方法この基準をもってすれば、結果としては、違憲たるべき法律というものはほとんど存在しない。それはただ観念的にのみ想定しうるにとどまることになる。すなわち、実際上「立法権の優位」はきずつけられることがない。過渡期にふさわしい理論であり実践であったというべきである。

「公共の福祉」方法の特色の一つは、規制する国家権力の側になんらかの理屈があるかどうかだけをみる点にある。しかし憲法には、憲法が確保することを約束する諸価値および諸手続があるのであって、ある価値・手続は国家の側のどんな規制利益をもってきてもなおそれは憲法上保持されなければならないかもしれないのである。「公共の福祉」方法は、このように憲法が予定している価値体系・手続構造と調整しないまま、飛び出し独走してきたという意味でも、過渡期にのみ存立しうる一時しのぎの理論であった。

大野正男はこの時期を法学がではなくて「神学」が支配した時代といい、理論状況としては「ドグマ対ドグマの対立」がみられた時代だったと観察している(15)。正当だと思う。このことはとくに、「公共の福祉」をめぐる攻防戦においてしかりとする。ただ、こうしたなかからも、アメリカ司法審査型を肯定的に前提としたうえで、違憲判決の効力いかんといったような、制度の具体化にかかわるレベルの議論がそれなりに展開しはじめたのが看取される(16)。

第Ⅱ期(一九五九年―一九六五年)

この期は、前期の滑走期を経てようやくテイク・オフし、上昇に入りはじめた時期、と表現できよう。第Ⅰ期にあって違憲判決の効力いかんといった問題が論ぜられるようになったといっても、司法が「公共の福祉」手法にとどまっているかぎりは現実に違憲判決が出てくる余地はほとんどない。こうしたいわば制度閉塞状態のもとでは、憲法訴訟理論は全面開花しえず、迫力に欠ける。ところが、「公共の福祉」手法が愛用されることによって制度閉塞におちいっていた人権保障領域以外の領域で、重要な憲法訴訟事件のいくつかが提起され、憲法訴訟のありように少なからざるインパクトを与えることになった。発端は、いわゆる砂川事件の第一審判決である。日米安保条約にもとづく駐留米軍は、憲法九条二項で禁ずる戦力にあたるとしたこの判決は、飛躍上告により最高裁の審査に付されたところ、最高裁は、政治的性格のゆえに、日米安全保障条約にかんし「違憲なりや否やの法的判断は、純司法的機能をその使命とする司法裁判所の審査には原則としてなじまない性質のもの」と判示した（最大判一九五九年一二月一六日刑集一三巻一三号三二二五頁）。この最高裁判決の論理構成は非常にはっきりしたものとはとうていいえないものであったにもかかわらず、衆議院解散問題をあつかう苫米地判決（最大判一九六〇年六月八日民集一四巻七号一二〇六頁）、警察法改正の効力を争う判決（最大判一九六二年三月七日民集一六巻三号四四五頁）などが積み重ねられる過程で、これらは憲法訴訟の限界を示す統治行為論（あるいは政治問題理論）をとるものとして一括承認されるようになる。[17] 第Ⅰ期において承認され、ようやく展開が基礎づけられた司法審査型が、こうして第Ⅱ期には「わが国の存立の基礎に極めて重大な関係をもつ高度の政治性を有する」憲法争点との関係で、本質的限界をともなうものとして把握される。これが司法消極主義の、もう一つ端的な現れであることはいうまでもない。

けれども、この時期の終りごろに、憲法訴訟にとって重要な判決が出て、司法審査型が形姿を整えはじめつつあることを暗示した。第三者所有物没収について関税法の不備をついた違憲判決（最大判一九六二年一一月二八日刑集一六巻一一号一五九三頁）がこれである。この判決は、実体的には財産侵害と聴聞手続をうける権利とをあつかうものであり、この点でも重要であるが、かつ、憲法訴訟上の問題でいえば、憲法上の争点を提起する者の適格性をとりあげたものとして重要である。しかもこの判決は、同じ関税法問題について当事者適格性を狭く解釈し争点にかんしすげなく門前払いにしていた、わずか二年まえの先例(最大判一九六〇年一〇月一九日刑集一四巻一二号一五七四頁)を明示的に変更したものであったのも注目に値する。(18)

この判例がまず直面しなければならなかった当事者適格性問題のような、多かれ少なかれ技術的な問題は、当時かならずしも憲法研究者の関心事内に属していなかった。それだけに、大法廷判決が出る直前書かれた芦部信喜「憲法訴訟における当事者適格」(ジュリスト二六一―二六三号、一九六二年)は特筆に値する。もし司法審査型がわが憲法訴訟の形態として確定的なものであるとすれば、当然、この種の、多かれ少なかれ技術的な問題領域は憲法学固有の任務分担とするところでなければならない。このことを示唆した点でも、大法廷判決の意義は大きい。

権利制約立法を「公共の福祉」の有無をきめ手にして憲法判断する手法は、第Ⅰ期のみならず第Ⅱ期にも支配しつづけていたが、第Ⅱ期の後半にはさすがに動揺しはじめていた。この手法にあきたらなくなった、市民＝当事者の高められた憲法感覚に応じて、下級裁判所が別の手法を使うようになっていたからである。その徴候は、公安条例と官公労働者の勤労権をめぐる領域――実体上もっともはげしい議論のあった領域――でみられた。公安条例の分野では、下級裁判所の審査は当該条例が作りあげている規制システムを個別具体的に検討する方向へむけられた。問題のシステムが規制目的に照らして必要最小限度のものでないと判定され、公安条例を違憲とする裁判例も出てくるようになった。官公労働者の勤労権の制限領域でいえば、従来のように規制根拠・規制利益だけをみるのでなく、勤労者の側の保障されるべき権利・利益にも着目する、比較衡量の手法が出はじめたのである。

こうした下からのうごきを無視して最高裁としては「公共の福祉」手法に従来のまま固執するのは、むしろむずかしい。一定の対応をせざるをえなくなる。最高裁の対応ぶりは、組合専従問題をとりあげた一九六五年の和教組事件を例にとってみることができる(最大判一九六五年七月一四日民集一九巻五号一一九八頁)。最高裁もまた、対立する諸利益の均衡ということをはじめて問題にした。しかしながらそのことによって引き出したのは、広範な立法権の裁量ということであった。比較衡量手法は権利保障のためではなく、逆に権利制限の理屈づけのために、用いられたのである。

和教組判決は、従来の「公共の福祉」手法を「比較衡量」という新しい(と思われる)ことばでいい換えたものにすぎなかった。しかし、その翌年一九六六年の全逓(東京)中郵判決(最大判一九六六年一〇月二六日刑集二〇巻八号九〇一頁)になると、「比較衡量」手法が違った方向で用いられ、そのことによって「公共の福祉」手法とは違ったトーンが打ち出されることになる。勤労者の争議行為などに刑事制裁を科するのは、「必要やむをえない場合に限られるべきであ」るという観点から、そういうやむをえない事情があるかどうか比較的に厳格に審査したのであった。おなじ手法を踏襲した一九六九年の都教組判決(最大判一九六九年四月二日刑集二三巻五号三〇五頁)においてより明確な形で採用された(合憲解釈のための)限定解釈により、問題の制約法規自体は合憲としたものの、争議行為を刑罰から大はばに解放し、そのことにより、そのかぎりにおいて官公労働者の争議権を承認する結論がとられた[19]。

全逓(東京)中郵判決といい都教組判決といい、ようやく司法審査らしい手法と内容を具えたものが出てきたと感じさせるものであった。これはアメリカ型に近い司法審査制を承認した以上は出てくるべき法の展開を表現したものにほかならない。これは司法審査の型から外れたものでも、許されざる司法積極主義へのめり込んだものでもまったくないのは、既述のとおりである。両判決のとった結論に政治的に反対する勢力があったが、憲法訴訟理論の見地から理論上の欠点を衝く議論は、ほとんど出なかった。

「公共の福祉」から「比較衡量」へという展開が実践面でみられることに対応して、理論レベルでは、芦部信喜と時国康夫とがほぼ同時に「立法事実」論[20]を公表したのが注目される。「立法部の決定を支える事実」、つまり立法部がある法律を制定するさい、目的と手段との関係でふまえた諸事実を識別し、その合理的な関連性を審査することが憲法訴訟の基本的な骨組をなすとし、それを裁判所がいかになすべきかを、アメリカ憲法判例に即し考察したのが、「立法事実」論である。「立法事実」論と「比較衡量」手法とが密接な関連があるのは、たぶん指摘する要はあるまい。「比較衡量」手法とは、立法事実として識別されたものを処理する方式の一つにほかならないとみられる。

目的および手段との関係で立法部がふまえた諸事実を審査するのが裁判所の任務だということになると、従来の「公共の福祉」論は存立する余地を失い、機能喪失することになる。

全逓(東京)中郵判決のあった翌年、一九六七年春札幌地裁が恵庭事件で自衛隊合憲問題の判断を回避して「肩すかし」判決をした(札幌地判一九六七年三月二九日下刑集九巻三号三五九頁)。「肩すかし」の当否をめぐって、理論上の争いが生じた。これをよしとする宮沢俊義は、自衛隊の合憲性問題に早急の結論を出さない方が政治的に賢明だという評価をともないながら、憲法訴訟理論として次のように「肩すかし」手法を肯定した。「憲法判断をもち出さずに裁判がじゅうぶんにできる場合には、憲法判断をするに及ばないだけでなく、そういう場合には、むしろ、憲法判断をすべきでない、と解すべきものである[21]」。これにたいし、有倉遼吉は「違憲性の疑いのある法律を適用する場合に、裁判所は憲法判断をしないで結論をだすことができるものであろうか。ある法律が合憲であることがその法律を具体的事件に適用するについての論理的前提でなければならない。その法律が違憲であると裁判所が判断した場合には、その法律を適用してはならないというのが、明治憲法と異なり違憲立法審査権を定める現行憲法の要請であると考える」として、「肩すかし」判決を批判した[22]。有倉は、本件のように憲法上の争点が当事者から提起されたら、裁判所はかならずまず(論理的前提として)憲法判断をしなければならないと解する。これは論理的前提であるばかりでなく、違憲審査権をゆだねられた裁判所の責務でもあると考える。「憲法判断をしないという裁判所の不作為」は、宮沢によれば争点を白紙状態におくという効果をもつにすぎないが、有倉は、これはむしろ合憲判断をしたとおなじ効果をもつと解する。

恵庭事件そのものに即してみたばあい、あの「肩すかし」判決が是認できるかどうかは、この事件に特有な諸事情を考慮にいれて、特殊的に議論されるべきである。

いわゆる「宮沢・有倉論争」(23)は、恵庭判決を超えて、わが国の憲法訴訟のありようを考える重要な素材であった。宮沢の理解は、アメリカ型司法審査制に適合的なものであったのにたいし、有倉説は当面の「法律上の争訟」の解決に直接必要でないばあいにも憲法判断を要求する点で、ヨーロッパ大陸型憲法裁判的な内容のものといえる。また、宮沢的見解が司法消極主義的とすれば、有倉のそれは司法積極主義的である。学説の趨勢として、結局のところ宮沢説が多数を制したのであって、よかれあしかれアメリカの司法審査型が定着した一証左をそこにみることができる(24)。

一九六〇年から六六年まで最高裁判所長官の地位にあり、和教組判決および全逓(東京)中郵判決が出てくるまで裁判官会議を主宰してきた横田喜三郎は、退官後まもなく『違憲審査』(有斐閣、一九六八年)と題する大部の書物を公刊した。これは、アメリカ合衆国最高裁判例が析出してきた諸原則(政治問題の原則、立法・行政裁量論、回避の原則、必要の原則、禁反言の原則、合憲推定の原則、明白の原則、合憲的解釈の原則など)を叙述し、それと関連して日本の判例を考察するというスタイルをとっている。アメリカの司法審査にかんする叙述は、たいへん外延が広く、もともと国際法専門の著者が比較的晩年手を染めるにいたった研究分野の業績としては、尊敬に値する。しかし、どんなに優れた学者であっても、仕事の限界というものがあるものだということを、この書物は示しているようにも思われる。私はあえて「叙述」と書いたが、そのアメリカ研究は批判的考察に欠け、ある意味で網羅的といえるが、少しく機械的で平板、主体的分析に欠け、百科事典的な記述に終始しているという印象をまぬかれない。この研究の最大の問題点は、「違憲審査権の行使は慎重に」という主張を貫徹するために書かれたところにあろう。その司法消極主義の総論も、それを体現したとする諸原則の紹介も、合衆国の理論水準からすれば、単純にすぎるように思える。著者は、自らが紹介した諸原則(司法消極主義を体現するところの諸原則)を安易にわが国の判例にあてはめて、わが国の司法消極主義を合理化しているのも特徴的であると同時に問題である。司法消極主義を強調するあまり、憲法上の価値体系にほとんど留意するところがない。たとえば、いわゆる二重の基準の出発点にあたる U. S. v. Carolene Products Co. (304 U. S. 144 (1938)) におけるストーン裁判官の有名な脚注(4)について言及がないとか、表現の自由(修正第一条領域)で問題になる優越的地位にかんする理論の紹介を看過するとかいった致命的な欠陥があると私には思われる。

もとよりこの書物は、日本最高裁判所の立場を反映する公認のものであるわけではない。しかしそれにしても、その論稿の一部はセミ・オフィシャルな定期刊行物である『法曹時報』に掲載されたのであって、長官の経験をふまえ自信をもって公表した業績であり、最高裁の基本姿勢を相当程度に表現したものとみることができる。そしてこれでみるかぎりは、わが最高裁の司法消極主義への帰依心がなみなみならぬものであるのは、おおうべくもない。

第Ⅲ期(一九六六年—一九七九年)

六〇年代後半から七〇年代にかけて、わが憲法訴訟制度にとっては水平飛行に入りはじめた期といえる。司法審査はようやく順調に航行することになる。こうしたなかで司法審査の手法の整備が意識的におこなわれ、判決内容のリーズニング(理屈づけ)が多かれ少なかれ精緻なものになるよう努められるようになる。その結果、最高裁は歴史上はじめて、それまで有効に適用されてきた法律にたいして違憲無効の判定をくだす尊属殺重罰違憲判決(最大判一九七三年四月四日刑集二七巻三号二六五頁)を出した。それにつづいて薬局開設許可制の違憲判決(最大判一九七五年四月三〇日民集二九巻四号五七二頁)および議員定数配分の違憲判決(最大判一九七六年四月一四日民集三〇巻三号二二三頁)が出現した。このようにかつてない規模で違憲判断が相ついで示されたのは、明らかに憲法訴訟が有効に機能しはじめた証左である。それらは、かつてのような「公共の福祉」論(立法権優位・合憲性の推定)を超克し、立法部の決定にたいし司法部特有の仕方でメスをいれることがありうることを示した。尊属殺重罰規定(刑法二〇〇条)についていえば、これは最高裁の先例で合憲とされてきたものであった(刑法二〇五条二項の尊属傷害致死特別規定にかんし、最大判一九五〇年一〇月一一日刑集四巻一〇号二〇三七頁、ついで刑法二〇〇条の尊属殺重罰規定にかんし、最大判一九五〇年一〇月二五日刑集四巻一〇号二一二六頁)。かつては、尊属にたいする敬愛と報恩という自然的情愛と普遍的倫理の名において、立法目的自体により合憲とされたのに反し、先例をくつがえした新判例は、「立法目的達成のための手段」が目的との関係で合理的範囲内で均衡を保っているかどうか審査され、あまりにも不均衡、したがって刑罰加重の程度は極端であると判定されたのである。目的と手段の関連性に着目する立法事実論の手法をそれなりにとりいれているのに気がつく。薬局の距離制限にかんする判決においては、手法のうえでより明快に立法事実論がうかがえる。職業の自由の制約が問題になるばあいには「具体的な規制措置について、規制の目的、必要性、内容、これによって制限される職業の自由の性質、内容及び制限の程度を検討し、これを比較考慮したうえで慎重に決定されなければならない」と審査すべき諸要素をきちんと確認し、それを個別に検討する。結論的にいえば、本件許可制は消極的・警察的な目的のものであると解し、こうした性質の許可制の合憲性判断においては規制手段(距離制限)との関連性にかんしより厳格な審査が必要であるとみた。そうしたうえで両者のあいだに合理的関連を支える立法事実は存在せずと判断し、憲法二二条一項(職業選択の自由)に違反すると判示した。この判決は、それ以前はもちろん、それ以降の裁判例に照らしても、おそらくもっとも厳格な審査方法を設定し、かつこれを具体的事案についてもっとも厳密に適用した事例である、といえるであろう。

もう一つの議員定数配分問題をあつかった判決にふれていえば、この憲法問題を――参議院地方区定数配分に関連してだが――先例は、「極端な不平等を生じさせるような場合は格別、……立法府である国会の権限に属する立法政策の問題」だと片づけてきた。人口比例の見地からだけで処理できないというのであった(最大判一九六四年二月五日民集一八巻二号二七〇頁)。しかるに、いまや最高裁は――こんどは衆議院の選挙区に関連してであるが――立法裁量を強調することをやめて、むしろ憲法一四条一項が「選挙人資格における差別の禁止」を定めているのみでなく「選挙権の内容、すなわち各選挙人の投票の価値の平等」、一票の重さの平等をも定めていると解するにいたっている。一四条の法意の拡張した分だけ、立法裁量の範囲は狭くなり逆に司法審査の余地が拡大することになる、というわけである。

これら一連の違憲判決はまさに画期的な意義をもつ。さればといって、しかしながら、これらは従来の司法消極主義から司法積極主義への移行を徴表するものといえるかというと、まったくそうではない。司法消極主義の枠内での司法の活性化を表わすものにとどまる。まず最初の尊属殺重罰判決でいえば、田中・小川・坂本「意見」を別にして、多数意見は尊属殺重罰の立法目的にはなんの異議もさしはさんでおらず、ただ重罰(という規制手段)の程度が均衡を失するといっているだけにすぎない。司法権行使を自制しつつ、立法部への敬譲をそれ相応に払っているのは明らかである。(25) 次の薬事法判決は精緻をこらしたきめ細かい論理で遺漏なく細心の注意を払って違憲のリーズニングを展開しているが、もともと問題の距離制限措置そのものは特定の営業者の既存経済利益を守るに汲々たる、合理性にとぼしい制度であった。違憲と判定されても立法府は「立法権の侵害だ」と正面切って頑張れるような代物ではとうていない。司法審査の対象たる立法の質の貧困性と対比していえば、違憲判決は立派すぎる嫌いがあるくらいである。

さいごに議員定数の違憲判決に関連して注意されるべきは、第一、かつて政治問題領域にあるものとしてカテゴリッシュに司法審査を排斥してきた合衆国最高裁が Baker v. Carr (369 U. S. 186 (1962)) 以降はむしろ One Man, One Vote の原則をかなりきびしく適用してきているという背景と、第二に平等条項の実質化を要求する現代憲法が投票権の分野で結果価値の平等を要求するようになるのを、なんぴとも阻止することができないという憲法価値観の変化、この二つである。わが最高裁といえどもこれを無視して、やみくもに立法政策の問題だ、立法裁量だ、とはいえない時代になってしまっていたのである。最高裁は積極になったのではない。ただ時代の要請に応じないわけにゆかなかったのである。加えて最高裁にとって僥倖なことに、自らがリーディング・ケースとして選びえた議員定数配分表(公選法別表第一、付則七項ないし九項)は、本件訴訟係属中に修正され過去のものとなっていた。したがってこれを違憲と判定しても国会の権威を傷つけ、国会にさからったと非難攻撃をうける気遣いはまったくなかったのである。[26]

以上がこの時期を特徴づける違憲判決事例であるが、憲法訴訟制度の成熟度を表現する判決はそのほかにもたくさんある。なかでも重要なのは、前述薬事法違憲判決に先行し、それと連関して把握すべきものと思われる一九七二年の小売商業調整特別措置法合憲判決(最大判一九七二年一一月二二日刑集二六巻九号五八六頁)である。ここでは積極的な社会経済政策のもとでの個人の営業活動規制(小売市場開設許可制)の合憲性がとわれたが、最高裁はこうした規制措置が「目的達成のために必要かつ合理的な範囲にとどまる限り」は憲法上許容されるとした。そしてこのばあい法的規制措置は、広く社会経済政策全体との関連で選択されたものであるので、立法府の政策的技術的な裁量に委ねられており、裁判所は、「裁量権を逸脱し、当該法的規制措置が著しく不合理であることの明白である場合に限って、これを違憲として、その効力を否定することができる」にすぎない、と判示している。ここでは立法裁量権が強調されているのである。

ただ、この判決に特徴的なことは、こうした立法裁量論は、積極的な社会経済政策との連関で説かれているのであって、「個人の精神的自由等に関する場合」には、それはあてはまらないのだと明言している点である。非常にラフな仕方においてではあるが、ここで、いわゆる「二重の基準」が示唆されているのは、その後よく指摘されることになる。また、のちに違憲無効と判定される薬事法のばあいには、警察的・消極的な行政目的が主題になり、したがって立法裁量の点で、本件と違うことになるが、そのことがすでに伏線としてしかれていることにも注意を要する。

小売商業調整特別措置法判決と薬事法判決とは、立法事実論をふまえきめ細かく審査することにより、個人の経済活動の自由のありようを整序したものであったが、ほぼおなじ審査手法をもちいて、国家公務員の政治活動の自由への制限を合憲としたのが猿払事件の上告審判決(最大判一九七四年一一月六日刑集二八巻九号三九三頁)である。これは、国家公務員の政治活動を禁止する国家公務員法一〇二条一項および人事院規則が「合理的で必要やむをえない限度にとどまるものか否かを判断するにあたっては、禁止の目的、この目的と禁止される政治的行為との関連性、政治的行為を禁止することにより得られる利益と禁止することにより失われる利益との均衡の三点から検討することが必要である」と審査方法を明示している。最高裁は、禁止の目的を「行政の中立的運営の確保」(これに対する国民の信頼の維持)にあるととらえ、この目的と法が具体的に禁止している政治的行為とのあいだには合理的な関連性がある、と説示する。そしてさいごの利益の、比較衡量の点では、法の禁止はたんに間接的、付随的であって公務員の失う利益は小さいものでしかないのに比し、得られる利益(「行政の中立的運営」とこれに対する国民の信頼を確保するという「国民全体の共同利益」)は大きく重要である、と判断している。公務員の政治活動の禁止は、こうして最高裁によれば、三点いずれも問題なく、満点合格となった。

猿払事件ではいうまでもなく、表現の自由との抵触が問題になる。そうだとすれば、「二重の基準」に照らし、なんらかのより厳格な審査方法があってしかるべきだという考え方もあるはずである。けれども最高裁は、この点には実質的にはほとんど配慮していないようである。政治活動の自由の制限を、経済活動の自由の制限が問題になるとおなじ手法で裁断しているのが、本件判決の特色の一つである。ちなみに第一審判決は、公務員の表現活動規制を問題としている点で本件のもつ意味を重視し、規制手段の点で「より制限的でない他の選びうる手段」(less restrictive alternatives, わが国でいわゆるＬＲＡの原則)[27]の有無を検討したが、これは「二重の基準」を念頭においてのことと思われる。けれども大法廷は、この審査基準の導入を拒否した。外国の判断基準は、歴史と伝統を異にするわが国で軽々しく採用されてはならないという理由にもとづく。

この時期にみられる司法審査の活性化が、表現の自由のような憲法価値に実質的な保障を与える効果をかならずしももつものでないことを猿払事件大法廷判決は暗示している。似たようなことは、徳島県公安条例の最高裁判決(最大判一九七五年九月一〇日刑集二九巻八号四八九頁)のばあいにもいえる。この判決は、それまで憲法訴訟のもっとも重要な源泉のひとつと考えられてきた各種公安条例から憲法上の争点のほとんどをしぼり出してしまい、こんごは公安条例事件はなかなか憲法訴訟になりにくいのではないかということが予想される内容のものであった。そういうものとして論ずべき多岐のものをかかえる判決であるが、ここでは、条例の罰則があいまい不明確のゆえに憲法三一条に違反するかどうかという問題にかぎって取りあげる。犯罪構成要件との関係で、いわゆる明確性の原則が問われうるのは、いまではいうまでもない。本件において最高裁は、公安条例との関係ではじめて真正面から、これを問題にした。問題の徳島市条例三条三号はデモ行進をその遵守事項のひとつとして「交通秩序を維持すること」とある。最高裁は、「その文言だけからすれば、単に抽象的に交通秩序を維持すべきことを命じているだけで、いかなる作為、不作為を命じているかその義務内容が具体的に明らかにされていない」と観察し、「立法措置として著しく妥当を欠くものがある」と批判した。けれども、条例が規律対象とするデモ行進などとのコンテクストのなかで「通常の判断能力を有する一般人の理解」するところによれば、この文言はあいまい不明確とはいえない、と判示した。「総論」で批判し「各論」で肯定する、この説示は表現手段としてのデモ行進をどうみるかという、もうひとつの実体問題と微妙に関係するように思える。明確性の原則――それをもって法令を違憲とした先例は、わが国にはまだないのであるが――が、こんごどう発展するか注目されるところである。

比喩的に水平飛行に移りはじめたと称しうるこの時期、一方で先にみたようにいくつかの違憲判決を導出したとともに、他方、全逓(東京)中郵判決と都教組判決の憲法論をもののみごとにくつがえし、公務員の争議権禁止にまつわるいっさいの違憲の疑いを除き去って、この関係の法規に確固たる合憲の基礎づけを与えた一連の判決を展開させた点でも特徴的である。

一連の争議権剝奪合憲判決のなかで、司法審査のあり方という点で重要なのは、全農林警職法事件のそれ(最大判一九七三年四月二五日刑集二七巻四号五四七頁)である。四年まえの都教組判決で最高裁は、地方公務員法上の争議行為あおり罪を文言どおりに解するのでは違憲の疑いありとして、文言に限定解釈を試み、あおり罪は争議行為一般ではなく違法な争議行為との関係でのみ成立すると判示したのは先にみたとおりである。しかし全農林警職法事件の最高裁は、国家公務員法上のあおり罪にかんしてであるが、これを違法な争議行為をあおるばあいに限るのは誤りで、争議行為一般との関係で成立するとして旧来の伝統的な解釈にもどしたのであった。旧解釈にもどすにつき最高裁は、その理屈のひとつとして、違法な争議行為のあおりに限ると解したばあい「いうところの違法性の強弱の区別が元来はなはだ曖昧であるから刑事制裁を科しうる場合との限界がすこぶる明確性を欠くこととな」るという点にもとめている。すなわち、構成要件に限定(縮小)解釈を加えると、構成要素が不明確になり憲法三一条に違反するから許されないという理屈である。ここでは、元来は公権力行使の不当な拡張を防止し市民の自由を確保するための明確性の原理が、刑罰権発動の契機を限定的に解釈することを抑止する方向ではたらき、むしろ逆に、公権力行使を確保するために用いられているのが注目される。

(10) 似たような考察として、たとえば、和田英夫「憲法訴訟の軌跡」ジュリスト六三八号(一九七七年)二一二頁、石村善治「違憲立法審査権」法時四九巻七号(一九七七年)一五一頁、小林武「憲法訴訟の方法と最高裁判所判例」南山法学一巻一号(一九七七年)二〇三頁がある。

(11) 本稿では、憲法訴訟の対象の実体判断の当否そのものには立ち入らない。念のため。

(12) 憲法が他の法規範と同様、具体的事件(つまり個人との関係)において適用されるという考えは、合衆国の憲法訴訟が語られるさい、つねに始源的判例として引き合いに出される Marbury v. Madison, 5 U. S.(1 Cranch) 137 (1803) が踏まえる基本的前提のひとつであった。ここでは憲法には、主観法(=権利)の契機が内在していることを当然視してきた。これに反し、明治憲法下においては一般に——ドイツ国法学の伝統にしたがい——憲法は国家機関のみを一方的に拘束する、したがって諸個人に対して直接権利義務を設定しないところの、客観法と考えられてきていた。アメリカ憲法は、イギリスに伝統的な「法の支配」(rule of law)に深くコミットした。ただ、「法の支配」の基軸的な制度である司法裁判所の延長線上に——成文憲法の存在意義、植民地時代の特別な法経験などを経由することによって——法律審査権を析出した点で、イギリスとちがったものを持つようになった。いずれにせよ、アメリカ型司法審査にとって、「法の支配」が決定的に重要な土壌であったことを、われわれは軽視してはなるまい。他方、明治憲法およびそのモデルとしてのドイツ憲法のばあいには、「法の支配」の観念が入り込む余地はなく、それと似て非なるものとして形成あるいは形成が期待されたのが、「法治主義」(Rechts-staat)であった。客観法的に構想された「法治主義」は、しかしながら、司法審査とは全く無縁で、これと似たものとして結びつくものがあるとすれば、オーストリー型憲法裁判所でしかありえなかったのである。

(13) さしあたり佐々木惣一「最高裁判所の憲法裁判」公法雑誌一一巻一号(一九五〇年)一頁参照。同旨、中谷敬寿「法令審査

権と合憲違憲審査決定権」関西大学法学論集二巻一号(一九五二年)二二頁。
(14)　小島和司「最高法規」法学セミナー一九号(一九五七年)九頁。
(15)　大野正男発言(芦部信喜ほか研究会「憲法判例の三〇年」ジュリスト六三八号(一九七七年)四五二、四五三頁)。
(16)　たとえば、鵜飼信成「違憲性判決の効力」国家学会雑誌六二巻二号(一九四八年)一頁、兼子一『新憲法と司法』(国立書院、一九四八年)五五―五七頁、中田淳一「違憲の判決をうけた法令の効力」法学論叢五四巻一＝二号(一九四七年)一頁など。
(17)　判例が〝統治行為〟論――として一括される傾向――を打ち出す直前、次のような学説がそのための道標を立てた。雄川一郎「統治行為論」国家学会雑誌六八巻三＝四号一三〇頁、九＝一〇号四三七頁、七〇巻一＝二号四八頁(一九五四―一九五六年)、金子宏「統治行為の研究――司法権の限界に関する一考察」国家学会雑誌七一巻八号七八九頁、七二巻二号九九頁(一九五七―一九五八年)。この学説が、確定ずみの支配理論と受けとめられている例を、団藤重光『法学入門』(筑摩書房、一九七三年)一七四頁のごとき権威ある法学書のなかにみることができる。
(18)　一九六二年一一月、最高裁大法廷が取扱った事件は、密輸出入行為に用いられた船舶等の没収にかんして当時の関税法が定めていた規定の不備を衝く内容のものであった。あえて解説は不要と思うが、念のため一言すれば、こうである。そうした船舶等が有罪とされた者本人の所有物であるばあい、それらが没収されるのは――本人が裁判を経ている以上――格別の問題はないが、その物が第三者の所有に属するばあいである。没収は、この第三者からその物の所有を奪うことになるのだから、そうした処分をするにさいし、その者へ告知し、その者からこの点にかんして聴聞を受ける機会がないわけにゆかない。しかるに、当時の関税法は、この、第三者への手続保障の備えを全く欠いていた(いうまでもなく、戦前旧法体系にあっては、こうした法律上の欠陥は、第一に「欠陥」として認識されなかったし、第二に、仮にされたとしても、立法による匡正を期待する以外に手はなかった。裁判で欠陥が指摘されそれが裁判で治癒されるということは、考えられなかったのである)。一九六二年にはじめて最高裁大法廷は、憲法二九条(財産権保障)、三一条(適正手続保障)の観点からみて、こうした没収処分は憲法上あり得てはならない、と宣言したのである。新憲法施行一五年目の出来事、画期的と言うべきかもしれない。
けれども、看過してはならないことに、この大法廷判決には、越えねばならない山が一つあったのである。それは、その二年前、おなじ法条にかんするおなじ憲法問題につき、おなじ最高裁大法廷が、被告人には、そうした第三者の利害に関係することがらにつき主張する資格がないとして、にべもなく憲法問題の提起をつぶしてしまっていたこと(最大判一九六〇年一〇月一九日刑集一四巻一二号一五七四頁)からくる問題である。二年前の先例は「訴訟において、他人の権利に容喙干渉し、これが救済を求めるが如きは、本来許されない筋合いのもの」という文言が示すように、権威主義的なフォーマリズム(=様式主義)の所産というほかないものであった。これには、七名の裁判官が反対意見にまわっていて、二年後に、こんどは形勢逆転と相成ったのである。

第三者所有物の没収の違法(違憲)性を主張する適格があるかどうかという種類の論点を、そこに内在する実体的価値、なかんずくフェア・プレイにかんする法の一般原則を無視したまま、没収という名の国家行為を強行しつづけることの、憲法体系的な評価といったような、〝憲法の「構造と連関」〟(本書第六章「「無名の権利」の保障」二七七頁参照)を抜きにして、純粋制度内在的――もしくはその言い換えの気味のある論理的――な思弁のみで賄おうとしても、どうしても説得力に欠け、長続きしえないと思う。一九六二年判決による、一九六〇年の先例判決の否認は、その意味で、日本国憲法がようやくナチュラルな生理を経験しはじめるようになった徴候の一つと言える。また、その意味で、一九六二年判決における当事者適格論を、それだけ切りはなしてその論理的整合性の有無を問題にすることは、あまり意欲をかき立てるものをもたないように思う。

(19) この解釈方法を理論的にバック・アップするものとして時国康夫「合憲解釈のアプローチ」ジュリスト三二六号八一頁、三二七号(一九六五年)九三頁、芦部信喜「憲法判断回避の原則と裁判所の憲法保障機能」(『憲法の現代的課題』(宮沢俊義先生古稀記念、有斐閣、一九七二年)三〇九頁、芦部『憲法訴訟の理論』(有斐閣、一九七三年)二七七頁収録)がある。

(20) 芦部信喜「合憲性推定の原則と立法事実の司法審査」(『憲法の諸問題』(清宮博士退職記念、有斐閣、一九六三年)四八三頁、芦部『憲法訴訟の理論』一一七頁以下収録)、時国康夫「憲法事実――特に憲法事実たる立法事実について」法曹時報一五巻五号(一九六三年)二二頁。

(21) 宮沢俊義「恵庭判決について」ジュリスト三七〇号(一九六七年)二五頁(宮沢『憲法と裁判』(有斐閣、一九六七年)二七六―二七七頁。傍点引用者)。

(22) 有倉遼吉「恵庭判決」法学セミナー一三五号(一九六七年)一三頁。有倉『憲法と政治と社会』(日本評論社、一九六八年)二〇二頁。

(23)　有倉説をバック・アップするものとして、たとえば、新井隆一「違憲立法審査の現在的問題」法律のひろば二〇巻八号(一九六七年)二三頁、大須賀明「違憲立法審査権」法時四一巻五号(一九六九年)一五〇頁などがある。

(24)　芦部「憲法判断回避の原則と裁判所の憲法保障機能」(前掲)参照。特殊的に恵庭判決の「肩すかし」が正当であったかどうかの問題は、本文でのべたレベルの一般論と別に問われるべきである。念のため。

(25)　多数意見がそのようなものであったためも一因して、最高裁判所が違憲と宣言した法規(刑法二〇〇条)は、いまなお立法部によって廃棄されも修正されもしないで存続しているのは周知のとおりである。立法部の不作為にもかかわらず、最高裁違憲判決はそれなりに効力をもって法実践を左右するのはたしかである。また立法部の不作為はいろいろな政治的・イデオロギー的な諸要素に帰せられ、けっして単純なものといえないものがあるようである。それにしてもしかし、この事例は、わが最高裁が、立法部からは、しかくたしかに尊敬されているとは思えない証左といえそうではある。

(26)　さらに、尊属殺判決、薬事法判決および衆議院議員定数配分判決の、三つの違憲判決については、本書第三章「司法審査の日本的特殊性」一一九—一二二頁、一二一—一二四頁および一二四—一二七頁における分析を参看されたい。

(27)　これについての最近の労作として、藤井俊夫『憲法訴訟の基礎理論』(成文堂、一九八一年)第一〇章がある。

三　憲法訴訟の現況

一九八〇年代に入ってからの憲法訴訟のありようをみるのに、一九八一年夏最高裁小法廷が出した戸別訪問禁止合憲判決(最二小判一九八一年六月一五日刑集三五巻四号二〇五頁、最三小判一九八一年七月二一日刑集三五巻五号五六八頁)、大阪国際空港判決(最大判一九八一年一二月一六日民集三五巻一〇号一三六九頁)、長沼ナイキ基地判決(最一小判一九八二年九月九日民集三六巻九号一六七九頁)、堀木訴訟判決(最大判一九八二年七月七日民集三六巻七号一二三五頁)、参議院議員定数判決（最大判一九八三年四月二七日民集三七巻三号三四五頁）、よど号・新聞記事抹消事件判決（最大判一九八三年六月二二日民集三七巻五号七九三頁）などによって代表させることができると思う。これらの動向から推して、現状は、第Ⅲ期の延長線上にあって、しかしそれ以上にはっきりと立法府や行政府への敬譲を示すことによって、司法消極主義の色彩をますます濃くしていると要約できそうに思う。

まず戸別訪問禁止合憲判決を素材にとる。周知のように戸別訪問を全面禁止する法規（現在の公職選挙法一三八条）は、一九五〇年大法廷判決（最大判一九五〇年九月二七日刑集四巻九号一七九九頁）により、当時支配的であった「公共の福祉」手法のもとでいとも簡単に合憲とされた。たとえば「戸別訪問には種々の弊害を伴うので……これを禁止している」とあって規制目的の特定化・識別化さえ試みられていない一事をとっても、「いとも簡単に」合憲と判定したといえるはずである。それから一九年後の大法廷は、新しい理由づけも説明も加えず、この素朴というか手抜きというか簡単にすぎる合憲判決を、そのままそっくり再確認して、「判例変更の必要なし」と判示したのであった（最大判一九六九年四月二三日刑集二三巻四号二三五頁）。

しかしながら下級審のなかから、こうした判例に満足できないとして、戸別訪問禁止を違憲とする判決がいくつか無視しえない程度においてでてきた。(28) 最高裁は、これに対応しなければならなくなった。こうして小法廷でもって合憲のリーズニングを示すことになった。第二小法廷一九八一年六月一五日判決は、戸別訪問は買収など不正行為の温床であるとか、選挙人の生活の平穏を害して迷惑であるとか、従来からいわれてきている常識的な「弊害」論をならべ立て、立法目的の特定化を試みたのであった。これは「種々の弊害」とうそぶくよりもましであるが、この程度のレベルで合憲と判定するのは、不十分だという批判をまぬかれない。このような「弊害」が立法を正当化する客観的な事実であるかどうか問題であるし、たとえば、薬事法違憲判決などで展開した立法事実論のごとき水準の審査を加えたら公選法一三八条はこれに堪えられるかどうか問題である。

一九八一年七月二一日第三小法廷合憲判決(これ自体は、あえていって、身も蓋もない合憲判決であるが)に付加された伊藤正己補足意見は、いまのべた合憲判決の欠陥を弥縫する意図をもって書かれたもののようである。伊藤裁判官は、最高裁が依拠する戸別訪問「弊害」論には「一応の理由」があるとリップ・サービスしながら、これだけでは説得力はない、とみる。それでは禁止は違憲か。ここで同裁判官は、憲法四七条「……選挙に関する事項は、法律でこれを定める」を根拠に、この領域、すなわち選挙運動の自由取締りも含めた「選挙に関する事項」を規律する領域にあっては、国会の立法裁量は広いのだといい、この見地から裁判所の審査には限界があると説く。ここでは「必要最小限度の制約のみが許容されるという合憲のための厳格な基準は適用されない」というのである。

伊藤補足意見は、論ずべきたくさんの論点をかかえている。けれどもここでは、憲法四七条によって立法裁量論を打ち出した手法について、二点だけ問題点を指摘しておくにとどめる。第一、選挙過程が、民主過程すなわち憲法の根幹にかかわる部分であることはいうまでもなく、そして司法審査の本質的使命は民主過程を——多数決原理から派生する欠陥を匡正しつつ——維持することにあるとみることができるのであって、ここにおいてこそ、他のばあい以上に「厳格な基準」が支配すべきだと主張することもできるのである。(29) 伊藤裁判官のようにいってしまえば、選挙運動の自由——それは政治的自由のなかでもっとも重要なものでなければならない！——が立法政策のままに左右されうるのみならず、選挙区割・選挙権行使・選挙争訟なども広く立法裁量にゆだねられてしまうことになる。そして、「これら選挙にかんする事項」は、自分の当落に直接的・個人的な利害関係を有する国会議員が、真に公共的な観点からのみ判断し決定することの、いちじるしく困難なものなのであって、裁判所による介入が、少なくともときには、歓迎されねばならない領域なのである。第二、憲法が「……法律で定める」といっているばあいの意味は、けっして単純ではない。もしこれを伊藤裁判官のように広い立法裁量が与えられた趣旨であると読むとすれば、教育の国家統制が立法裁量論の名目で広く承認されるであろうし(憲法二六条一項)、憲法一〇条、二九条二項、三〇条、三一条、四〇条、四四条などなどとの関係で、憲法体系はかなりの範囲で立法政策にゆりうごかされることになってしまうであろう。

伊藤補足意見が、こともあろうに選挙運動の自由規制領域において、安易に立法裁量論を持ち出し、これに深く依存しているのは、ここ最近わが最高裁判所が総体として、立法裁量論にコミットして合憲判断をくだす傾向があることと無関係ではないように思われる。

八〇年代に入ってからの憲法訴訟の重要なもののうち、一九八二年の堀木訴訟判決、一九八三年の参議院議員定数判決いずれも、立法裁量を強調する点において共通し、かつその点で特徴的である。周知のように、堀木訴訟では、国民年金法による障害福祉年金と児童扶養手当法にもとづく児童扶養手当との併給を禁止している法規(児童扶養手当法四条三項三号)の合憲性が問われた。併給禁止規定は、憲法二五条一項および、もしくは憲法一四条に違反しないか、ふたつの問題をふくむ。最高裁は、第一の点で、こうした社会保障法制度上の問題は広く立法裁量にゆだねられており、「それが著しく合理性を欠き明らかに裁量の逸脱・濫用と見ざるをえないような場合を除き、裁判所が審査判断するのに適しない事柄」と判示した。これは裏からいえば、司法による裁量統制がありうるがごとくであるが、最高裁によれば、国の財政事情の勘案、複雑多様な高度の専門技術的考察にもとづく政策判断などを内容とする裁量だというのだから、司法統制はほとんど存立する余地がない。すなわち立法裁量論といっても、憲法二五条にかんし伝統的に説かれてきたプログラム説と実質はほとんど異ならない。ともあれ、こうした広範にして強力な立法政策事項に属する以上は、併給禁止措置が憲法一四条に反するかどうかという第二の争点においても、司法審査が及ぶ余地はほとんどないことになる。禁止にともなう差別は、いわゆる合理性の基準によって簡単に合憲とされている。憲法二五条における強められた立法裁量論が、憲法一四条での立法裁量論と連結し、両者合わせて司法消極主義は考えられる極限に近いところへもってゆかれているといえるように思う。

参議院議員定数事件はどうか。参議院(選挙区選出)議員定数配分には、両院制・参議院の性格づけなど選挙制度にかんし特殊性があるのはなんぴとも否定できない。そしてこうした制度づくりのために、立法部にある種の裁量が与えられていると考える点でもほとんど異論があるまい。問題は、以上のことを是認したうえでなお、現状としての投票価値の不平等性——選挙人数の較差が最大一対五・二六であるばかりか、選挙人数の多い選挙区の議員定数が選挙人数の少ない選挙区の議員定数よりも少なくなっているという、いわゆる逆転現象を生じさせている状況——を憲法一四条に違反しないと解するかどうか、である。最高裁は、選挙制度づくりにおける立法裁量をほとんど最大限近く承認する一方、逆に投票価値の不平等性がもつ意味を非常に小さく見積って、合憲の結論を引き出している。いちじるしい不平等が相当期間継続して放置されていて、「複雑かつ高度に政策的な考慮と判断の上に立って行使されるべき国会の裁量的権限に係るものであることを考慮しても、その許される限度を超えると判断される場合」にしてはじめて、司法介入がありうる、といっているからである。参議院(選挙区選出)議員定数配分の問題は、ほとんど憲法訴訟の対象にならないというのと、ほぼおなじことではなかろうか。

さて、八〇年代に入ってからの代表的な訴訟事件とみていいものに、八一年の大阪国際空港公害判決、八二年の長沼ナイキ基地判決、八三年のよど号・新聞記事抹消事件判決があるといっておいた。これらは争点がまったく違っていて共通項がないようだが、憲法訴訟の型としてみれば、むしろ共通したものが見出せるように思う。共通点とは、行政権への敬譲とそれとの関係における司法審査の限定という形で示された司法消極主義である。

まず大阪国際空港事件である。最高裁は、国営空港における航空機の離着陸規制のごとき本件争点は、「空港管理権者としての運輸大臣と航空行政権の主管者としての運輸大臣」のふたつの複合的な観点に立って総合的に決定される事項であると説示する。そしてそうだとすれば、飛行差止め請求は「不可避的に航空行政権の行使の取消変更ないしその発動を求める請求を包含することとな」り、本件のような民事訴訟で争うことはできない、すなわち訴えは不適法として却下されねばならない。運輸大臣の航空行政権をもち出すことにより最高裁は、本件訴訟の本案審理に一歩も立ち入ることなく、門前払いとしたのであって、一審・二審において大きく話題を集めた本件は、竜頭蛇尾に終らされた。

長沼判決はどうか。ここでは農林大臣のおこなった保安林指定解除処分の取消訴訟という形式で、自衛隊合憲性が争われていたが、最高裁は、農林大臣が処分と同時におこなった保安林代替施設の設置により、洪水、渇水の危険防止の利益侵害の状態はなくなったとみて、訴えの利益が喪失したと判断した。ここでも訴えは不適法、却下の結果となった。代替施設の効果いかんを厳格に審理することなしに、訴えの利益の喪失を宣言している。

この事件の処理方式が、たとえば統治行為論や実体審理を経た自衛隊合憲論と比べていいか悪いか議論の余地はある。が、ここではそれを問わない。行政権の行為(代替措置)により訴えの利益を失ったとみる審査方式がとられたことに着目すれば足りる。

さいごは未決被拘禁者にたいする新聞記事抹消事件である。この種の処分は、監獄法三一条二項、同法施行規則八六条一項および法務大臣訓令や法務省矯正局長依命通達に根拠をおいて、具体的には拘置所長がおこなう仕組みになっているもののようである。最高裁は、未決在監者の新聞閲覧の自由を制限するには、一般的、抽象的な秩序維持の目的のみならず、具体的に自由を放置することのできない程度の障害が生ずる相当の蓋然性がなければならず、しかも制限は必要かつ合理的な範囲にとどまるべきである、と説示した。これがいわば一般的な基準である。では、この事件で問題の法令通達は、これに照らして合格しているか。最高裁は、「その文言上はかなりゆるやかな要件のもとで制限を可能にしているようにみえるけれども」、右の基準の範囲でしか制限されない旨定めたものと「解するのが相当であり、かつ、そう解することも可能である」から、違憲ではないという。しかしながら、判決文自体は、問題の法令通達が制限的に解釈されるゆえんを、かならずしも十分に説明していない印象をうける。すなわち、国会の立法権および行政庁の規則制定権への敬譲が、大きくはたらいているもののように思える。なお、憲法レベルの問題ではないが、拘置所長がなした具体的な抹消処分については、「監獄内の実情に通暁し、直接その衝にあたる監獄の長による個個の場合の具体的状況のもとにおける裁量的判断」が重視されているところをみると、これは読みようによっては、広く司法統制から解放されている領域ということになろうか。

以上のべてきたところを要約すれば、戦後三六年にわたり構築されてきたわが憲法訴訟は、七〇年代に入ってようやく司法審査型の形姿が整ってそれらしく確立したが、その過程で体質化した司法消極主義の性格が、八〇年代に入って、立法裁量論あるいはことの次第によれば行政敬譲論を強調することによって、ますます色濃いものとして定着しつつある、といえよう。

(28)　一九六〇年代後半に、まず東京地裁が戸別訪問禁止規定の合憲性に疑問を呈し、限定解釈を加えてとりあえず合憲とする判決に達した(東京地判一九六七年三月二七日判時四九三号七二頁)。ついで、いくつかの違憲判決がこれにつづく(妙寺簡裁一九六八年三月一二日判時五一二号七六頁、松江地判一九六九年三月二七日判タ二三四号別冊三〇、長野地佐久支判一九六九年四月一八日判タ二三四号別冊三二)。最高裁は、こうした流れにストップをかけるべく、一九六九年大法廷によって、合憲性を再確認したのであった(最大判一九六九年四月二三日刑集二三巻四号二三五頁)。その効果はしばらくあって、下級審の〝揺れ〟はなくなるのではあるが、ほぼ一〇年後の一九七〇年代後半、下級審のなかから、またぞろ違憲判決が出てきたのであった。次の三件である(松山地西条支判一九七八年三月三〇日判時九一五号一三五頁、松江地出雲支判一九七九年一月二四日判時九二三号一四一頁、福岡地柳川支判一九七九年九月七日判時九四四号一三三頁)。八〇年に入って、盛岡地遠野支判一九八〇年四月二八日判時九六二号一三〇頁がこの系統に属し、加えて、この〝揺れ〟に、高等裁判所レベルでも同調するものが現われたのであった(広島高松江支判一九八〇年四月二八日判タ四一三号七五頁)。

(29) たとえば、Ely, J. H. Democracy and Distrust, Harv. Univ. Press (1980)を参照。

四　判例を支える理論

——規制類型論の問題点——

現状としての憲法訴訟をもっとも巧みに説明してみせる解釈理論は、おそらく、かつて最高裁調査官を務め自らももっとも深く密接に最高裁の審理判断過程に参画してきた香城敏麿によって提供されるそれであろう。[30] 香城によれば、権利・自由の制約を問題にする憲法判断において、積極的規制と消極的規制および直接的規制と付随的規制という、規制類型を区別すべきであって、この区別にしたがって立法裁量の広狭(したがって司法審査の深さ・厳格さの違い)が決定されるという。積極的規制とは、小売店舗の保護、乱立防止による公衆浴場の維持といったような積極的な社会経済政策の一環としてなされる許可制のごとき規制をいい、ここには立法裁量がはたらく余地がより大きいと解すべきである(明白性の原則がはたらいてしかるべきである)。これに反し、消極的規制とは、公衆衛生の保持のための薬局規制や古物商の許可制のような、警察的消極的な目的のためのもので、ここでは立法裁量の余地は少なく、比較的に厳格な司法審査が留保されるということになる。香城理論のもうひとつの区別標識は、直接的規制と間接的・付随的規制である。前者は、権利行使そのものが弊害をもたらすとして権利行使自体へ加えられる規制であり、後者は権利行使そのものでなくて、それにともなう行動から生ずる弊害を押えるために、当該行動にたいして加えられる規制であると説かれる。前者の例は、経済的自由へ加えられる営業規制、わいせつ文書や犯罪教唆の処罰があげられ、後者の例としてデモ行進や広告物の規制、戸別訪問禁止、公務員の政治活動禁止などがならべられる。直接的規制は、権利行使そのものにむけられているがゆえに厳格な審査があるべく、これに対し間接的・付随的規制は権利行使そのものに対してむけられたものでないから立法裁量にまかされている余地が広く、かつ立法裁量の範囲内にある以上「たとえ精神的な自由に対する場合であっても規制することによって得る利益と付随的な精神的自由の制約とのバランスが保たれている限り許される」(31)べきだという。つまり、合理性の基準でよろしいというのである。

これでゆくと、積極的規制と直接的規制を組み合わせた小売商業調整特別措置法の許可制が合憲であるのに対し、消極的規制と直接的規制とからなる薬事法許可制は違憲ということが上手に説明がつく。また、デモ行進の許可制、戸別訪問禁止や公務員の政治活動禁止などのように表現の自由保障との関係で議論がたえない憲法問題も、最高裁判決どおりに片づくことになる。デモ行進規制と戸別訪問禁止とは消極的規制だが間接的規制であるから、合理性をうかがえる比較衡量で十分だし、公務員の政治行為禁止は積極的規制でしかも間接的規制だから、これはますますもって合理性の基準だけでけっこうだというわけである。

香城理論は、司法消極主義の路線のうえに立って立法権への敬譲を示しつつ、もっともらしいリーズニングのもとで合憲判断の結論を導こうとする最高裁の立場をまことによく代弁する巧妙な構成である。この理論は、現代日本が管理社会化しながら市民の権利・自由に対して新しい規制システムを繰り出しているさい、まことによく体制側の理論たりうるであろう。というのは、精神的自由の領域であれ経済的自由の領域であれ、現代の規制は消極的・警察的なそれよりも積極的なそれが流行するようになっている。そしてこの理論は、積極的規制にはより広い立法裁量が与えられてしかるべきだといい、司法審査の限界を説くのである。そしてまた現代の規制は、とりわけて精神活動の自由において、直接的システムよりも間接的システムの方を好んで選択するのであるが、香城理論によれば、まさに間接的システムは表現内容にたいして中立的であるがゆえに厳格な司法審査に服する必要がないというのである。

香城理論の特色のひとつは、積極・消極、直接・間接という規制のタイプの区別と合成とで、憲法問題を割り切ろうとする点、別言すれば、思想・信条の自由、表現の自由、平等、適正手続といったような憲法的価値は、経済活動の自由などとおなじように、規制の対象として一括されてしまう点にあるのである。こうして、規制タイプ中心の理論のもとでは、二重の基準のごときは実質的意味をほとんど失ってしまうのである。薬事法の憲法問題の方が、公務員政治活動の禁止や戸別訪問全面禁止にかんする憲法問題よりも、はるかに厳格で手厚い取り扱いを与えられるという判例理論が出てくるゆえんである。

元来、いかなる憲法訴訟理論も、なにゆえに違憲審査が裁判所に留保されているかという根本的な憲法論にかんし一定の原理をもっていなければならない。多数決原理との対抗関係における一定の憲法価値の保持、民主的手続の確保などと関連づけられた理論がなければならない。しかるに、憲法の価値体系や民主主義原理と別のところにあって、規制タイプだけを標識として司法審査のありようを左右し、規制を合理化しようとする香城理論は、なにがゆえの違憲審査かという問題意識に規定されるところの少ない、法技術論であるように思える。いや、あえていえば、私には価値中立的な法技術論というよりも、現代において確保されるべき精神活動の諸自由を、管理社会に適合的に統制するための道筋をつける政策論でさえあるように思える。というのは、ここから、表現の自由に制限を加えようとするばあい、積極的規制の形態をとることが望ましいという政策が出てくる。その方が立法裁量が広く違憲とされないですむからである。こうして「選挙の公正」、「行政の中立的運営」などのほか「美観の保持」、「よき環境の保全」、「道徳心の向上」、「風俗の改善」など、考えられるいろいろな積極的な目的と結びつけた規制を繰り出せばいい。学校教育や社会教育その他「教育」事項は、さしずめ積極的な性質のものだから、公権力は司法統制にわずらわされることなく、かなりのことができるに違いない。もうひとつ、気になるのは、間接的・付随的規制の観念である。経済活動への規制は、ほとんどつねに、直接的タイプに属するもののようであって、したがって間接的・付随的規制というのは、実際上、精神活動の領域にたいしてむけられていると考えられる。そして間接的・付随的規制なるものは、ゆるやかな司法審査を帰結するというのだから、これは、機能上は、精神活動への規制領域で司法審査を限界づける理論としてのみはたらくことになる。選抜的であるゆえに政策的な理論だと思うゆえんである。

以上のほかに、この理論でいう積極・消極、直接・間接の区別が可能なりや否やなど、別に問題があるが、本稿ではこれに立ち入る余裕がない[32]。

(30)　香城敏麿「最高裁判例解説」(いわゆる猿払事件最高裁判決)法曹時報二七巻一一号(一九七五年)八六頁、芦部信喜ほか研究会「憲法判断の基準と方法」ジュリスト七八九号(一九八三年)一四頁。

(31)　香城発言・芦部ほか研究会「憲法判断の基準と方法」(前掲)一三頁。

(32)　直接・間接の区別論がいちばん問題になるのは、表現の自由との関係においてであるが、徳島市公安条例判決における岸盛一補足意見および団藤重光補足意見、戸別訪問禁止についての第三小法廷合憲判決における伊藤正己補足意見などを絡めて、批判的に考察さるべきである。

五　むすびにかえて

なぜか近時、憲法学界や法学ジャーナリズムにおいては、憲法訴訟のテーマはもっとも人気のあるものの一つであるらしい。たいへんけっこうなことである。実際のところ、判例理論の集積があるというものの、憲法判断の基準や方法、原告適格・訴えの利益、憲法争点を提起する資格など訴訟要件、憲法訴訟の形態、権利救済手段、違憲判決の効力、などどれ一つとっても、真に解決ずみのものはない。もっとも司法審査型が定着しつつある過程で、これらのあるもの(たとえば、訴えの利益や争点を提起しうる当事者適格のごとき問題)は、ある種の解決をみているといえないことはない。けれども、法の発展はとどまるところがないし、憲法訴訟になにを期待するかという観点も一つどころにとどまっていないのであるから、憲法訴訟をめぐる議論は大いに活発に展開すべきである。

ただ、私一個の印象ではあるが、最近の司法審査論がアメリカ憲法判例・理論の直輸入にすぎるうらみがあるように感ぜられる。(33) たとえば、ムートネスの法理であるが、これはあたかも日本に同似の法制・理論がないがごとく、アメリカ判例だけによって説明される傾向が、少なくも一部にみられる。(34) けれども、ムートネスということばこそ使われていないが、同似の訴訟要件の問題はつとに行政法上訴えの利益との関係で論ぜられてきており、その一応の決着が、行政事件訴訟法九条かっこ書き「(処分又は裁決の効果が期間の経過その他の理由によりなくなつた後においてもなお処分又は裁決の取消しによつて回復すべき法律上の利益を有する者を含む。)」として、立法のうえでつけられたのである。そしてこの条文の解釈をめぐって、朝日訴訟上告審判決(最大判一九六七年五月二四日民集二一巻五号一〇四三頁)のみならず、在日朝鮮人再入国事件上告審判決(最判一九七〇年一〇月一六日民集二四巻一一号一五一二頁)、長沼事件控訴審判決(札幌高判一九七六年八月五日行集二七巻八号一一七五頁)など、ある程度の判例の集積がある。[35]また、この問題は家永訴訟(第二次)上告審で上告人・文部大臣の側から提起されていた争点でもあるのは、記憶に新しいところである(最高裁はしかし、別の争点で破棄差戻した。最一小判一九八二年四月八日民集三六巻四号五九四頁)。[36]アメリカのムートネスの法理を研究する重要性を軽視するつもりはまったくない。しかし、日本の判例理論から内在的に発展させていく契機がありうるように思うのである。

アメリカ憲法訴訟の理論は、材料が豊富で新鮮だから、文句なしに面白い。ムートネスの法理もわれわれには刺激的だし、原告適格の問題も面白い。実際、憲法上の争点の次第によっては、わが国では夢想だにしえないほどに原告適格は広く解され、日本流にいえばいわゆる客観訴訟としての民衆訴訟に近いものが、立法によってではなく司法によって創造されてきている。したがって訴訟要件の問題領域を、アメリカ法に即して考察するのは魅力的である。しかしながら、そこでの判例理論を日本の側に機械的にひきつけるにしては、わが憲法訴訟制度はアメリカのそれとあまりにも違った格好で成長し発展してしまったようである。この彼此の差を認識し評価せずにアメリカ法になぞらえて語れば語るほど、是正すべき日本固有の難点が見えなくなってしまい、結果的には現状から抜け出せないことになろう。

かつて、行政事件訴訟法が制定される以前のことであるが、一九五四年春の公法学会で白石健三「公法上の義務確認訴訟について」の報告があった。ある条件のもとでは、義務づけ訴訟はけっしていわれるように三権分立の原則に反するものではない、という主張が報告者白石健三判事によってなされたのであった。[37]いま、その主張を反芻してみると、ことはたんに義務づけ訴訟だけではなく、宣言判決をもとめる訴訟にもおなじ理論が及びえたことを知りうる。

そのころはしかし、公法学会ではこういった主張を受け容れる雰囲気はなかった。爾来おなじ主張が論者を代え、論者を拡げて、くりひろげられているが、行政事件訴訟法はこれを立法のうえで拒否したまま、現在にいたっているのは周知のとおりである。

もし、義務づけ訴訟・宣言判決訴訟を承認する形で行政事件訴訟が成立していたならば、憲法訴訟のありようは現状とかなり違ったものがあったかもしれない。またもし行政事件訴訟法が民衆訴訟・機関訴訟、法律の定める特別訴訟にしてしまわなかったとすれば、もっと豊富な憲法訴訟事例が生まれたかもしれない。

現にあるような形で憲法訴訟の可能性を狭いものにしたのは、わが国に独特な政治的・社会的な諸力の複合的、合成的なはたらきであったようである。

わが憲法訴訟は、アメリカ司法審査の型を継受したが、手続上も実体上も、アメリカのそれと違い、アメリカ以上に間口が狭隘で、司法審査の範囲が限定されている。カペレッティによれば、西欧民主主義国においては、アメリカ型司法審査と大陸型憲法裁判とは、融合し同一化の方向をたどっているという。[38] わが国のそれも、この世界的趨勢にしたがっているだろうか。それとも、独自に消極主義的で独特に主観訴訟の伝統に固執することにより、アメリカ型とはなれているばかりではなくて大陸型とも距離がありすぎるといえはしまいか。

(33) 佐藤幸治「司法権の観念と現代国家」法学教室三七号(一九八三年)六頁、はなかなかの力作だと思う。しかし、これを例にとっていえば、どこまでがアメリカ憲法に固有の理論であり、わが国には妥当せず、またどこにおいて、彼此共通の基盤があると考えているのか、少なくとも私にはよくわからない部分がある。一例をあげれば「現代型訴訟」である。アメリカ法においては、司法権の属性として衡平法上の救済(Equitable Remedies)があり、これあるからこそ公共訴訟・制度訴訟が成立し、そして論議を呼んでいるのである。しかし、わが国の司法権はアメリカのような救済手段をもたないので「現代型訴訟」といっても、その形態内容はアメリカのそれとかなり違う。わが国の司法権がこうした救済手段をもたずにすませていることは、日本国憲法のゆえなのか、日本国憲法を独特に日本的に解釈してきているせいなのか、それともたんに違った法律制度を選択した結果なのか。すなわち、そうした手段を憲法はもつことを命じているのか、禁止しているのか、あるいは命じも禁止もしていないのか——といった論点において、隔靴掻痒の感がある。

(34) 佐藤幸治「ムートネスの法理」法学セミナー三二七号（一九八二年）一〇六頁、三二八号（一九八二年）一二〇頁、三二九号（一九八二年）一〇六頁。

(35) さしあたり兼子仁『行政争訟法』（筑摩書房、一九七三年）三二四頁以下参照。

(36) この差戻し判決における訴えの利益のあつかい方にかんし、兼子仁発言（家永三郎ほか座談会「教科書訴訟最高裁判決を考える」法学セミナー三二八号（一九八二年）八頁、九—一三頁）参照。

(37) 白石健三「公法上の義務確認訴訟について」公法研究一一号（一九五四年）四六頁。

(38) マウロ・カペレッティ『現代憲法裁判論』（谷口安平・佐藤幸治訳、有斐閣、一九七四年）。

二　憲法訴訟の軌跡——その後

まえ置き

以上の「憲法訴訟の軌跡と理論」は、一九八三年秋に書かれた。それ以降現在にいたる時間経過のなかで、憲法訴訟のありようも、判例をめぐる理論状況も、ある種の展開を見せてきた。その展開が、どれほど、どんな意味で、「新しいもの」を含んでいると言えるかは、それ自体議論の分かれるところであるが、それにしても、われわれの考察素材そのものに新しいものがつけ加わったのは、事実であって否定できない。こうした新しい考察素材のつけ加えによって、私がほぼ一〇年まえに書いた「憲法訴訟の軌跡と理論」は、内容的に修正あるいは補筆をすべき点がいくつか出てきた。当初は、この論稿を本書に収録するに当たり、現時点に立って、全面書き換えをおこなうべく、そのつもりでそのための作業を試みたが、これはかなり難事であると覚えはじめた。もともと雑誌特集号のために書かれた論文であるので、これをいま全面書き換えるとなると、私としては、もっと間口を広げた、いうならば本格的な、戦後憲法裁判史を心掛けたくなるのである。しかし現在、それを試みる余裕がいささか乏しい。そしてそれは、私がぜひ挑戦してみたい課題のひとつであるので、残された生涯のうちのどこかで、それに立ち戻るということにしようと考えるにいたった。

八三年秋の時点で書かれた「憲法訴訟の軌跡と理論」は、その後半部分において、八〇年代前半の「現況」とともに、近い将来の展望を試み、そこでの問題のあり場所を指摘しておいた。その後の時間経過にもかかわらず、そこで叙述し問題指摘した内容は、すくなくともその大綱においては、なお妥当なものであるように思う[1]。それにまた、すくなくとも筆者の目からみれば、これはともかくも一つの完結した文章の形になっているので、これをそのまま一種の歴史的な産物として本書に収録し、読者の参考の用に供するということにしたらどうであろうか、と思うにいたった。ただ、これは、現在の時点にあっては、尻切れとんぼの様相を呈しているのは疑いもないところであるから、それが書かれた以降から現在までのほぼ一〇年ほどのあいだの「憲法訴訟の軌跡」を概観する作業をおこない、ある程度の補完・補修を試みるべきである。以下に前章の「軌跡」を辿ることに重点を置いて、その作業をおこなおうと思う。

もっとも、これをなすに当たり私として考慮すべき問題が一つある。というのは、私自身八〇年代中葉から現在にいたるまで、同じ主題に関連しながら、各別の論稿を書いてきており、それらのうちとくに三篇(「司法審査の日本的特殊性」、「日本国憲法の過少な配分」および「煽動罪と日本国憲法」)はそれぞれ加筆補充のうえ、本書に収録されている。それらは固有の観点と限定をともなうものであるとはいえ、取扱われる素材が「憲法裁判」であるため、おのずから、以下で私が書こうとするものとのあいだに、重複が生ずる可能性がある。私としては、無用な重複は可能なかぎり避け、本章を前章の「補章」という役割を果たすためのものにとどめようと思う。

(1) これが出て二、三年後、芦部信喜「憲法判例理論の動向と学説」公法研究四八号(一九八六年)一六頁、が出ている。芦部論文はどちらかというと表現の自由の判例と理論面に重点を置いて分析したものであるが、本書第一章とつなげて読んでいただけるとありがたい。

一　ふたつの違憲判決

八〇年代に入ってからの憲法裁判上の出来事として、さしずめまず特記すべきなのは、一九八五年七月および一九八七年四月の二度にわたる違憲判決であるということになるであろうか。すなわち、最高裁大法廷は、前者において、一九八三年一二月施行された総選挙のさいの選挙区議員定数配分表（公選法別表）を違憲と判決した（最大判一九八五年七月一七日民集三九巻五号一一〇〇頁）。大法廷はさらに後者において、森林法における共有林分割請求を制限していた規定（一八六条）を、違憲無効と判示した（最大判一九八七年四月二二日民集四一巻三号四〇八頁）。一般に最高裁判所は、現に有効とされてきた国家法を違憲と判定するのにはいちじるしく慎重な構えをとっているという状況に照らしていえば、この二件は――これによって戦後創設された司法審査制度のもとで、違憲判決例が計五件となるという、かずのうえの意義だけでみても――きわ立って目立った出来事である、と言わなければならないのだろう。

しかしながら、かずを離れて質という点からこの二例をうかがうと、憲法裁判上の意味はさほど大きくないのである。これらは、司法審査の発展のうえではほとんどこれといった画期性を持たない。これらがなぜ、どのように画期性に欠けるかということについては、本書の第三章「司法審査の日本的特殊性」（とくに一二四―一二八頁）で記すところであるので、ここでは繰り返さない。ただ、次の点を補充しておくにとどめたい。

1　議員定数違憲判決

八五年議員定数配分表違憲判決は、本質的にいって、先例としての一九七六年議員定数配分表の大法廷違憲判決（最大判一九七六年四月一四日民集三〇巻三号二二三頁）の延長線上の（先例適用上の）産物である。この七六年の先例はさまざまな適用例を派生してきているが、八五年判決が対象とした事案のばあいには、一票の較差がすでに違憲な程度に達していると最高裁が判定した配分表であるのに[2]、それを立法府が手直しすることがないまま、またふたたび一九八三年一二月の総選挙でこれは有効なものとして用いられたという事情がある。立法府の怠慢はかなり顕著なものがあるのであって、きついことばを用いれば、それは司法侮辱の気味さえあるといえた。こうしてみれば、一九八五年の最高裁大法廷は、配分表そのものが不均等・違憲であるばかりでなく、この欠陥を是正すべきはずの立法府が、合理的に許される是正猶予期間を過ぎてなお不作為のままであったという点で、立法裁量の限界を超えているがゆえに違憲・違法であると判定するほか、どう仕様もないものであったことがわかる。

しかしながら八五年判決は、以上のごとく、問題の配分表は違憲と判定したのではあるが、そのもとで施行された総選挙そのものは――事情判決の法理により――有効であるとした。違憲判決は、現状に対してなんの変革を加えるものでもなかったが、「違憲、しかし有効」という奇妙・変則的な法宣言方式は、いうまでもなく、七六年判決が案出した妙案なのであって、これあるがゆえに八五年大法廷は、安んじて――すなわち、立法府への刺激その他政治的悪影響を心配することなく――ともかくも形だけの違憲判決をくだすことができたのであった。八五年判決は、七六年判決の延長線上にあるということができるゆえんである。論者によっては、新しいものをほとんど何も付加しなかった八五年判決は、違憲判決例の一つとして算えるべきではなく、七六年の旧判決の単なる亜種と見做すべきであって、したがって違憲判決例は五つではなくて四つであるという者さえいるくらいである。

そうはいっても、七六年、八五年と二度にわたり配分表に違憲評価を加えることにより、一票がもつ実体価値の重要さに十分な認識をもたず、低次元の政治的な思惑にかまけている立法府に対して、最高裁がぎりぎりの線のところで物言いをつけたことの意味を軽視するのは、正しくあるまい。ある種の政治的恣意の支配に対して、裁判所も憲法規範もけっしてかならずしも無為・無意味ではないことの例証として、あるいは象徴的な例示として、これを評価しておくべきであるだろう。

七六年の違憲判決以来、定数配分の合憲・違憲の判定基準、是正に要する合理的期間の算定方法、さらには、いわゆる事情判決の解釈、無効判定の効力が及ぶ範囲など、あれやこれやの派生的な論点をめぐり、裁判官のあいだに、補足意見・意見・反対意見の分岐があるのが、むしろ恒例になっている。各裁判官は、職業的法律家としてこれらの諸点にかんし法解釈の妙を競っているのであろう。しかし、これらのうち、いちばん最初の判定基準（最大較差一対三か一対二かをめぐる争点）は憲法原理にかかわるが、その他の多くは、日本ではたまたまこの種の憲法訴訟を起こすのにいやでも応でも公選法二〇四条の選挙無効確認訴訟という形態をとることを強いられているという、制度的な拘束からくる、その意味では非本質的、非原理的な性質のものであるのを指摘しておきたい。

2　共有林分割制限の違憲判決

もう一つの違憲判決例である森林共有分割をめぐる大法廷判決そのものについては、次章に述べていることにすべてゆずっておきたい。明治の終り、一九〇七年に作られた共有林分割請求禁止規定は、合理的な森林政策の表現として当然視され、深刻に検討されることもなく存置されてきたのだが、ちょっと観点をかえて見直してみると、その合理性に疑いが生ずる。なによりも、対抗する当事者が均等分割で共有している者同士であるばあい、どちらの側も分割を請求しえないのであって、この合理性の乏しい国家政策のために、所有の自由を奪われつづけねばならないことになるのだが、このことにつき合理的な理屈を立てて憲法違反ではないといい切ることのほうが、むしろむずかしい。そうしてみたら、一九七五年の薬事法違憲の大法廷判決で踏まれた路線を辿ることによって、共有林分割禁止規定は違憲無効と判定するのが、きわめて自然なことであったとわかる。

ただこの点で唯一、若干の調整を要する点があるとすれば、薬事法判決にあっては、営業の自由への制限としての距離規制が警察的、消極的な目的であるという点を強調し、そのことをもって司法審査の深度(スコープ)をきめる手掛かりとしたのに対し、森林法における分割禁止規定は、どう工夫してみてもこれは積極的、政策的な目的に仕えるもの以外のなにものでもない。そうすると勢い分割禁止規定にあっては、薬事法のそれに比べてその司法審査の深度は、浅いもの(すなわち、いわゆる「明白性の原則」あるいは「合理性の基準」とひとが定式化するところのもの)であっていいということになってしまう。(3) その分だけ、最高裁としては、分割禁止規定に対して違憲判断をくだすことが、やりにくくなるのである。

さて最高裁は、この部分をどう乗り越えて処理することができたのであろうか。最高裁は、かつてみずからが立てた基準、すなわち、規制目的の消極性(あるいは警察目的性)と積極性(あるいは政策目的性)という二分法を無視することによって、別言すれば、困難に直面することを回避することによって、困難を逃れたのであった。分割禁止規定は、一定の積極的な森林政策目的に仕える立法であると明示的に性格づけながら、しかしそのばあい辿るべきところの緩やかな審査基準(「明白性の原則」あるいは「合理性の基準」と定式化されるもの)によらずに、むしろいわゆる「厳格な合理性の基準」によることによって——すなわち、薬事法違憲判決と同レベルの基準を採ることによって——森林法上の制限は「立法目的との関係において、合理性と必要性のいずれをも肯定することのできないことが明らかであ」る、と結論づけられているのである。この間にあって最高裁は、かつてみずからが揚立した消極・積極の審査基準二分論を、なぜ森林法一八六条の審理には適用しないのかを、全くなにも語っていない。そこで、この点をめぐり学説のうえで、あれこれの推測がおこなわれている。けれども推測はあくまでも推測にとどまり、このことにつき理論上の決着をつけるのには、最高裁自身の語らざる部分が余りにも多過ぎる。

ただ、最高裁が森林法一八六条の合憲性判断にアプローチするに当たって消極・積極二分論になんの挨拶もしなかったことにより、こうした規制類型論の図式的、機械的な適用にある種の拒否反応を示したのだとすれば、それはそれで悪くない徴候である、と見做すことができようと思う。

というのはこうである。一九七二年の小売商業調整特別措置法判決から形成されはじめ、七四年の猿払事件判決、七五年の薬事法判決でほぼ確定した規制類型論は、七〇年代後半から八〇年代にかけて、日本の司法審査全領域にまたがって支配する勢いを見せていた。規制類型論は、規制が対象とする憲法的な実体価値(企業活動の自由、所有権、生活権、信教の自由、表現の自由、政治活動の自由などなど)を考慮の外において、もっぱら国家権力の側の規制類型の組み合わせいかんによって、司法審査の深度(逆にいって、立法裁量の広狭の程度)を決めるのをよしとするアプローチである。そういうものとしてこの方法は、価値中立的にみえ、ア・ポリティカルを志向する司法にとって格好のもののようにみえたはずである。ことは、立法の目的と立法がとる規制手段との二つを、どの類型に当てはめるかという点にのみあるのだから、裁判所としては当該社会的政治的紛争の中身にまで入ってゆく必要がない。形式的、制度たてまえ的な審理に終始すればいいのだから、伝統的な司法慣行にとって馴染みがあり、操作し易い。

八〇年代までに培われていた日本の司法審査のありようを前提にしてみれば、こうした性格のものとしての規制類型論は、非常につよい程度において裁判所に受容される可能性をもつものであった。このことを私は先の「憲法訴訟の軌跡と理論」において近い将来の展望を語るところで、すこしく指摘しておいた。そこでの私の指摘は、深い憂慮の表明でもあった。規制類型論は、規制対象たる憲法上の実体価値を捨象してしまうところに特徴があり、まさにそうだから、司法自制論を取りつづけてきた日本司法に受け入れられ易いのだが、逆にまさにそうだから、司法審査の本来の目的を、憲法上の実体価値を確保すること、そのことによって市民の権利保障、とりわけ多数決主義による立法者が等閑視しがちな少数者の権利保障に仕えることに置く立場からすると、規制類型論は欠陥に充ち、かつ、危険度の高い方法論であった(4)。

規制類型論は、立法裁量論をいわば裏から表現したものなのであって、両者は表裏一体である。そういうものとして、このアプローチは、八〇年代後半から現在にいたるまで、公選法一三八条一項(戸別訪問全面禁止条項)合憲判決において、上級審から下級審にいたるあらゆる裁判過程で、申し合わせたように採用されてきている(5)。その意味では、規制類型論は、問題性をはらんだままで、なお健全である。

ところがどうも、最高裁は、共有林分割制限判決でそうしたように、規制類型論を万能的なものと捉えて、これによってすべてを裁断するつもりではかならずしもないらしい。これは、分割制限違憲判決のように立法裁量論を否定する結論を出すのに都合悪いときには規制類型論を棚上げにし、他方、戸別訪問禁止合憲判決がそうであるように、立法裁量論を広く肯定する結論を出すのに都合のいいときには規制類型論を用いるという、ご都合主義の現れではなかろうか、と推測する向きもあるだろうと思う。さっき言ったように、規制類型論と立法裁量論は裏腹の関係にある。前者は、後者を正当化する説明のための論理にすぎないという言い方が成り立つかもしれない。そうだとすると、規制類型論が立法裁量の広狭のためにご都合主義的に用いられるのは、ゆきがかり上、当然だということになる。

しかし、これでは身も蓋もない話である。規制類型論を出したり引っ込めたりするというのは、類型論それ自体に整合性に欠け理論的正当性に欠けるところがある証拠だと思う。

森林法違憲判断に達するにいたるにつき、最高裁は規制の類型いかんという形態によってではなくて、この規制がどんな憲法的な価値を否定しているのかということの実体に重きを置いたのだと私は理解したい。そしてここでは、よかれあしかれ、所有の自由(共有分割の自由)という憲法価値が物を言ったのだと思う。

もし、こうした理解が成り立つのだとしたら、たとえば、戸別訪問禁止を含むあれやこれやの選挙運動制限規定は、「選挙の公正確保」という規制目的のうえに乗った規制類型論(＝立法裁量論)によって片付けてしまうという伝統的な司法処理方式ではなくて、これと並んで「政治活動の自由」「表現の自由」という市民的、民主主義的な価値をになう「選挙の自由」の観点を導入することによって、この法領域に、より深度の深い司法審査のメスをふるうことができるはずなのである。

ひとたび規制類型論にもとづく立法裁量論の世界にとっぷり漬ってしまった最高裁がそう容易にそこから脱け出し、本来のあるべき方途を辿るであろうことを期待するのは、無理というものである。けれども最高裁は共有林判決において規制類型論を採らず、立法裁量論をも語らないことによって、「所有の自由」を救ったのだから、似た手法によって、他の憲法上の自由を救うことができるのでなければならない。私たちは、そのことを最高裁に期待する正当性を有するだろうと思う。

(2)　最高裁大法廷は、一九八三年、当時の配分表が一九八〇年施行の総選挙において一対三・九四といういちじるしい較差を抱えているものであるがゆえに、この配分表そのものは憲法に適合しない、と判断した。にもかかわらず、同大法廷は、立法府が是正を要するのには合理的な期間が必要であり、かつ、このばあいは、「合理的期間内における是正がなされなかったものと断定することは困難である」と判断し、そのゆえに、問題の配分表を違憲とはいえないと結論していたのである(最大判一九八三年一一月七日民集三七巻九号一二四三頁)。このように一九八五年の大法廷が当面した議席配分表というのは、その二年弱まえの一九八三年大法廷で実体的に違憲であるむね宣言されていた、そのおなじ配分表なのであった。

(3) 分割禁止規定が積極的・政策的な目的に仕えるものだとして、この点だけを手掛りとしていえば、その合憲性判断にかんする先例は、薬事法違憲判決ではなくて、さらにその前身の一九七二年大法廷の小売商業調整特別措置法に対する合憲判決(最大判一九七二年一一月二二日刑集二六巻九号五八六頁)ということになる。

(4) さし当たり、本書、前章「憲法訴訟の軌跡と理論」五〇—五三頁および奥平康弘『なぜ、「表現の自由」か』(東京大学出版会、一九八八年)一八三—一九四頁参照。

(5) たとえば、高裁レベルを挙げると、大阪高判一九八〇年三月四日判タ四一六号一七七頁、東京高判一九八二年四月一五日判時一〇六七号一五二頁、名古屋高判一九八三年七月一二日判時一〇九四号一五三頁、東京高判一九八四年九月一七日判時一一三九号一五二頁など。

二　政教分離の原則・信教の自由をめぐる憲法裁判

1　先例としての津地鎮祭判決の格別の意味

この、ほぼ一〇年ほどのあいだで、もっともホットな政治的脈絡のなかに置かれた憲法裁判の一つは、靖国神社、護国神社、忠魂碑などに関係する政教分離原則をめぐる訴訟であった。これは、単に宗教問題であるのではなく、天皇、国旗、国家その他旧日本国のシンボルを素材として提起される、いうならば国家の歴史責任を問うものであるがゆえに、優れて政治的性格の濃い問題である。

ここにあっては、先例としての一九六七年の津地鎮祭大法廷合憲判決(一九六七年七月一三日民集三一巻四号五三三頁)

が果たした役割が、決定的に重要である。多くを言うまい。最高裁は、この判決によって政教分離の原則を「国家が宗教とのかかわり合いをもつことを全く許さないもの」と捉えるべきではないとした。目的・効果にかんがみ「相当とされる限度」内に留まるかぎりは、政教のかかり合いはあっていい、と宣言した。そして、国家(機関)に禁ぜられている「宗教的活動」(憲法二〇条三項)とはなにかは、「諸般の事情を考慮し、社会通念に従って」判断すべきである、と判示した。最高裁の、この「政教分離」論は、その主観的意図がなんであれ、きわめて体制適合的・体制順応的な内容のものであった。まさにそのゆえに、一九八三年二月、まず時の与党、自民党政務調査内閣部会・靖国神社問題に関する小委員会が、この大法廷判決をたくみに活用して、内閣総理大臣その他の政府閣僚が政府機関として靖国神社に参拝すること(いわゆる公式参拝)は、憲法上なんの困難もないと論ずる「見解」をまとめた。与党はさらに(藤波)官房長官のもとに諮問機関「閣僚の靖国神社参拝問題に関する懇談会」を設けさせた。一九八五年八月九日、すなわち八月一五日にぎりぎり間に合う日程で、この懇談会もまた、大法廷判決に依拠しながら閣僚等の公式参拝は――参拝形式さえ神道のそれによるのでないかぎり――なんら問題ないという『報告書』を作った。(6) この『報告書』のお墨付きをえて、ときの総理大臣、中曾根康弘氏をはじめ内閣閣僚たちは一九八五年八月一五日、靖国神社において、デモンストレーション効果抜群のパフォーマンスを演じたのであった。

津地鎮祭判決は、このように政治支配層に格好の手掛かりを与え、客観的・効果的には政治目的に仕えた。この文章を執筆中の現在、報ぜられるところによれば、社会党出身の村山富市総理大臣は、一九九四年八月一五日に向けられた閣僚公式参拝論議において、旧来どおり、参拝そのものは憲法上許されるという解釈を踏襲するむね、言明している。津地鎮祭大法廷判決は、当時の与党・自民党のみならず、すっかり社会体制内化した現在の与党・社会党にも、決定的な影響を与えつづけて生きている。

2　内閣総理大臣等の靖国神社公式参拝を争う①

靖国神社の閣僚等公式参拝の憲法問題は、このように政治的には決着をつけられたことになっているが、憲法訴訟的にはじつはまだ片づいていない。周知のように合憲と言いながらも、国際政治上の思惑から、八五年八月の中曾根氏らのパフォーマンスをさいごに、それ以降はずっと公式参拝は政治的に避けられているので、訴訟の対象になるのは勢い中曾根氏らのパフォーマンスだけである。最近にあっては、この種の問題を訴訟で争うという考えあるいは実践("litigiousness"とでも言うのであろう訴訟志向的な構え)が市民のあいだにつよまりつつあるので、中曾根的パフォーマンスは、政治の世界にばかりとどまることができない。否応なく司法的な評価を受けるようもとめられる。皮肉なことにしかしながら、訴訟への志向がつよまるとともに、憲法裁判というものは訴訟制度上非常にきびしい限定を受けたものとしてのみあるという、実定制度上の狭隘さが露わになってきている。

というのは、閣僚等の政教分離原則違反行為を訴訟で争うのには、現行訴訟制度では二つの形態しかなく、とくに閣僚等の行為そのものを一般市民が争う手段としては、損害賠償・慰謝料請求訴訟しかないという事情に関係する。事件の本質、したがってまた訴訟の本当の目標は、国家機関の行動(公式参拝)が憲法の命ずるところ(政教分離の原則)に違背したということの司法宣言あるいは司法的確認をもとめる点にある。国家機関の行為の客観的な違憲性を争いたいのである。けれども、これを争う手立てとして市民に留保されているのは、「私の権利」「私の法的利益」が不法な侵害を受けたから、「私に」賠償あるいは慰謝料を支払えという損害賠償請求をむねとする主観的な訴訟しかない、というのである。事実、中曾根氏等の公式参拝を契機に、これを争う訴訟が全国各地ですくなからず提起されたが、それらは押しなべてすべて、この訴訟形式をとっている。

けれども、誰しも容易に想像できるように、この種の客観的な合・違憲問題を、一般の市民にとって、それは「私の権利」の侵害であると構成することは相当にむずかしい。通常の民事紛争に慣れ親しんできている裁判官に、特別の「不法行為」概念を憲法訴訟にかぎって期待するのは、無理である。下級審にかかった訴訟の多くは、閣僚等の公式参拝の憲法適合性という本体の部分への審理に入ることなく、ごく入口のところで請求は棄却されている。(7)

このことについて、裁判官の処理方式を非難したり、最近では、この隘路を解釈論的に切り抜ける手を案出しえないでいる憲法研究者の怠慢を批判する声が聞かれる。なるほど、新しい法解釈の案出によって、この種の憲法訴訟の可能性を切り開く努力は試みられねばなるまい。しかし、この種の憲法問題の決着を司法にゆだねることをよしとするのが国民的な世論であるのならば、この道筋をつけるのは、民法的な規定(国家賠償法)の適用を前提とした解釈によってではなくて、憲法問題の紛争解決にふさわしい新しい訴訟形態を、立法府が立案構想し、制度改革のイニシャティヴをとるべきであろうと思う。

3　内閣総理大臣等の靖国神社公式参拝を争う②

さて、閣僚等の靖国神社公式参拝の合憲性を訴訟によって争う、もう一つの手立てがある。地方自治法二四二条の二第一項四号による住民訴訟である。この訴訟形態は、住民であるというだけの資格で、当該地方公共団体の職員のなした行為の違法性を、自分一個の法的利益の有無とかかわりなく、その意味で客観的に争うことができるという、日本の国法上稀にみる制度である。公式参拝の合憲性という客観法上の問題を争う、格好の手段であり、これでくれば、裁判所も訴訟の中身にまで審理しないわけにゆかない。ただ問題があるとすれば、中央政府の閣僚の行為が、どう地方公共団体の職員の違法行為と結びつくかである。

この訴訟形態にとって幸いなことに、岩手県(議会および執行部)が典型であったように、八〇年代後半の圧倒的な自民党支配に連動して、地方政治支配層が中央の靖国神社政策を積極的に支持、またはこれに迎合するうごきをおこなったため、これに対する住民訴訟の提起が可能になった。岩手では、県議会の公式参拝要望決議と県執行部の玉串料公金支出を対象にして争われた。一審・盛岡地裁は、ここに内在する憲法上の争点にかんして、かなりアグレッシブに伝統的、社会体制的な仕方でその合憲性を説明した(盛岡地判一九八七年三月五日行裁例集三八巻二=三号一六六頁)。ところが、これに反し、一九九一年はじめ、二審・仙台高裁は、争点について全く別の観点(それは、多かれ少なかれ、のちに指摘する愛媛玉串事件の一九八九年松山地裁判決と似た問題視角から出るものであったのだが)から審理をすすめて、結論的には県機関による靖国神社へのかかわりを違憲と判定したのであった(仙台高判一九九一年一月一〇日行裁例集四二巻一号一頁)。

下級裁判所としての仙台高裁は、津地鎮祭大法廷判決の枠組みである目的効果論を無視するわけにゆかない。高裁はしかし、同じ枠組みを使いながら、最高裁がやってきたのと相当にちがう内容分析をおこなうことにより、結果として、最高裁的な目的効果論に対する相当に深刻な批判を加えたことになっている。いまは、これらの点を次のように要約的に指摘するにとどめる。ふつう、最高裁的なアプローチを無批判に踏襲するとすれば、まず靖国神社への公式参拝の「目的」は、「戦没者の慰霊」とか、もっと非宗教的に「戦没者に対する追悼」といったラベルをはることによって、これは「世俗的な目的」という評価が引き出され、憲法問題性が消失または稀薄化される方向をとることになる。仙台高裁は、しかし、次のように説示する。すなわち、「(公式参拝する閣僚らの)その主観的意図ないし目的が戦没者に対する追悼(括弧内省略――引用者)であっても、これを客観的に観察するならば、右追悼の面とともに、特定の宗教法人である靖国神社の祭神に対する拝礼という面をも有していると考えざるをえないのである。けだし、靖国神社に祀られている戦没者の霊に対する追悼を目的とする参拝は、とりもなおさず靖国神社の祭神に対する畏敬崇拝の意を表す宗教的行為であり、両者を分別することはできないと考えられるからである」。この説示は、この種の政治的、社会的な意味をもつパフォーマンスの「目的」は、つねにかならずしもひとつなのではなく、「目的」というものは重畳し複合的に構成されることがあるという、きわめて正当な指摘である。津地鎮祭判決がそうであったように、またこの手法に追随する圧倒的多くの下級審判決がそうであるように、あるパフォーマンスの目的を、ある一つの観点からみて「世俗的」と見做すことによって、パフォーマンスの複合的、重畳的な意味を故意にぼかしてしまうのは、争点隠しの気味がある。それはリアリティを無視した憲法判断であるから、津地鎮祭判決がそうであるように、いつまでたっても憲法問題の真の解決にはならないのである。仙台高裁は、そこのところを衝いている。

仙台高裁はもう一つ、「効果」論においても、大法廷判決の問題性を指摘している。最高裁流の「効果」論は、当該パフォーマンスが特定の宗教宗派を援助、助長、促進、または逆に圧迫、干渉したかどうかにのみ審理を集中する。そして誰しもが容易に推測できるように、いまの日本の社会において国家機関がこのような明白にして直接的な「効果」をもつパフォーマンスをあえておこなうことはなかなかできないことであるから、最高裁的な「効果」論は、現実には当該行為の合憲性をひき出すために役に立っているのである。ところが仙台高裁は、憲法判断において問題にすべき「効果」は、こうした「直接的、顕在的な影響」だけではないはずだと捉える。「将来予想される間接的、潜在的な動向を総合考慮す」る必要がある、と考えるのである。閣僚の公式参拝や社会的儀礼たる玉串料の支出などが適法視されることになれば、「国の各省庁の大臣はもとより、都道府県、市町村等の普通地方公共団体及び地方議会の各機関の長等で公式参拝に賛同する者は、内閣総理大臣の公式参拝が是認されたことを根拠として、各地域の戦没者に対する慰霊と遺族への慰藉を理由として、公式参拝に赴き、あるいは、供花料、玉串料等を公金から支出することが予想される」と論ずるのである。判決はここで、「天皇の公式参拝」がもたらすであろう「効果」にも言及していて、注目される。実際のところ、最高裁流「効果」論はその使い方いかんによっては、「天皇の公式参拝」といえども、なんら特定の宗教宗派を後援するものでなく、他の宗教をも圧迫するものでもないと言いくるめることによって、これを憲法上正当化し、そうする方法をつうじて靖国神社の準国家化を許容するみちにつながりうるであろうことは明らかである。すなわち、これは、戦前の「国家神道の非宗教性」論と機能的に近いはたらきをする潜在性を含んでいるのであって、仙台高裁は、そうした「効果」論に異を立てたかったのだろうと思う。(8)

これより先、一九八九年春、松山地裁が住民訴訟にもとづいて、愛媛県執行部のなした一九八一年から八六年までのあいだ合計一三回、靖国神社のためにおこなわれた玉串料・献灯料の支出の合憲性を審理した結果、これらを政教分離原則に違反し違憲・違法であるとする判定に達していた(松山地判一九八九年三月一七日行裁例集四〇巻三号一八八頁)。(9)本件で松山地裁は、最高裁流「目的効果」論の枠組みをともかくも前提として踏まえている。しかしながら、松山地裁は「目的」および「効果」の両面において、形式論・唯名論的に裁断するのに満足せず、こうした支出行為をめぐる政治的、社会的な環境に焦点を合わせ、リアリスティックに審理を進めているのが特徴的である。大まかにいえば、この手法は先に見た仙台高裁に先鞭をつける形のものであった。

ありていにいって、松山地裁、仙台高裁のふたつの違憲判断は、少数異例のものである。それでいながらしかし、両判決は最高裁やそれに倣う多くの下級裁判所の論理が、「社会通念」という名の社会体制的な意識に合わせ一面的であることによって、結果的に現状維持的、したがって体制迎合的な性格のものであるのを、きわめてたくみに衝いている。こういうものとして、これらの判決は、司法審査の活きた姿のある側面を浮び上がらせていると思う。

4　自衛官合祀裁判

政教分離原則も含め宗教の領域では、ほかにすくなくない裁判例があった。なかでも重要なのは、自衛官合祀裁判の一九八八年大法廷判決(最大判一九八八年六月一日民集四二巻五号二七七頁)であった。この判決には、いくつかの深刻な疑義を生ぜしめずにはおかない論点がある。[10] 多数意見は、第一に、問題の自衛官の県護国神社への合祀申請に自衛隊(地方連絡部職員、地連職員)がかかわったか、それとも自衛隊の外廓組織が単独でやったのかという事実関係の認定について、相当に大胆に、一・二審のそれをくつがえして新たに(de novo)自らの認定をもって置き換えた。そしてそのことにより、自衛隊のこの件への関与度をいちじるしく低いものと見做すことにした。それと連動することになるが、自衛隊のかかわりは、「目的・効果」論からみて「宗教的活動」とは、とうてい言えないと断じている。第三に、本件では、自分の宗教的信条および意思に反し夫を護国神社に合祀された未亡人が、宗教上の人格権(あるいは静謐な環境のもとで信教生活を送る利益)の侵害を理由に不法行為責任を追及して出訴したのであるが、判決は、宗教上の感情を被侵害利益として保護に値するとみることにいちじるしく懐疑的であった。そして、そればかりでなく、本件紛争は一方における原告の宗教感情と他方における護国神社の信教の自由をめぐる、単なる私人間の争いに過ぎないという新機軸を打ち出した。護国神社の信教の自由のために、原告は寛容でなければならず、宗教感情への不利益・悪効果は、忍従しなければならない、と説示(説教?)するのであった。

自衛官合祀事件は、旧日本国家の負の遺産を究明することによって国家の歴史責任を問おうとするものであった。最高裁はしかし、国家のかかわりをほぼ全面否認し、私人対私人の争いに切り下げ、そのうえで、責任を追及しようとする者に、汝、寛容であるべし、と訓戒を垂れたのであった。最高裁は、国家の歴史責任(人権侵害責任、戦争責任)を加味した問いかけには、いかに不適な存在であるかを、市民の前に明らかにしたのが、この判決である、と言えるかもしれない。その意味では、最高裁の拭うべからざる基本性格の一部を露呈したものとして、この判決はとても重要な歴史文書であるだろう。

宗教領域にあってもう一つ言及しなければならないのは、一九九三年二月の最高裁(第三小法廷)の箕面忠魂碑・慰霊祭合憲判決(最三小判一九九三年二月一六日民集四七巻三号一六八七頁)である。これは、津地鎮祭大法廷判決および自衛官合祀大法廷判決の判断枠組みを前提にした小法廷判決であるので、応用問題に対する解答文であるということにともなう特殊的に興味をひく部分があるが[11]、それを除けば格別に顕著な展開があるわけではない。けれども、たとえば、忠魂碑の性格につき「神道等との特定の宗教とのかかわりは、少なくとも戦後においては希薄であり、本件忠魂碑を靖国神社又は靖国神社の分身(いわゆる「村の靖国」)とみることはできない」(傍点引用者)と明言するところに現れているように、最高裁は、こうした問題を旧日本の歴史(国家宗教の歴史)との脈絡で捉えることを極力避けようとしている。また、「目的効果」論の適用においては、目的の点で目的一元論(=世俗目的)に固執し、効果の点で「特定の宗教」へのプラス・マイナス効果の有無にのみ焦点を合わせており、そのことによって最高裁は、その「目的効果」論の問題性をますます露わにした。

津地鎮祭判決以来、最高裁は、国家機関の憲法上許容される宗教とのかかわり合いを「程度」の問題としてきており、その「程度」問題を「諸般の事情」の総合判断とか「社会通念」とかいう、客観化されるようにみえて結局において容易には客観化され得ない司法判断を経て、忠魂碑判決がそうであるように「相当とされる限度を超えるものとは認められず」という結論になる。こういう手法により裁判所は、結末としてはこの種の問題を政治の場に戻してしまっているのであって、司法審査に固有な役割を見出すのを避けようとしているように思う。

5 天皇の裁判

政教分離関係が旧日本とのつながりにおけるナショナル・シンボルの問題だとすれば、ここでこれに付随して、最高裁(第二小法廷)が珍しくも、天皇制に触れる問題を扱った一九八九年の判決(最二小判民集四三巻一〇号一一六〇頁)に言及することが許されよう。この事件では、千葉県が、昭和天皇病気快癒を願う県民記帳所を設置したことを、現天皇に対する不当利得返還請求という訴えの形式で一市民が争っている。天皇明仁氏を被告とする民事裁判である。よかれあしかれ意表に出た訴訟であって、これを処理するのには、さまざまな方法があり得ただろう。最高裁が選んだのは、「天皇には民事裁判権が及ばない」とする解釈方法であった。さし当たり、それはよしとしよう。問題は、「なぜ、しかるのか」という理由づけ(=論理)である。この点については判決はただ一言、「天皇は日本国の象徴であり日本国民統合の象徴であることにかんがみ」と述べているにとどまる。いうまでもなく、ここで登場する「天皇は、日本国の象徴であり日本国民統合の象徴であって」、という文言は、日本国憲法一条前段にあるのであって、最高裁は、天皇には民事裁判権が及ぶのか及ばないかという、いささか厄介な解釈問題に対して一定の解答をするに当たり、ただ、日本国憲法一条前段を指し示すにとどめているのである。最高裁がこれをもって、ともかくも一定の意味のある解答であるはずだとみずから見做している前提には、この第一条の象徴規定はコンパクトに一定の内容・実体を含みもっていて、それは「見ればわかる」("I see it, when I look it")というようなものである、という考えがあるからにほかならない。

この伝で、社会体制は、天皇の万世をうたう「君が代」を日本国の「国歌」なり、と主張してきた。同じ理由づけで、社会体制は、元号法の制定を正当化した。すなわち、こうである。天皇は「象徴」である以上、その万代をことほぐのは当り前である。天皇は「象徴」であるから、その在位期間に合わせたカレンダーを庶民に用いさせるのも当り前だ、というのである。われわれはこういう形で、天皇「象徴」論を聞かされつづけてきているのである。けれどもこれは、たいへん疑問の余地のある憲法論である。「象徴」という規定づけは、新憲法においてはじめて採用されたものなのであって、第一条前段はその成立時において予め実体をコンパクトに抱え持ち、そういうものとして国民的合意を得たものでは全くないからである。

いまこの点を深く究明し論述するのは避けねばならない。ここで確認したいのは、最高裁もまた、内容において怪しげな、形式において問答無用の、社会体制的(=世俗的)な天皇「象徴」論を無造作に用い、それ以上のことをいっさい語ることなしに、天皇にある種の神聖不可侵性を与えている事実である。最高裁はこの憲法領域ではなんらかの積極的な役割を演ずることを極力嫌い、結局は、みずからを社会体制のなかに無難に埋め込み、そこに沈潜するをもってよしとしているように思う。

(6) これらの文書は、ジュリスト八四八号『緊急特集・靖国神社公式参拝』(一九八五年)に収録されている。

(7) ただし、次に示す二つの高裁判決にあっては原告らに法的保護に値する権利あるいは利益があるかどうかという争点に入る前に、問題の内閣総理大臣らの公式参拝が違憲か否かの判断を先行させていて、注目される。すなわち、一九九二年二月の福岡高裁判決(福岡高判一九九二年二月二八日判時一四二六号八五頁)は、公式参拝の政教分離原則違反の疑いは払拭しきれないとしながら、しかし、それにより原告らの法的利益が侵害されたとまでは言えない、という構成をとった。同年七月の大阪高裁(大阪高判一九九二年七月三〇日判時一四三四号三八頁)は、公式参拝の違憲性への疑いをもうすこしつよく表明しているが、損害賠償を請求できるような権利・利益の侵害はない、と判示した。

(8) 仙台高裁判決は、本文で示したことで歴然たるごとく、憲法実体論上は、県(被告、被控訴人)の主張が容れられなかったから、県の実質的な敗けであった。しかるに、住民訴訟の形式論においては、住民がもとめる代位弁済責任についてはこれを否定して、住民の控訴を棄却した。すなわち、形式的には市民敗訴である。まさにこのゆえに中央の指令のもと岩手県の自民党政治家は、実質敗訴のこの判決を上告して争うことが不可能になり、最高裁もこれに手をつけることができずに終ったのも、この判決を興味深いものにしている(日本での憲法裁判の多くは、市民による損害賠償訴訟の形態をとるよう強いられているため、違憲違法にかんする争点で市民のいい分が認められても、国家機関の側に故意も過失もなかったという理由で、判決主文では市民敗訴となることが少なくない。このことにかんして、奥平康弘『法ってなんだ』(大蔵省印刷局、一九九五年)一一一頁以下所収の「負けるが勝ち」を参照されたい)。

(9) これは、のち、一九九二年、高松高裁により覆された(高松高判一九九二年五月一二日行裁例集四三巻五号七一七頁)。

(10) 多数意見に対し、長島敦補足意見、高島道郎補足意見(これに二名同調)、島谷六郎意見(これに一名同調)、坂上寿夫意見、そして伊藤正己反対意見が付加されていて、各論点につきかなり議論の余地があることを示唆している。

(11) 私はたまたま、箕面忠魂碑裁判を扱った、アメリカ憲法・政治研究者の著作を、草稿の段階で読む機会があった。日本研究者ではない者の日本研究であって、たいへん興味をひく労作であり、その公刊を待つ。David M. O'Brien with Yasuo Ohkoshi, To Dream of Dreams: Religious Freedom Litigation in Japan (Draft).

三　風俗との葛藤

天皇の象徴規定のなかに、なにか確定的な実体がコンパクトに詰まっているという考えは、じつは幻想あるいはゆえなき願望である。しかしかりに、その内実が一時期確定してあったとしても、その後、それは、社会(社会意識)の変容に規定され変化を蒙らないわけにはゆかない。こうした変化は、憲法規範がかかわる諸側面にうかがえるのであって、このゆえに憲法問題は、否応なく、日々「新しいもの」を生むのである。

性にかんする文化の変容を例にとろう。ここでは、手短かに「『寛容な社会』(permissive society)への志向」とでも呼んでおこう。

一九五七年のチャタレー最高裁判決（最大判一九五七年三月一三日刑集一一巻三号九九七頁）は、ほとんど確信犯的といえる形で「寛容な社会」に対し拒絶反応を示したのであった。爾来、大法廷にあってはマルキ・ド・サド判決（最大判一九六九年一〇月一五日刑集二三巻一〇号一二三九頁）において多少の揺れを緩衝しながら受けとめ、その後は小法廷のレベルで主としてわいせつの判定基準の定立・適用の工夫をすることによって、徐々に「寛容な社会」への適応をはかってきている。(12) 非常にはっきりしている現象のひとつは、しかしながら、なお厳然としてチャタレー判決が権威ある先例として生き残っており、「寛容な社会」への適応といえども、すくなくとも建前としては——古色蒼然といいたくなる——わいせつの古典的な定義の背景にある法観念はもちろん、定義そのものにかんしても、なんのメスもふるわれていないということである。事実上の、あえていって、なし崩し型の「自由化」が進行しているのであって、裁判所はこの法領域において、原理原則を語り、なにほどか変容にかんしイニシャティブをとろうとする意欲をもっていないのは、かなり確かなようである。

国内の刑法一七五条、わいせつ文書の世界では、こうしてヘアが出たり引っ込んだり、出る程度が大きくなったり、といった式の「自由化」が、裁判所というよりも裁判所の宣託を予占的に読み取ってアクションを起こす警察・検察の出方を横目で眺めながら、ともかくも進行している。

問題は、日本の「国際化」が不可避的にもたらす海外出版物の流入にどう対応するかである。国内での対応がそのようなものであるとすれば、海外出版物規制を違憲的と判示してその全面廃止を命ずる線を裁判所が選ぶとは、なかなか考えにくいことである。前者ではいわば個別の応用問題が問われているのに対し、後者では制度の存廃そのものが問われているのであって、その後者にあって、全面自由化をもたらすところの制度廃止そのものを命ずる責任を、裁判所はとりたくないのは、これまでの軌跡から、よく理解できることだからである。かくして一九八四年一二月、最高裁大法廷は、いわゆる税関検査（＝税関検閲）を合憲なりと宣言する判決（最大判一九八四年一二月一二日民集三八巻一二号一三〇八頁）をくだしたのであった。

税関検査を合憲とする結論以外の結論を、日本の最高裁判所に期待することは、所詮無理な注文というものであったと思う。あれは、あれしかない結論であっただろうと思う。私が問題にしたいのは、そういう結論を導出するについての理屈づけである。この制度は、いかなるリーズニングによって「検閲」ではないとされ、「事前抑制」の法理から逃れることができ、表現の自由と矛盾抵触しないのか。私の率直な感想では、判決はさまざまな言辞を弄してはいるものの、論点いずれにも成功していない。もっと率直にいえば、あれは、堂々たる失敗作であった。[13] あれによって税関検査制度は、なんの修正も受けることなく、丸ごと護持されたが、しかし現にある制度は、法の論理に支えられてあるのではなくて、明治以来からの既成事実のうえに乗った権威の残存物に過ぎないと思う。

判決は合憲性を説明する文書としては失敗作であったという私の印象には、本当は、詳述が必要である。しかしながらここでは、そのことを次のようにただ一角から照射するによって試みるにとどめるのをお許しいただきたい。

税関検査の最大の難点の一つは、検査が税関職員によって、外国移入出版物のすべてにわたり一斉に画一的に、絶対基準（絶対的わいせつ概念を基準化したもの）によっておこなわれ、受け手の側の利益などはいっさい捨象されるという点にある、といえる。ある者が、全く他意なく、個人鑑賞用あるいは学術研究用のためにさえ、搬入しようとしても、駄目なものは駄目だという仕組みになっている。最高裁は、けしからん出版物を「水際で」効果的に打叩くためには、このぐらいの規制手段でなければならないのだ、と説明するのである。しかしながら、この説明は、麻薬、偽造紙幣など他の禁制品の持ち込み禁止に対しては——それらが表現の自由など憲法で保障された権利を含まないというだけではなくて——社会的な実害発生契機との関係で、かなり説得力を持ちうるだろうが、純粋に個人鑑賞用として持ち込まれようとする出版物等禁止に対しては、理屈として荒っぽ過ぎるのではなかろうか。なによりも、この理屈では、国内出版物にあっては、それがどんなけしからん内容であっても、個人鑑賞用であるかぎりは、国家は介入しえないという法(刑法一七五条は所持プロパーを規制対象にしていない)と非常にうまく平仄が合うということになりえていないのである。

ここのところを衝いたのが、一九九二年七月の東京高裁判決(東京高判一九九二年七月一三日判時一四三二号四八頁)である。東京高裁は、目的のいかんを問わず、いわゆるポルノ持ち込み者に対し刑罰を科する制度(関税法一〇九条)に憲法一三条、三一条に照らし限定解釈を加え、一審での有罪を破棄し無罪を自判したのであった。東京高裁は、先の大法廷合憲判決は行政規制を扱い、いまこの事件では刑事手続が問われているのであって両者は次元を異にしている、したがって大法廷判決の先例に拘束されない、とわざわざ弁明している。確かに、ある意味で次元を異にするとはいえるが、しかし両者は同じシステムを対象とするものである以上、論理的な整合性をもたないわけにゆかない。私としては、東京高裁が、権力と個人の自由との関係において、大法廷合憲判決とちがった哲学に拠った結果、大法廷とはちがったトーンを出すことになったものと理解したい。

文化に「国境」があることを当然の前提とする税関検査のごとき制度は、かりに裁判所や立法府が無為無策のうちにやり過ごしても、時間の経過のなかで自然消滅することになるであろうと私は観察している。そういう経緯を辿る過程で、日本の最高裁判所は、衰微傾向にカンフル注射を打って延命をはかるような役割は果たすであろうが、これを安楽死させるためのなんらかの貢献をするであろうとは、いまのところ非常に考えにくい。

(12) 最高裁のうごき——それは下級裁判所のうごきへの独特な反応であるのだが——にかぎっていえば、一九八〇年「四畳半襖の下張」上告審判決(最二小判一九八〇年一一月二八日刑集三四巻六号四三三頁)でわいせつ概念の立て直しがはかられ、一九八三年には伊藤正己補足意見にあるような「準ハード・コア・ポルノ」で勝負を決める考え方が出てき（最三小判一九八三年三月八日刑集三七巻二号一五頁）、同じころ、団藤重光補足意見において、わいせつ法の新構成が示唆されている（最二小判一九八三年一〇月二七日刑集三七巻八号一二九四頁）、という具合である。

(13)　この大法廷判決の取り柄を、すくなくとも検閲の絶対的禁止を宣言した点に見出すべきであるとする反論があるだろうと思う。確かに判決は、憲法二一条二項前段の「検閲は、これをしてはならない」とする検閲禁止規定は絶対的なものであって、「公共の福祉」のいかんにより検閲は許されるといった相対的禁止（＝相対的禁止解除）を意味するものではないとする――私からみれば、ごく当然の――解釈を宣明した。これをメリットとして認めよ、というならば、認めもしよう。しかしながら、判決は、この解釈を採るために、「検閲」概念を厳格に絞りに絞り、そのあげく、検閲禁止規定をほとんど現実に適用可能性のない、したがって存在意義の非常に薄いものにしてしまっているのである。この方はデメリットとみるほかない。そうすると、前のメリットは、後のデメリットと相殺されてしまうのである。なお、この点にかんし、伊藤正己『裁判官と学者の間』四一―四二頁を参照されたい。

四　「官僚裁判官」のフォーマリズム
――実体のない裁判――

伊藤正己『裁判官と学者の間』には、いわゆる司法消極主義を生みだす要素の一つに、「官僚裁判官」（職業裁判官、あるいはキャリアの裁判官とも呼ばれる）という地位あるいは性格こそが典型として期待される裁判官イメージである、という事情があげられている。(14)憲法規範などという大風呂敷を広げずに、当該の事件の紛争を一番狭い確実な論点で片付けるのがプロというものだという考えが、そこにはある。(15)これが如実に示される最高裁判決は、この最近でもかず多くみられる。たとえば、一九八五年の在宅投票制度廃止違憲訴訟の上告審判決(最一小判一九八五年一一月二一日民集三九巻七号一五一二頁)である。この事件では、重度身体障害のため投票所にみずから出かけてゆくことができない市民が、戦後一時期だけあった在宅投票制度を廃止したまま無為にすごしている立法の不作為を、損害賠償訴訟で争ったのであった。第一審ではこうした立法の不作為を違憲と判断し、原告の請求を認め、二審では不作為を違憲と判定したものの、国会議員に故意も過失もないとして原告の請求を棄却した。最高裁(第一小法廷)は、審理の中心をもっぱら損害賠償請求という訴訟形式の分析においた。判決によれば、もともと立法行為というものは「本質的に政治的なものであって、その性質上法的規制の対象になじま」ないものなのであるから、立法の作為・不作為を国家賠償法にもとづく損害賠償請求訴訟という形式で争うのは、「原則的には許されないものといわざるを得ない」ということになる。原則として許されないということを敷衍してであろう、そう述べたすこしうしろのところで、「国会議員の立法行為は、立法の内容が憲法の一義的な文言に違反しているにもかかわらず国会があえて当該立法を行うごとき、容易に想定し難いような例外的な場合でない限り、国家賠償法一条一項の規定の適用上、違法の評価を受けない」と断定しているのである。原告の市民的感覚からすると、本件は選挙権の行使という憲法上もっとも枢要な権利問題にかかわるがゆえに、親切な司法救済を期待したいところなのであるが、官僚的裁判官の思考からすると、同じ事物(=社会関係)が全くちがって捉えられる。ことがらは「選挙に関する事項」であって、これは憲法四七条により「法律でこれを定める」とあるから、強められた意味において立法裁量に属し、ますますもって、損害賠償訴訟という手段をつうじて違法性を追及するのはむずかしい、と説示するのである。

要するに最高裁は、本件のような憲法問題を損害賠償訴訟で争うのはいかに不適切かを論ずるに熱心で、かつ、それに終始し、肝心かなめの憲法上の実体問題に対する法的評価については、片言隻句触れるところがなかった。

ここでアメリカ合衆国の公民権法を引き合いに出して、すこしく考えをめぐらしてみると、本件原告のようなばあいには、選挙権行使の実際上の可能性が問われているのだから、憲法上の権利の（立法者による）侵害という構成をとることによって、憲法上の実体問題そのものの司法審査を原告は請求することができるであろう。違憲確認（宣言）訴訟であろうと、インジャンクション訴訟であろうと、その他なんであろうと訴訟形式はほとんどどうでもいいのである。ところが日本では、本件原告のような立場の者が、憲法上の実体問題を争い、あわよくば現実的な司法救済を、と請求するにしても、現行訴訟法を金科玉条の前提とすれば、損害賠償訴訟しか手がないという実情である。そして、日本の司法最高エリートは、その損害賠償訴訟をも発展的に捉えようとせず、門戸を狭く閉ざし、ほとんど役立たずにしてしまっているのである。

在宅投票訴訟事件は、広く耳目を集めた。だが、これと似たように損害賠償訴訟という形式的、様式的な側面に審理を集中し、当該訴訟が抱えている憲法上あるいは法律上の実体問題に入り込まずに争いを片付けてしまった判決例がほかにもある。その一例が、一九九〇年の政見放送削除事件上告審判決（最三小判一九九〇年四月一七日民集四四巻三号五四七頁）である。

一九八三年六月実施の参議院通常選挙に「雑民党」を代表して比例代表選出議員に名乗りをあげた東郷健氏が、公選法一五〇条にもとづきＮＨＫで政見放送を録音・録画した。ところが、放送のなかに「めかんち、ちんば」など差別用語とおぼしきものがあるとして、ＮＨＫは当人にその部分の自発的削除を要請したのであった。これは、東郷氏によって拒否された。そこでＮＨＫは自治省選挙部に伺いを立てたうえ、問題箇所を削除して、放送したのである。東郷氏は、のちこれを公選法一五〇条一項（この、政見放送を定めた条項には、「この場合において、日本放送協会及び一般放送事業者は、その政見を録音し録画し、これをそのまま放送しなければならない」（傍点引用者）とある）に抵触してなされた、違法なものであるとしてＮＨＫと自治省（＝国）を相手に損害賠償の請求訴訟を起こしたのであった。一審でも二審でも、「そのまま放送しなければならない」とする公選法一五〇条一項の規定にもかかわらずおこなわれた、ＮＨＫの削除行為は、法上許容されたものと解すべきか否か――これを争点とした（そして、一審・東京地裁はＮＨＫに非を認め、賠償金支払いを命じたが、二審・東京高裁は、逆転、これを破棄し東郷氏を敗かした。どちらの裁判所も、被告＝国を責任圏外に置いた）。

しかるに、上告審（第三小法廷）になると様相ががらりと変化した。最高裁は、ＮＨＫが公選法一五〇条一項にもかかわらず政見放送を削除できるのかどうかという争点（＝実体）にほぼ全く触れるところがなく、結論を出した。その政見の一部を削除された原告東郷氏は、ＮＨＫの所為を不法行為と見做して損害賠償を請求する立場はない、という理由で、その上告を棄却したのである。(16) 「原告の拠った損害賠償請求訴訟という形式では、争えませんよ」という、フォーマリズム横溢の判決といえる。

かく論ずるについて、最高裁は、たぶん職業的には高い評価をかち得るであろうところの、まことに巧妙な構成（＝解釈）を持ち出している。最高裁はまず、政見放送をおこなう者が踏まえるべき心構えを定めた公選法一五〇条の二に着目し、いわばこれを徹底して利用しようとするのである。問題の条文はこうである。「公職の候補者は、その責任を自覚し、前条第一項に規定する放送（以下「政見放送」という。）をするに当たっては、他人若しくは他の政党その他の政治団体の名誉を傷つけ若しくは善良な風俗を害し又は特定の商品の広告その他営業に関する宣伝をする等いやしくも政見放送としての品位を損なう言動をしてはならない」。最高裁によれば、この規定は「政見放送の品位を損なう言動を禁止したものである」。そうだから「右規定に違反する言動がそのまま放送される利益は、法的に保護された利益とはいえ」ないということになる。ここから、本件紛争解決のための結論が、次のように導き出されるのである。すなわち、「したがって、右言動がそのまま放送されなかったとしても、不法行為法上、法的利益の侵害があったとはいえないと解すべきである」というのが、これである。

これで、すくなくとも本件については、ばっちりと一件落着ということになったように見える。けれどもこれは、目先だけの職人的な解決であって、訴える力に欠け、なによりも正しい法の解決ではあるまいと思う。多くを言う余裕はない。一、二を指摘するにとどめる。

先に私は、公選法一五〇条の二を、放送をしようとする者の心構え規定と捉えたが、これは、大方の賛同するところだろうと思う。というのは、第一に、この規定には罰則がなく、第二にこの規定は、そう解さなければ、余りにも広義・抽象的・包括的であって、真正の国家法規としては問題があり過ぎるからである。けれども最高裁は、原告には相手方の不法行為性をなじる資格がないという論理を成立させるためであろう、公選法一五〇条の二をもってきて、これを言動禁止規定であると性格づけた。最高裁はさし当たり、この規定の禁止効果を、政見放送しようとする者の不法行為責任チャンスを奪う点に限定して構想したかもしれない。けれども、これが国法上禁止規定であるとするならば、それを実効あらしめる誰かがいるのでなければならない。それは、ＮＨＫその他の放送事業者あるいは自治大臣その他の誰かであろう。

たまたま本件では、東郷氏の放送内容中、差別用語だと判定したことばを含む比較的に短かいメッセージが削除されたにとどまる。けれども、最高裁のお墨付を得て、一五〇条の二を禁止基準規定として用いることができるのだとすると、削除放送事業者(およびそのお伺いを受けてリモートコントロールする自治省選挙部)は、他の箇所において「政見放送としての品位を損なう言動」の諸事例を見出すのは、そんなにむずかしいことではない。いや、ひょっとして、東郷氏の放送予定メッセージは全篇これ、「こんなのは政見放送じゃないよ」と認定されて、全篇削除される可能性さえありえないではない。それほど、一五〇条の二は、広義、包括的、抽象的なのである。[17]

その点はこれくらいにしておこう。私はもう一つ別の面を惧れる。もし、一五〇条の二を最高裁がいうように禁止実体規定であって、そのかぎりでNHK等の放送局に禁止権能を認める法律構成をとるのであれば、政見放送が他人の名誉を傷つけたとかプライバシーを侵害したとかいう理由で、第三者から不法行為責任を問われる件が生じたばあい、放送局も共同責任を負う羽目にならないかという点である。従来の裁判例[18]では政見放送をした者(=候補者)の責任だけが問われているが、それは、公選法一五〇条一項「そのまま放送しなければならない」という本体の規定が文字どおり生きていた結果、放送局の共同行為性は考えの外にあったからであろう。けれども、最高裁の見るように「そのまま放送しなければならない」とする規定がではなくて、一五〇条の二の禁止規定が重要なのだとすれば、放送局は、候補者が名誉毀損・プライバシー侵害そのほか他人の人格を傷つける内容の放送をおこない、そのゆえに違法な放送をおこなったのに、過失によってそれを見過ごし、「そのまま放送」してしまった責任を問われる余地が出てくるであろう。もしそうなると、放送局は、他人・他党の非難中傷にわたりがちな、このジャンルの放送に対し、きわめて注意深くあらねばならず、その結果、たぶん大き目のチェックをはたらかせることになるだろう。これは、単に放送事業者にとっての負担問題だけではなく、広く「選挙の自由」「表現の自由」という市民の憲法上保障された権利にかかわる問題でもあるだろうと思う。

政見放送事件に深入りしてしまった気味がある。損害賠償事件ではないが、似たような官僚型裁判官特有のフォーマリズムを発揮した最近の例として、一九八九年の百里基地上告審判決(最三小判一九八九年六月二〇日民集四三巻六号三八五頁)がある。この事件では、航空自衛隊百里基地の予定地内の土地の売買をめぐり私人間でいざこざがあり、そこへ防衛庁が割り込んできて、土地所有者と売買契約を取り結ぶとともに、他方の相手方に所有権移転仮登記の抹消をもとめるなど、土地取得の手続が進められていた。相手方は、防衛庁の土地売買契約は、航空自衛隊基地のためにするものであって、憲法九条に違反し、効力を有しないとして出訴したものである。最高裁(第三小法廷)は、本件を純粋に民事事件として形式的に捉え、公法・私法二元論を徹底させて、ここには憲法九条のごとき憲法規範がはたらく余地はない、と判示した。九条に違反するか違反しないかの(したがって本件売買契約がそのために無効となるかならないかの)実体問題にはなんら踏み込むことなく、上告は棄却されている。

じつを言えば、本書は憲法裁判を扱うものであるのに、憲法九条関係をほとんど取り上げていない。これは、叱正を受ける可能性があるが、次のような私の考えのしからしめるところである。すなわち、憲法九条はあくまでも憲法規範であるにはあるが、すこしく特殊な性格を帯有しているのであって、その憲法裁判にもその特殊性が刻印づけられ特殊的に扱われてしかるべきであろうという考えである。

いま例外的に百里基地上告審判決を取り上げた。この例で歴然としているように、最高裁はいささかも実体論に入らず、フォーマリズムに徹して、ともかくも当面の紛争を処理している。この、いってみれば「逃げ」の手は、最高裁が自衛隊の存在との関係で憲法九条に立ち向かわざるをえなかったもう一つの裁判である長沼事件(最一小判一九八二年九月九日民集三六巻九号一六七九頁)においても、形を変えてではあるが、用いたものであったことに、あえて注意を喚起しておこう。最高裁は、どちらのばあいも、こうした「逃げ」の手を打つことによって、統治行為論に頼る以前に、あるいはそれに頼ることなしに、訴訟を終了させてきている。自衛隊合・違憲問題はその結果、手つかずのまま政治過程に残され、絶えざる政治的討論の対象となりつづけてきた。非常に乱暴な言い方をすれば、自衛隊合・違憲論は、(最高裁による)司法審査の対象から外されることによって、未決着のまま政治的論議性を保持したのである。この客観的な効果を、どう評価するかについては、大きな見解の相違があるにちがいない。私はここではただ、最高裁に特有なフォーマリズムのありようを指摘するにとどめる。

(14)　同書、とくに六二—六九、一三二—一三七頁をみよ。

(15)　この考え方は、既述のようにブランダイス的な司法自制論(たとえば、Ashwander v. T. V. A., 297 U. S. 288, 346-348 (1936) (Brandeis, J., concurring) を参照)と共有するかぎりでは、基本的に正当である。けれども、当のブランダイスは、ただひたすら消極主義者であったのではない。もし、単なる消極主義者にとどまっていたら、実際そうであったように、アメリカ憲法史のある時期、ほとんど牽引車というに値する役割を演ずることができなかったろうと思う。

(16)　この判決には、園部逸夫裁判官が、補足意見を書いている。要するにそれは、判決が争点(=実体)に触れないのは不親切であるという考えから、争点、すなわちＮＨＫ等には削除する権能があるかどうかの問題につき、公選法一五〇条一項に照らして、否定的見解を明らかにするものである。園部裁判官みずからこの補足意見を「法的には不必要な判断と言わなければならないが」という留保付きで展開させている。

(17)　東郷氏「政見放送」のトランスクリプト全文が、最判民集四四巻三号五九三—五九八頁に登載されている。その内容は、ひとによっては、すべて「政見放送の品位を損なう」態のものだ、という批評を誘発しかねないものである。

(18)　たとえば、徳島地判一九五三年六月二四日下級裁民事裁例集四巻六号九二六頁。

五　市民社会に応答する法への司法の参加

報道・表現の自由と人格権の保護とをどう調整するか、いわゆる「報道と人権」問題はこのところ年々大きな注目を浴びてきている。本書の別の箇所で批判的に述べているように、この問題で憲法を踏まえた原理原則が一向に見えてこないうらみがあるというものの、刑法二三〇条ノ二(名誉毀損罪における「公共ノ利害ニ関スル」情報保護のための特別規定）に明快で妥当な解釈を示した月刊ペン上告審判決（最一小判一九八一年四月一六日刑集三五巻三号八四頁）、原則として口頭弁論または債務者の審尋をおこなうという手続を経たうえで、人格権保全のための出版物事前差止めを命ずる仮処分命令を憲法上許容されるものと判示した一九八六年の北方ジャーナル事件上告審判決（最大判一九八六年六月一一日民集四〇巻四号八七二頁）は、ジャーナリズムにかんする司法審査として順調な滑り出しと言えよう。放送用ビデオ・フィルムの差押えの当否をめぐる二つの事件での最高裁の対応ぶりも、いずれもビデオ撮りとしてはきわめて特異なケースというべきものであっただけに、無難であったといえるかもしれない（最二小判一九八九年一月三〇日刑集四三巻一号一九頁、最二小判一九九〇年七月九日刑集四四巻五号四二一頁）。だが、どちらの決定でも、裁判官ひとりの反対意見が付いていて、それぞれのフィルム差押えは不必要であるむね評価されているのが、注目される。ケース・バイ・ケースの司法審査が既成事実としての差押処分をただ追認する方向にはたらくおそれを感ぜしめるものがある。

ジャーナリズムに非常に近い領域にあって、逸すべからざるのは、一九八九年三月の、法廷内メモ採取禁止事件にかんする大法廷判決（最大判一九八九年三月八日民集四三巻二号八九頁）である。これについての多少の分析、評価は、本書第四章「日本国憲法の過少な配分」で試みているので、その参照をお願いしたい。いまから遡ってみるかぎり、この判決は当然の理を述べているに過ぎないと感ぜられる向きがあろうが、同事件の一、二審判決（それが前提とする法廷秩序観）と比べれば、その差は歴然である。下級審の裁判官、とりわけ刑事裁判官の法廷秩序観は非常にレベルの高いものであって、それを維持するためにみずからの手中に保持しようとする訴訟指揮権も裁量範囲の広いものであった。それは、つよい使命感に裏打ちされていて、それだけとれば、非難すべきではないのだろう。問題は、裁判官がこのみずからが抱く法観念（＝法廷秩序観）を相対化し客観化して審理し直すことを拒否し、そのために、市民の対立する利益（本件のばあい、法廷に参加・出席し、記録をとる利益）をほぼ全く考量の俎上にのせようとしなかった点にある。自然的正義(ナチュラル・ジャスティス)を体現する法の一般原則に、「何人も自己に対しては裁判官たり得ない」というのがあるが、ここにそれが適切に当てはまる。

上告審としての最高裁にしてはじめて、メモの一般的禁止(原則としての不許可)という形式にまで高められた訴訟指揮権行使の態様を、相対的、客観的に審理し直す(judicial review)ことができたのであろう。

大法廷は、このことをみずからの最高司法行政機関性においてなし得たのであった。またそれをなすについて、市民の国政情報収集権(いわゆる知る権利)をめぐる一定の憲法理解に立脚してこそ、ほかならぬこの時点、すなわち一九八〇年代の終りに、これをなし得たのであった。だが他方、最高裁は、憲法論によって判示事項のわくが拡がることを極力避け、争点を、訴訟指揮権における裁量範囲の限界に絞った。いかにも最高裁らしい解決方法である。

これが広く、他の国政参加権・国政情報収集権へと発展し、さらにはこれらを包含した新しい市民的憲法論への創造につながるかどうかは、未知数である。

前章「憲法訴訟の軌跡と理論」の補完物として書きはじめた本章は、私の問題整理の不手際のため、意外に長文になってしまった。まだ、補完的に指摘したく思う対象があるにはあるが[19]、もうこの辺で打ち切らねばなるまい。

以上の考察から、一方では、来し方から現に在る司法審査にはあまり多くを期待することはできないが、他方しかし、さすがに憲法施行ほぼ五〇年の経過のなかで、司法審査もある種の「市民法化」を蒙り、それなりに独特に日本社会のなかに肉体化しつつあるのがわかる。最近、婚姻関係をはじめとして民法の身分法の世界で立法改革のうごきがあり、その徴候が再婚禁止期間規定(民法七三三条)や非嫡出子に対する相続分差別規定(民法九〇〇条四号但書)などに対する違憲訴訟の提起という形で、司法の世界にも見られるようになっている。ことに、後者の相続分差別条項については一九九三年六月、東京高裁が相当に説得力に富む刻明な憲法分析をおこなった結果、これを違憲と判断する立場を宣明して注目された(東京高決一九九三年六月二三日高民集四六巻二号四三頁)。最高裁としては、こうした憲法論的な裁断を横目で眺めたまま、立法裁量を語り立法政策の問題だ、と在来線を走りつづけるか、それとも、これを司法的救済に値するものと見做して、むしろ市民社会にリスポンスィヴな(応答的な)法の形成に参画する路線をとるか、刮目して見守りたい。

こうして私は、司法審査の市民化にある種の期待をつなぎたいが、しかし、これにはどうしても一沫の懸念がともなう。そう感ぜしめる素材、強烈な素材の一つが、一九九〇年九月の破防法煽動罪合憲判決(最二小判一九九〇年九月二八日刑集四四巻六号四六三頁)である。戦後日本憲法裁判史における煽動罪の取扱いについては、本書第五章「煽動罪と日本国憲法」で特殊的に論じており、そこで九〇年の最高裁合憲判決を批判的に検討しているので、ここではあまり繰り返さない。

この判決は、言論を、その特別な勢い(=効果)のゆえに、直接に取締まる、そもそも問題性の多い煽動罪を、定義に照らし、言語的にのみ処理して、「公共の福祉」に適合的だと評価し、合憲という結論に急いでいる。[20]適用上の限定(判断基準の定立、その適用上の準則)などには、いっさいわずらわされていない。フォーマリズムを超え、権威主義、いや権力主義の産物と思える。一九五〇年代の「公共の福祉」論が、脈々と最高裁に伏流していることを誇示したこの判決は、私のような生温い人間には、冷や水を浴びせかけられた想いがしたものである。

(19)　その一つに例えば、いわゆる成田新法にかんする大法廷合憲判決(最大判一九九二年七月一日民集四六巻五号四三七頁)がある。これについては、本書第四章〔補論〕で、適正手続要件との関連で論じるところを参考にしていただきたい。

(20)　伊藤『裁判官と学者の間』のような穏健な書物にあってさえも、この判決の処理方式を「単純な論理」によるものであって、しかも、ひとつの「個別意見」も付いていない点を指摘し、見方によってはかなりきびしいといえる批判的見解が示されている(一一四頁)のが注目される。

むすびにかえて

一九九三年九月、最高裁(第三小法廷)は、死刑は憲法三六条(「……残虐な刑罰は、絶対にこれを禁ずる」)に違反しないとする先例に依拠して、この刑罰制度の違憲性を主張する上告を棄却した(最三小判一九九三年九月二一日裁判集刑事二六二号四二一頁)。これ自体は、いうならば、とくに言及に値しないルーティーンな法宣言である。しかるに、この法廷意見に付随して大野正男裁判官が補足意見を書いており、これあるがために、いろいろなメディアが、この判決を取り上げ、話題にした。

この判決(法廷意見)は、いま述べたように、死刑合憲性にかんしては、先例を挙示するのみで多くを語っていない。先例とは、「生命は尊貴である。一人の生命は、全地球よりも重い」という名文句ではじまり、「しかし……公共の福祉という基本的原則に反する場合には、生命に対する国民の権利といえども立法上制限乃至剝奪されることを当然予想しているものといわねばならぬ」というふうに展開するので有名な、一九四七年の大法廷判決(最大判一九四七年三月一二日刑集二巻三号一九一頁)を指す。

大野裁判官も先例に拘束性を認める点では法廷意見に与するのであるが、なにも語らずに与するのではなくて、この四五年前の先例にいまなお従わざるをえないゆえんを考えてみようというので、それが補足意見として書かれた。大野裁判官がいちばん気にするのは、「この四五年間にその(「死刑制度の」——引用者)基礎にある立法事実に重大な変化が生じていること」をどう認識し、かつ、そこからどんな評価をひき出すべきかという点であった。他面しかし、「我が国民一般の寛容性の基準及び我が国裁判所の死刑の制限的適用の現状」も考量されていて、結論としては結局、「今日の時点において死刑を罪刑の均衡を失した過剰な刑罰であって憲法に反すると断ずるには至らず」ということになっている。この間にあって、しかしながら、同裁判官は死刑廃止に向かう国際的動向を無視し得ないものとみ、次のような提言をはさんでもいる。すなわち、以上のごとく憲法による違憲宣言は不可能である現状にあっては、むしろ、立法的な施策による漸次的解決(実験的な停止、仮出獄不能の無期刑導入など)が有効であろうという示唆である。

さいごの部分はもちろん、司法の任務分担ではないのであって、明敏慎重な大野裁判官もまた、「しかし、それはもとより立法の問題に属する」と、わざわざ留保を付けているところである。ところが、ジャーナリズムの世界でこの判決が取りあげられるさいには、この部分が脚光を浴びることになるのであった。

読者のなかには、「たかが、ジャーナリズムが」と高踏的に受け止める向きがあるだろう。けれども、こと死刑存廃について言えば、大野補足意見も指摘しているように、日本国民一般の伝統的な意識の強さが決定的、支配的である。そうであるだけに、この領域におけるジャーナリズムのありようは、そう軽視するわけにはゆかない。

死刑存廃問題を離れて、日本司法審査の一般状況の脈絡からいっても、補足意見、意見、いや、ときによれば法廷(=多数)意見[21]の、当面の訴訟の争点解決と無関係であるところの、「傍論」が、特殊な性格をもち、かつ、独特なはたらきをするもののようなのである。このことを私は、本書第三章「司法審査の日本的特殊性」で指摘しているので参考にしていただきたい。そこでは、「消極的司法審査と積極的傍論という、一見矛盾するものが組み合わさっている」状況を摘示している。

いまは、大野補足意見を代表例に挙げるにとどめるが、この種の動向は、「憲法裁判の軌跡」を語るばあい不可欠の構成要素なのである。

(21) 朝日訴訟大法廷判決の、「なお、念のために」ではじまる長い括弧内文章が、その典型例である(最大判一九六七年五月二四日民集二一巻五号一〇四三頁)。

三　司法審査の日本的特殊性

はじめに

この章では、日本最高裁判所が憲法裁判という領域のなかで、どのような役割を果たしてきたかを考察し、あわよくば、それがどんな特質を帯有するにいたっているかを明らかにしようというねらいをもつ。以下私が試みることは、憲法(および憲法から見た最高裁)はいかにあるべきかという規範内容の考察には、ほとんどかかわるところがない。むしろ、最高裁はいかに在るかを、いわば客観的に認識するように努め、それを現代日本社会とのつながりにおいて理解すること(いうまでもなく、このことは、肯定的な評価をくだすこととは無関係である――念のため)、これを少しくやってみようというのである。

日本最高裁は憲法裁判領域において、いちじるしい程度に、消極的であり、自らの憲法判断をできるだけ手控え、そうすることによって、この点にかんする政治権力(国会、内閣、およびことの次第によっては地方議会)の判断をなるべく優先させる手法をとってきている。この、いわゆる司法消極主義は、――その原因が奈辺にあるかはさておき――日本最高裁のまぎれもない特徴の一つとして、多くの論者により指摘されてきており、これに有効に反論を加えるのは困難だろうと思われるほど、広く普及し定着している物の見方である。ところでこのばあい、ごく一般的には、最高裁のこの司法消極主義が、憲法規範的にいって良いとか悪いとか評価される方向で論議される傾向にある。そしてもう一ついえば、多くは、この司法消極主義は憲法上間違っているとか、おかしいとかいう具合にマイナス評価をくだす向きがある。あえて自己を持ち出すと、私もまた最高裁判例批評という形では、ほとんどつねにこの趨勢に服する者の一人であるのに気がつく。

以下の考察でも、結局においてこの司法消極主義を浮かび上がらせることになるであろうが、これについての規範学的な評価は、可能なかぎり混入しないように努力したい。司法消極主義の姿(the status quo)をつかまえ、望むべくんば、なぜ、どのように司法消極主義に落ちついているのかの原因あるいはその形成過程をさぐってみたい。こうした考察の結果、現にかかるものとして刻印づけられた司法消極主義は、現代日本社会の形成発展にとって、かなりの程度適合的なものなのであって、存外に、司法消極主義以外の途は、辿れる条件がなかった、あるいは将来も期待薄である、といったニュアンスの観察になるかもしれない。

そういうニュアンスを含むとなると、私の考察は、規範学としての伝統的な憲法学を踏まえた論者からきびしい批判を受ける可能性がある。これに対して私は、例の、認識と評価の峻別論などを持ち出して応戦することになるであろうが、いまここで私が弁明したいのは、次のことである。すなわち、判決に対する規範学的な批判・考察をおこなうだけでは、その最高裁が日本社会のなかで現にどんな役割分担を、どのように果たしてきているかという問題は、明らかにならないのである。本章では、私がそうしたことを十分に明らかにし得るとは毫末も考えていない。しかし、この課題は、だれかが任務分担して然るべきものであろうと信ずる。なおまた、憲法規範学的なアプローチとの接点にかかわることだと思うが、司法消極主義以外の途が将来とも期待薄であるという仮説(いわゆる司法積極主義へと方向転換する可能性が、構造的にも、主観的にもきわめて少ないとする見方)がもし成り立つとすれば、法実践的には、次のように言えるのではあるまいか。一方では司法消極主義を支えている諸条件の組み換えを提言するとともに、他方では憲法問題(あるいは憲法規範を踏まえた、あれこれの政治的、社会的、経済的な争点)の解決を、司法裁判所に依存するのはほどほどにして、むしろ司法的な解決以外の解決方法を開拓することに努力を傾注すべきであるということ、これである。本章において、こうした問題に答えを出す準備はない。どちらかというと問題状況を指摘するのに終始することになるであろう。

一　司法審査成立の歴史的背景

1　憲法施行以来四七、八年たった現時点では、憲法八一条(「最高裁判所は、一切の法律、命令、規則又は処分が憲法に適合するかしないかを決定する権限を有する終審裁判所である」)に基づいて、最高裁判所その他の司法裁判所が、いわゆるアメリカ型の違憲法令審査権を有するということには、ほとんど異論がない。念のため解説するが、ここで「いわゆるアメリカ型の違憲法令審査権」とは、司法権を行使する裁判所は、ある法律上の争点になっていることがらの根拠たる法令が憲法に適合するかしないかを判断する権限を、論理上当然に(すなわち、憲法の明文上の授権規定の有無を問わず)持つという考えを前提にして判例法上承認され発展してきて、現在に至っている制度をいう。この型は、「司法」という観念のなかに、憲法規範の解釈・適用作用が含まれているという考え方に立つから、憲法裁判という特別な裁判があるのではない。それは、民事、刑事のふつうの裁判のなかに繰り入れられてある、と考えるのである。この考えは、戦前日本の法制が踏まえた立場とは全く異質なものである。日本にとって全く異質な制度が、戦後憲法を媒介に移植され受容されたのであった。「移植され受容された」といったが、それは型としてそうなったという謂いであって、けっしてかならずしも、アメリカ型がそっくり、あるいはきわめて近似の形で、受け継がれ機能するようになったという意味ではない。

ある外来制度の型（「型」という表現方法は、あいまいに過ぎて適切でないのだが）の継承が、これを継承した社会においてどのような展開をとげ、その結果、当該制度の母社会のそれとのあいだに、どのような差異が生まれるに至ったかを観察することは、興味のあることに違いない。いま、われわれが扱っている主題は、そうした興味を惹く態のものである。

四七、八年という時間が経過するなかで、アメリカ型の違憲法令審査制（司法審査の制度）は定着したのだが、もとよりそれは、すんなりとそうなったわけではない。その過程をきちんと追うのは将来の宿題として、ここでは試論に適切な限りでごく初期の過程に焦点を合わせ、そこでの特徴的なことがらの若干を拾いあげてみる。

やがて憲法八一条に結実することになるアメリカ型司法審査制は、総体としての日本国憲法典がそうであるように、連合国最高司令部ガヴァメント・セクション（Government Section, Supreme Commander for Allied Powers. 略して GS, SCAP）が起草したところの、いわゆるマッカーサー草案（以下、「マ草案」という）に由来する、と一般にいわれている。確かにある意味ではそうであるのだが、それほど単純ではない。この点は、制度の後の展開と無関係ではないので、少しフォローしてみたい。

2　(1)　けれども、それに入るまえに、マ草案が日本側に提示される以前、日本政府内で模索中の憲法改正構想のなかに、どのように司法審査、あるいはそもそも憲法裁判への言及があったかをみてみたい。このことは、わがほうにどの程度、あるいはどのように司法審査制を継承する内発的・主観的な受け皿があったかの検証にかかわる。

敗戦後まもなくの日本政府内ではじめられた憲法改正検討作業の最初のものは、一九四五年九月中旬、法制局の筆頭部長のち次長・入江俊郎(その後、同局長官を経て、一九五二―一九七一年のあいだ最高裁裁判官)が作成した試案およびそれを素材にして法制局内で内密におこなわれた討議であっただろう。(1) しかし、ここでは司法審査はもちろんのこと憲法裁判についてさえも、検討あるいは示唆された形跡がない。(2) このグループは、明治憲法の実定枠組みそのものの検討に終始したのだから、そして、明治憲法は司法審査・憲法裁判にかかわる実定規定を全くもっていなかったのだから、これを取り上げなかったのは、むしろ自然なことであったといえよう。

(2)　広い意味で、政府側の動きといえるもので次に考察されるべきなのは、一九四五年一〇月なかばに着手された、内大臣府御用掛・近衛文麿のもとでの改正調査である。具体的には、近衛の推挙で内大臣府御用掛に就任した佐々木惣一の作成した憲法改正案(「帝国憲法改正ノ条項」)が考察対象となる。佐々木の案には、いわゆるオーストリー型の憲法裁判所構想があるので、煩をいとわず、この点の該当条文を引用する。

第七十八条　帝国憲法ノ条規ニ関スル疑義ニ付テハ法律ニ定メタル憲法裁判所法律ニ依リ之ヲ裁判ス／憲法裁判所ハ皇室典範ニ基ク諸規則及法律命令カ帝国憲法ニ違反スルヤ否ヤニ付宮内大臣政府及帝国議会ノ請求アリタル場合ニ於テ憲法裁判ヲ行フ但シ現ニ憲法裁判所ニ繫属スル事件ノ判決ニ付本文ニ示シタル諸法ニ関スル憲法上ノ疑義ヲ決定スルコトヲ必要トスル場合ニ於テハ憲法裁判所職権ニ依リ之ヲ決定ス／憲法裁判所ハ前項ノ事項以外ノ事項ニ関シ政府又ハ帝国議会ノ行動カ帝国憲法ニ違反スルヤ否ヤニ付帝国議会又ハ政府ノ請求アリタル場合ニ於テ憲法裁判ヲ行フ衆議院又ハ特議院ノ請求アルトキハ政府ハ此ノ請求ヲ為スコトヲ要ス／憲法裁判所ハ最高ノ司法裁判所又ハ最高ノ行政裁判所カ現ニ繫属スル事件ノ判決ニ付憲法上ノ疑義ヲ決定スルコトヲ必要トシ之ヲ請求シタル場合及其ノ訴訟ノ当事者カ之ヲ申立テタル場合ニ於テ憲法裁判ヲ行フ／憲法裁判所ハ第二項第三項及前項ノ事項以外ノ事項ニ付法律ヲ以テ其ノ裁判ニ属セシメタル場合ニ於テ憲法裁判ヲ行フ／第七十二条(裁判官の身分保障規定――引用者)及第七十三条(裁判非公開決定に対する再議制規定――引用者)ハ憲法裁判官及憲法裁判ニ付之

ヲ準用ス。(3)

戦前いわゆる滝川事件で辞職するまでは京都大学の憲法および行政法の教授であった佐々木惣一は、明治憲法下にあっても、法律をもってすればある種の憲法裁判所の設置は可能であり、かつそれが望ましいという説を立てていた。(4)そのような立場からすると、戦後憲法改正の機会をとらえて明示的に憲法裁判所にかんする根拠規定を憲法のなかに設けようというのは、意識の流れとしては当然である。引用条文に現れた佐々木構想はなかなか注目に値するが、いまはこれに立ち入る余裕はない。ここではただ、構想にかかる憲法裁判所は、「司法」概念とは区別された特別裁判を管轄する機関であって、市民の基本的な自由・権利の保護をそれ自体として任務とするよりは、より多く、客観的な国家法秩序の整合性を保持することを目的とする制度であった、と示唆するにとどめる。その意味では、広く憲法審査を内容とする点では同じでも、それは、やがて新憲法のもとで発達することになる司法審査制とは、いろいろの面で違う。(5)すなわち、この発想は、それ自体としては司法審査受容の受け皿の役割を果たさない、といっていいと思う。佐々木個人についていえば、のちかれは憲法改正審議のための帝国議会・貴族院において、自己の憲法裁判所構想を開陳することになる。(6)そしてそればかりではなく、新憲法が制定されたのちにあっては、今度は、憲法八一条は司法審査制ではなくて最高裁判所をして憲法裁判所たらしめる規定だと述べるに至る。(7)こうしてかれは、自己の立法論的な構想を解釈論として憲法八一条のなかに投入したのである。佐々木の八一条解釈論は、憲法研究者らのあいだに少なからざる支持を見出したばかりでなく、周知のように、一九五二年、日本社会党(左派)代表の鈴木茂三郎が警察予備隊違憲訴訟を直接最高裁に提起したときの、訴訟理論上の根拠として用いられたのであった。最高裁は、この事件において「特定の者の具体的な法律関係につき紛争の存する場合においてのみ裁判所にその判断を求めることができるのである」という見解を正式に明らかにし、法令などの抽象的な合憲性を判断する憲法裁判所制度は、憲法八一条のとるところではないと宣言することにより鈴木茂三郎の訴えを不適法として却下した（最大判一九五二年一〇月八日民集六巻九号七八三頁）。佐々木の憲法裁判所論は、こうしたことを背景としていえば、のちの司法審査制の受け皿としてよりも、むしろ、その継承・形成に、客観的にはある種の攪乱作用を及ぼすものとしてはたらいたといえるかもしれない。

さてここで話をもとへ戻す。広く知られているように内大臣府御用掛が従事した改正作業は、運つたなく頓挫し、佐々木の試案も含めそこでの作業結果は、どこへも影響を与えることなく終った。(8)

(3)　一九四五年一〇月、東久邇内閣のあとを受けて成立した幣原内閣は、総司令部の憲法改正示唆に基づき、憲法問題調査委員会を発足させた。このいわゆる松本（蒸治）委員会では、司法審査制の周辺にかかわってどんな検討がおこなわれただろうか。

小委員会も含め何回かの会合が重ねられたが、松本委員会においては、特別裁判所および行政裁判所の存続のような「司法」周縁にかかわる議論はあったが、それ以外の司法改革問題は、ほとんど俎上にのぼらなかった。憲法裁判所の新設も、討議されないではなかったが、特別裁判所という点では行政裁判所の存否問題に比べれば、この件は冷たくあしらわれたといって過言ではなさそうである。その第六回総会議事要旨に「憲法裁判所。ホトンド実際ニ働ク場合ガナイ。ムシロ実際ノ政治ニ任セテヨイ。諸国ノ実例ハ不成績デアル。憲法ニハ書ク必要ナシ」(9)とあるが、これは、当会議の議事要旨であるだけではなく、松本委員会全般における憲法裁判所論の要約記述としても通用するであろう。アメリカ型司法審査を受け継ぐか否かについて、全く言及がなかったのかどうかは、正確な議事録――もしそれがあるとしても――に接し得ていない以上、私としてはなんとも言えない。しかし、すでにして憲法裁判所についてかくも消極的であった松本委員会の面々が、アメリカ型司法審査に好意的・積極的な発言をしているとはとても思えない。そしてまた、松本草案（甲案）および松本草案（乙案）として知られる二つの草案のどちらを見ても、憲法裁判所および司法審査は考慮の外に置かれている。これを要するに、幣原内閣が設け、美濃部達吉、宮沢俊義、清宮四郎など錚々たる東大系憲法学者らが参画した憲法問題調査委員会は、司法審査制なるものにはまったく indifferent であったとみるほかない。(10)

(4) マ草案に入る前に、もう一つ日本側に内発的・主観的な受け皿がなかったのかどうかをチェックする余地がある。今度は、日本政府ではなくて日本民間人のレベルに、話は移行する。

敗戦にともない復活した諸政党は、一九四五年一一月から一九四六年二月にかけて、それぞれ憲法改正要綱めいたものを作成し公表した。それらのすべては、なんらかの形で司法改革に触れているばかりでなく、いくつかの点では、あの時期に特有な時代の勢いを感じさせるものがある。けれども、かれらの主要関心は、行政裁判所の廃止、裁判官の任命における民主的統制などにおかれていたのであって、われわれの主題との関係でいえば、わずかに日本進歩党（一九四六年二月一四日発表）が「二十二　大審院ハ最高裁判所トス／大審院ハ法律又ハ命令ガ違憲又ハ違法ナリヤヲ審査スルノ権ヲ有ス」とする定めを持っているに過ぎないのを知る。いまの私は、しかしながら、この違憲（違法）審査権が大審院の憲法裁判所化を前提とするのか、アメリカ型司法審査制を志向するのかを知る手掛りを持たない。いずれにしても、概していって諸政党における司法審査制に向けられた感度は、相当に低いものであったといって公平を失しないだろう。

政党以外の民間グループに着目すれば、まず大日本弁護士聯合会・帝国弁護士会の動きがある。どちらも、どんな意味の憲法審査をも語っていない。

民間の憲法構想では、高野岩三郎らの憲法研究会および尾崎行雄らの憲法懇談会の草案が有名である。高野らの憲法研究会の憲法草案には憲法審査制について何の言及もない。これに対し尾崎らの憲法懇談会の草案には、次のように司法審査にかんする規定があるのが注目に値する。「第六十二条　裁判所ハ訴訟事件ノ審判ニ当リ法律ノ憲法ニ適合スルヤ否ヤヲ判決スルコトヲ得」とあるのが、それである。この定めは、次の点に鑑み、アメリカ型司法審査を志向していると、かなりの確度をもっていえる。第一、この規定で違憲立法審査権を授権されるところの「裁判所」は、その前条たる六一条で「裁判所ハ一切ノ民事訴訟刑事訴訟及行政訴訟ヲ管轄ス／裁判所ハ大審院及下級裁判所ヨリ成ル其ノ構成ハ別ニ法律ヲ以テ之ヲ定ム」とあって、アメリカ流の「司法」観念に近いところで捉えられている機関であるのは、明瞭である。第二に、一体全体これをデザインしたのはだれだったのだろうかという詮索にもかかわるのだが、このグループのメンバーのひとり、稲田正次が、個人として別に憲法改正私案を作成しており、このほうはより直截にアメリカ型を採るものとなっているという事実がある。稲田は、自分の改正案につき「コノ案ハ大体英憲法ニ範ヲ採リ旧独主義ノ色彩濃キ条項ヲ改廃シタリ間々米憲法ノ条項ニ倣ヒタルモノアリ」[11]と、全体の調子を説明している。そして肝心の憲法審査にかんする条項の部分では、明治憲法五七条(裁判所に関する規定)への追加として「大審院ハ事件ノ審判ニ当リ法律ノ憲法ニ適合スルヤ否ヤヲ決定スルコトヲ得／一八〇三以来ノ米大審院判決例ニヨル」[12]という文言を当てている。ちなみに、ここでいう「一八〇三以来ノ米大審院判決例」とは、一八〇三年、ときの合衆国最高裁判所長官ジョン・マーシャルによって書かれた合衆国最高裁判決、Marbury v. Madison, 1 Cranch 137(1803)を指すと解するほかない。既述したように合衆国憲法には司法審査にかんする明示規定がないが、このマーベリ事件において合衆国最高裁は、司法裁判所は論理的に当然違憲立法審査権を持つという解釈を宣明し、それ以降、このうえに判例が積み重なって、司法審査制は確立した。稲田のこの判決への言及は、かれの構想がアメリカ型を志向するもの以外のなにものでもないことを示しているといえる。稲田の私案の該当部分と前記憲法懇談会草案該当条文とのあいだには、若干の違いがあるが、かれの属した憲法懇談会グループのなかにはかれを除いて憲法研究者は誰もいなかったという事実にかんがみていえば、かれ稲田の考えが、後者の立案に少なからざる影響を与えた、と推定しても不合理ではなかろう。(13)

この時期、稲田のほかに改正憲法構想を語った者が存外多くいたのかもしれない。しかしながら私がアクセスし得た公表文書の限りでは、憲法審査に触れたものはほかにはない。憲法懇談会の案と稲田の案を例外とし、一般に民間レベルでの司法審査に対する感度は、きわめて鈍かったと要言し得るだろう。

(5) 最終的にはアメリカ型司法審査が憲法八一条に結実されることになり、そしてこの継承にとって、総司令部(GS, SCAP)の立場が決定的に重要であったのは、一般に理解されているとおりである。しかしながら、この点にかんするGSの立場は、それほど一義的でも首尾一貫したものでもなかったことを確認しておくのも、無意味ではあるまいと思う。

一九四五年八月末、ワシントンからアメリカ占領軍総司令部あてに通達された降伏後の初期対日方針には「個人の自由及び人権を保護するため……司法制度、法律制度及び警察制度はできるだけ速やかに改革せらるべし」という項目があって、人権保護の観点からの司法改革の必要性が指摘されている。しかし、この段階ではまだ、いかなる司法改革を期待するかは明らかでない。占領軍にとって、より具体的な指令であるSWNCC(国務・陸軍・海軍三省調整委員会)二二八(一九四六年一月一一日、SCAPへ伝達)にあっても、その点はしかく明瞭ではない。この文書のC.(1)には、「国民代表機関たる立法府の承認した憲法改正も含め、立法措置に対しては、他のいかなる政府機関も、暫定的拒否権を有するにとどめること……」(14)とある。これは、のち憲法四一条その他でとられる国会中心主義を語った部分と読めるが、同時に、暫定的拒否権という形での、限定された司法審査を含意していると読めないこともない。

けれどもこの文書の限りでは、合衆国政府は、日本での司法審査制採用にはアムビヴァレントな立場しかとれないでいた、というべきであろう。これは興味を惹きつける事実である。というのは、市民的自由・権利の保障のためにはぜひアメリカ型司法審査制が採用されるべきだとは、当のアメリカ側は考えていなかったのは、少なくとも明らかだからである。

(6)　一九四六年二月一三日、その手渡しによって吉田茂外相、松本烝治国務相らを驚愕させたところのいわゆるマッカーサー草案にも、これに類するアムビヴァレントな性格がうかがえるのである。ここでは司法改革一般にかかわることがらは割愛して、憲法審査関係の条項のみを取り上げる。それにはこうある。

> 第七十三条　最高法院ハ最終裁判所ナリ　法律、命令、規則又ハ官憲ノ行為ノ憲法上合法ナリヤ否ヤノ決定カ問題ト為リタルトキハ憲法第三章ニ基ク又ハ関連スル有ラユル場合ニ於テハ最高法院ノ判決ヲ以テ最終トス　法律、命令、規則又ハ官憲ノ行為ノ憲法上合法ナリヤ否ヤノ決定カ問題ト為リタル其ノ他有ラユル場合ニ於テハ(in all cases arising under or involving Chapter III of this Constitution)国会ハ最高法院ノ判決ヲ再審スルコトヲ得／再審ニ附スルコトヲ得ル最高法院ノ判決ハ国会議員ノ三分ノ二ノ賛成ヲ以テノミ之ヲ破棄スルコトヲ得　国会ハ最高法院ノ判決ノ再審ニ関スル手続規則ヲ制定スヘシ。[15]

この案は、ある範囲までは疑いもなくアメリカ型司法審査制の継受を想定している。けれども、そうであるのは、「憲法第三章ニ基ク又ハ関連スル有ラユル場合(in all cases arising under or involving Chapter III of this Constitution)」に限ってである。ここで「憲法第三章」とは「人民ノ権利義務」の条項を集めた章の謂いである。つまり、その趣旨は、市民的な諸自由、いわゆる人権にかんする司法審査だけは絶対無条件に貫徹するが、それ以外の領域(たぶん、経済政策や政治問題にかんする領域)にあっては、かりに最高裁が違憲判決を出しても、その効力は解除条件付きとする(先に紹介したSWNCC二二八の言い方を借りれば「暫定的拒否権」を司法にゆだねる)制度を志向しているらしいと知れる。[16] しかし、それ以上には一向にはっきりしない。例えば、「憲法第三章ニ基ク又ハ関連スル」事件という部分は、解釈のいかんによっては大抵の事件が入ってしまうことになるのではあるまいか。その他、「暫定的拒否権」の留保されている領域についていえば、立法府はどんな手続でこれを再審査するのか、また立法府の決定はどんな効力を持つのか、などなど多くの疑問が湧く。しかしわれわれは、この条項の詳細を深く詮索する必要はほとんどない。というのは、後述するように、この条項をめぐる日米間折衝のなかでアメリカ側は——ほとんど奇異の感を抱かせるほど——意外に簡単にこの案を撤回してしまい、以降これについて討議することは全くなかったからである。

このように、マッカーサー草案七三条の限定つき司法審査規定は、早々と消えてなくなるのであるが、そもそも一体なぜGSは、当時——そして、たぶんいまでも——比較法的に例のない、その意味で珍種といえる形をもって、日本に司法審査制を受け容れさせようと構想したのであろうか。この問題は、先述のSWNCCのアムビヴァレンスの原因にも関連する。これは要するに、GSのスタフの多くが——よく指摘されているように——ニューディーラーだったとすればなおさらのことであるが、およそ一九四〇年中葉のアメリカ知識人であるならだれしもが持っていた、アメリカ型司法審査制に対するある種の、好悪入り交った感覚の反映にほかならないであろう。周知のように一九三〇年代終りごろいわゆるルーズヴェルト裁判所が成立するまでのアメリカでは、州または連邦政府レベルでの経済政策・社会政策・労働政策にかんする諸立法が、きわめてしばしば合衆国最高裁判所により違憲無効とされた。一口でいって保守的な脈絡における司法積極主義を目の当たりにしたのである。四〇年代には、この点について反省期に入っていたので、こうした積極主義的な法実践は、多くの意識ある人たちにとっては苦々しい経験であったということになる。かれらが、こうした傾向をはらむ司法審査制をそのままそっくりの形では日本に移植すべきではないと考えたとしても、不思議でもなんでもない[17](いま取り上げているのは、司法制度の問題であるが、同じことは、なぜGSは“due process”条項を日本に導入しようとしなかったかという問題についてもいえる[18])。

さて、そういうわけでGSは、司法審査にかんし明確な哲学をもつことなしに、マ草案のなかには制限つきの司法審査というアイディアをとりあえず入れた、とみられる節があるのである。

(7)　マ草案を受けとった日本政府は、その内容を知って驚天動地の感をもったことについては先述したし、また、よく知られた事実である。とはいっても、天皇にかんする条項がショックであったのに比べれば、制限つき、あるいは暫定的司法審査制を含む司法関係規定の与えた衝撃は、物の数ではなかったであろう。それにしてもしかし、先に瞥見したように、松本委員会に参加した選り抜きの憲法学者たちをはじめ日本政府の面々は、あるべき司法改革のなかになんらかの憲法審査制度を導入することなどほとんど全く考えていなかったのだから、この部分だけとっても、マ草案への違和感・抵抗感あるいは反感は強かったと信ぜられる。

マ草案を検討素材として日本側(この段階では、まだ松本国務大臣が最高責任者。実務的には法制局担当官がかかわる)は、日本政府案の作成を急がされることになるのだが、草案七三条の憲法審査制への違和感・反感などの消極的反応は、検討作業のなかから一向にみえてこない。法制局担当官はまず、マ草案に拠って「日本国憲法(初稿)」を起草した。憲法審査に限っていえば、ここではむしろ驚くべきことは、唐突にも「第五条　最高裁判所ヲ以テ憲法裁判所トス。／憲法違反事件ニ係ル争訟及憲法ノ条規ニ係ル疑義ハ最高裁判所之ヲ判決ス」と出てくることである。いまは、この条文案の意味は問わない。というのは、やがて日本側は、「日本国憲法(第二稿)」を起草し、かつ、このほうを総司令部に提出することになるからである。第二稿は——ここでは依然として憲法審査の箇所だけを考察対象にするのだが——趣旨においてほぼ忠実に前記マッカーサー草案七三条を踏襲している。煩をいとわず該当条項を次に再現しよう。

第七十八条　最高裁判所ハ終審裁判所トス。

第七十九条　此ノ憲法第三章ノ規定ニ関聯アル法令又ハ行政行為カ此ノ憲法ニ違反スルヤ否ヤノ争訟ニ付テハ最高裁判所ノ裁判ヲ以テ終審トス。

前項ニ掲グルモノヲ除キ法令又ハ行政行為カ此ノ憲法ニ違反スルヤ否ヤノ争訟ニ付最高裁判所ノ為シタル判決ニ対シテハ国会ニ再審ヲ為スコトヲ得。此ノ場合ニ於テ両議院ハ各々其ノ総員三分ノ二以上ノ多数ヲ得ルニ非ザレバ最高裁判所ノ判決ヲ破棄スルコトヲ得ズ。

前項ノ再審ノ手続ハ法律ヲ以テ之ヲ定ム。

つまり日本側は、マ草案の該当部分をほぼ無条件に受容したのである。このことは、総司令部の憲法改正示唆内容が、総司令部からみて、どの部分でどのように強行的性格のものであり、どの部分でどのように日本側独自案を許容すると考えていたかという問題、さらにまた、日本政府側からみて、同じことがらについてどう考えていたかという問題、およびGSとの折衝のなかで現実にいかなる程度に自主的に振る舞ったかという問題など、憲法改正作業の総体にかかわる、少なからざる重要な争点の部分を構成する。世間一般には「押しつけられた憲法」というが、私流にいえば、「(日本側が)押しつけられたと思った憲法」のありようが、ここでの問題である。どちらにしても、この問題の深追いは、いまする余裕がない。

この、日本側の「第二稿」を材料にしてGSとの協議に入ることになるが、GSの面々は、自分たちの、大いに論議の余地があり得る制限つき、あるいは暫定的な司法審査構想が、かくもすんなりと受容されたのを知って、少なくともいぶかしく思ったに違いない。本当にこの線で日本側はよしとするのか、と詰問するアメリカ人がいたとしても不思議ではない。いまは細部をさぐる余裕を持たないが、この点をめぐる討議の模様およびその討議から出てきた一定の結論は、次に引用する日本側担当官(佐藤達夫、法制局第一部長のち次長)の手記によって、ある程度明らかである。

第七十三条(要綱第七十七)　交付案ガ最モ重大ト思ハルル憲法第三章関係ノ事件ハ最高裁判所限リトシ其ノ他ノ事件ニ限ッテ国会ノ再審ヲ認メタル理由、尚又法律ノ違憲問題ニ付国会ガ自己ノ議決シタル法律ノ効力ヲ判決スルコトハ多少問題ト思ハルルモ其ノ点如何、ト質問セルニ、稍困却セル表情ニテ然ラバ貴方案ニ何故ニ之ヲ採用セルカト反問ス。此ノ条文ハ重要条項故全然抹殺スル訳ニモ行カズ一応掲記シテ所見ヲ伺フ所存ナリシ旨ヲ述ブ。然ラバ憲法裁判ノ最終決定権ハ何レニスルヲ可ト認ムルヤ、ト問フ故、三権分立ノ見地カラ云ヘバ国会ヨリモ裁判所トスルヲ可ト信ズ、ト述ベタルニ然ラバ左様ニスベシトシテ、交付案最初ノ三行ヲ修正シテ残シ他ハ全部削除ス。(19)

この文章はいかにも簡略だが、これによってうかがう限りでは、日本側の、マ草案における限定司法審査制の受容れは「一応掲記シテ(GSの)所見ヲ伺フ所存」という暫定的なものであったことが知れる。目を惹くのは、両者議論のやりとりの過程で、瓢簞から出た駒ではないが、限定司法審査制の限定部分をとってしまおうという点で、両者がすんなりと合意したことである。語弊があるが、あえていえば、この結論へ到達するについて、両者ともに——逆方向で、しかし同程度に——いい加減なものがあったという印象をぬぐえない。GSのなかには、そもそもアメリカ型司法審査の導入に懐疑的であるばかりでなく、妥協的な限定つき司法審査にさえ反対の者もいた。(20) GSのなかにはアメリカ型の無条件・絶対的な司法審査制を熱心に支持する論者はいなかった。対する日本側のほうは、限定つきであろうとなかろうと、そもそも司法審査制には自発的にはなんの関心も持たず、憲法裁判所制度さえ念頭になかった者たちばかりであったからである。

ともあれ、こうしてマ草案七三条における司法審査の限定部分が削除され、無条件・無限定の条文案が、期せずして誕生した。一九四六年三月六日発表された憲法改正草案要綱のなかに、その部分は次のように表現されて出てくる。

第七十七　最高裁判所ハ最終裁判所トシ一切ノ法律、命令、規則又ハ処分ノ憲法ニ適合スルヤ否ヤヲ決定スルノ権限ヲ有スルコト

ここから、現行憲法八一条、すなわち「最高裁判所は、一切の法律、命令、規則又は処分が憲法に適合するかしないかを決定する権限を有する終審裁判所である」へ至る距離は、もうほんの少しである。[21]

思わず紙幅を費消してしまったので、もうこの辺で事実経過を追うのを止めなければならない。ただ、後の論述のために二、三の点を略記しておきたい。

3　歴史的経緯としては、この段階、つまり憲法改正草案要綱が成立し、それを条文化しリファインした憲法改正草案を得た段階以降は、憲法改正作業は主として帝国議会の審議過程へと場が移る(枢密院の諮詢も、それなりに興味を惹くものがある)。けれども、私の印象では、ひとたびマ草案に裏づけられた憲法改正案でフレームが示されてしまった段階からは、与えられたフレームが既定方針であるがごとく受けとめられ、あとは、多かれ少なかれ、法律以下の形式で、このフレームの内実をいかに充足するかということのほうに、関係者の関心が移っていったように思われる。

さて、こうして終審裁判所としての最高裁判所が違憲立法審査権を持つというフレームが決まった。このなかに、なにを、どのように入れ込むか。問題の場は、主として、違憲立法審査権というまことに新奇なる権限をまかせることになる最高裁判所をどのように構成するかという、裁判所構成法＝裁判所法の立法過程へと移行することになる。最高裁判所裁判官の資格、年齢制限、員数などの論議は、単に制度技術的なことがらに属すると考えてしまう嫌いが

あるかもしれない。しかしこれらはすべて、最高裁によって担われる憲法審査を、どのようにイメージするかという論点をパラフレーズするものだったとみるべきである。

裁判所法の立法過程は、地味で息の長い錯雑した作業の連続であった。最高裁作りについていえば、立案者の構図のなかには、最高裁判所裁判官の員数は比較的に多数とすること、それと関係してのことだが、判事の資格要件――少なくともある員数は――ゆるやかなものにすること、その年齢を比較的に高いところで保持すること、がある。そして、それらの点で日本側は、総司令部のGS、なかんずくその裁判所関係課(Courts and Law Division)とのやりとりを迫られることになる。(22) ここでは、日本側の構想のある性格を浮かび上がらせる目的から、政府部内討論過程の発言のいくつかを紹介したい。憲法改正案が出来上がったというものの、草案規定自体からは、最高裁判所は特別裁判所として憲法裁判だけをおこなうのか、それともアメリカ型のように憲法裁判以外の裁判一般にもかかわるのかさえ、じつははっきりしないのである。初期の段階であればあるほど、その点の不明確性は深刻であった。そういう段階にあって、司法法制審議会・第一小委員会の席上、同小委員会の主査・梶田年(判事)の次の発言が注目される。「枢密院は二十四人である。枢密院は、天皇の諮問機関であり新憲法の下に於ける最高裁判所は国民が違憲事件や法令違反事件を訴へる民主的な国民の機関である。彼此対照すれば枢密院と同じ位の員数がよいかと思ふ(23)」というのである。これだけでは簡略に過ぎ、その真意を把握するのは困難であろう。記述のうえでは、ただ単に最高裁の定員は枢密院のそれに準《なぞら》えるべし、と言っているにとどまる。しかし、この定員準拠論は、両機関が性格、役割、機能等のどこかで似ているという判断があってはじめて成り立つものである。すなわち、この議論の背後には、最高裁と枢密院とを――ラフな意味で――イコールで結びつける物の見方が秘められている、とみるのが合理的である。(24) 果たせるかな、当時裁判所構成立法の最高責任者の立場にあった司法大臣木村篤太郎は、今度は、裁判所法案の枢密院諮詢の席上、最高裁裁判官の資格要件との脈絡で、次のように発言して、もっと端的に最高裁＝枢密院論を語っているのである。「私は、最高裁判所は枢密院のような役割をするのではないかと思う。従って、裁判官に識見の高い人を得られれば、資格の制限はいらないと思う。法律の技術だけでは、憲法の解釈はできない。少くとも五人は、いわゆる法曹以外から入れたい」[25]。木村の発言は、枢密院顧問官伊沢多喜男により、次のごとくセコンドされていて興味深い。伊沢いわく、「最高裁判所の裁判官には、任命資格はいらないと思う。長官には、総理大臣の前歴のある人がよいと思う。最高裁判所は、憲法の番人で、いわば、総理大臣の生殺与奪の権を持っている」[26]。

最高裁裁判官の年齢構成(任官時最低年齢、定年などから割り出されるもの)についても立法者は、枢密院との対比を考えていたようであって、この辺にも、最高裁＝枢密院論のはたらきをうかがうことができるのである。

現実に成立した裁判所法(一九四七年法五九号)では、最高裁は長官を含み一五名の裁判官から成り、そのうち一〇名は特定の法曹資格を有しなければならないが、残り五名はただ単に「法律の素養ある……者」であればよろしいということになった(法四一条)。年齢構成でいえば、任命時四〇歳以上であること、定年は一律七〇年とすること(法四一、五〇条)に落ちついた。ここに落ちつくについては、一方には司法省対大審院・細野(長良)派の対立抗争を経由するということがあり、他方ではGSとの折衝をクリアしなければならないということがあった。これらの状況を詳述するいとまを今は持たないが、こうした過程をつうじて、立法者のデザインした最高裁＝枢密院論は、制度的には後退を余儀なくされたのは明らかである。そして実際、その後の最高裁は、明治憲法に特有な絶対主義的官僚の牙城たる枢密院とは相当に違う性格のものへと展開した。けれども、その初発において、やがて廃止される運命にある枢密院に代位するものとして把握された最高裁は、そののちの経過のなかで市民の権利自由を保障することを第一義的な使命とする完全に新しい機関へとみずからを形成することができたのであろうか。それとも、かつての枢密院が果たした、ある種の客観的な役割を、今度は現代日本社会が体制上要請することがらに適合するように形を変えて、最高裁は果たすようになった、その意味では――たいへん乱暴ないい方をすれば――最高裁は、機能的にいって現代版枢密院とみる余地はないであろうか。あえて、こんなふうな問題提起をしておきたい。

(1)　さしあたり、佐藤達夫『日本国憲法成立史』第一巻(有斐閣、一九六二年)一六二―一六四頁、入江敏郎『憲法成立の経緯と憲法上の諸問題』(第一法規、一九七六年)五頁、内閣法制局『内閣法制局百年史』(大蔵省印刷局、一九八五年)九七頁など参照。
(2)　司法関係では、わずかに行政裁判所など特別裁判所の存廃、行政裁判における出訴要件の緩和などが問題になるにすぎない。入江・前掲書七頁以下所収「終戦ト憲法」、「憲法問題に関するメモ」参照。
(3)　内藤頼博『終戦後の司法制度の経過』(司法研究報告書第八輯第一〇号全五分冊(司法研究所、一九五九―一九六一年)、以下、これを内藤『報告書』と略記する)、第一分冊八二―八三頁。なお、同二一―三三頁参照。
(4)　佐々木惣一「憲法裁判所の議」『立憲・非立憲』(弘文堂書房、一九一八年)三三〇頁以下。
(5)　佐々木・改正案六五条「憲法事項審議会」構想(注(3)文書)をみよ。
(6)　清水伸『逐条日本国憲法審議録』第三巻(有斐閣、一九六二年)五六九―五七〇頁。
(7)　佐々木惣一「最高裁判所の憲法裁判所」公法雑誌一一号(一九五〇年)一頁。
(8)　ちなみに内大臣府御用掛・近衛文麿の憲法改正草案要綱として伝えられるもの(佐藤功『憲法改正の経過』(日本評論社、一九四七年)二七五―二七七頁)には司法改革にかんする記述は全くない。
(9)　本文の第六回総会議事要旨は、内藤『報告書』第一分冊一九頁からのものである。
(10)　松本委員会に参画した憲法学者のうち、最古参は美濃部達吉であった。この美濃部顧問は松本委員会では、「司法ニ付テハ別ニ述ブベキコトナシ」(内藤『報告書』第一分冊二五六頁以下)とあって、憲法審査制はもちろんのこと、司法改革は不要という考えに徹していたようである。この間にあってむしろ大池真の憲法裁判所への言及(同二七五頁)が目立つ感じである。なお、さらに美濃部に話を戻して言えば、かれ美濃部には、一九四七年に出版された『米国憲法概論』(有斐閣)と題する書物がある。これは、一九一八年公刊の『米国憲法の由来及特質』をベースに「其の全体に周到な修正増補を加へ……略米国憲法の全体を述べたものと謂って可いものとなつた」(序)と、著者自身により性格づけられている。美濃部は、この本において、「司法優越権の原則」という見出しのもとで、アメリカ型司法審査制の解説をしている(一五六―一五九頁)が、この説明は、司法審査というこの国の憲法の中枢に位する制度についての十分に適切な記述とはなり得ていないばかりではなく、明らかにピント外れの叙述があって、美濃部がこの制度にほとんど興味=関心を持っていないのは明らかだと思う。

(11) 内藤『報告書』(第一分冊)資料編A―一(七)10、四二〇頁(傍点引用者)。

(12) 前掲『報告書』四二三―四二四頁。ちなみに『明治憲法成立史』(有斐閣、上巻一九六〇年、下巻六二年)の著者として名高い稲田正次は、敗戦直後のこの当時、東京文理科大学助教授であった。稲田は東京高等師範学校(一九二六年卒)を経、九州帝国大学法文学部を卒業して(一九三一年)、母校東京高等師範の教員となった経歴をもつ。彼の英米憲法への関心がいかなるものであったのかは、目下の私には明らかでない。

(13) D・J・ダネルスキー「最高裁判所の生誕」(早川武夫訳、法学セミナー増刊『今日の最高裁判所』一九八八年所収)は、民間諸改正案に言及しているにもかかわらず、憲法懇談会および稲田正次の司法審査規定を指摘していないのは、いささか不可解である。

(14) 高柳賢三・大友一郎・田中英夫編著『日本国憲法制定の過程』I(有斐閣、一九七二年)四一三―四一七頁。

(15) 内藤『報告書』第一分冊一一四頁(傍点引用者)。

(16) これは、本文ですぐのち指摘するように、肝心の立案者の側が、ニューディール政策に齟齬をきたしたような司法審査の跳梁に警戒的でありながら、他方しかし、市民的自由の憲法保障をもって眼目とする司法審査を期待しようとする態度の反映にほかならない。しかし当時の日本側法制官僚が、こうした行間に隠れたニューディール的な憲法論をどれだけ理解し得たかは、大いに疑わしい。法制局次長の要職にあった入江俊郎(のち、最高裁裁判官)は、草案七三条が「憲法第三章ニ基ク事件」に限り、最高裁判決を最終とする立場をとっていることにかんし、次のように述懐している。「憲法第三章以外の事項が政治的問題が多いから、それでもう一ぺん国会に考えさせるという頭が若干あったかもしれません」(入江・前掲書六二六頁)。これは、司法審査の中心を市民的自由の確保におき、これに反し、経済政策などの領域はなるべく立法裁量にゆだねるべしとする考え方からは、大いに外れた理解になっている。

(17)　ダネルスキー前掲論文(一〇〇頁)によれば、本文で引用したマッカーサー原案七三条にあるところの、最高法院違憲判決を国会三分の二以上の議決で破棄できるとした規定は、ＧＳのラウェル中佐が起草したらしい。ラウェルは、無条件の司法審査を日本に押しつけるのは不必要に大きなショックを与えるであろうと推測し、この懸念されるショックを柔らげるために、立法府の三分の二以上の議案により違憲効果を阻止するという暫定的司法介入の制度を構想したということになっている。しかし、これは事態の真相をかならずしも反映していないと思う。第一にこれは、ラウェルの独想というよりも、占領軍への本国の指令、ＳＷＮＣＣ二二八でいう「暫定的拒否権」としての司法審査構想と軌を一にしている。第二に、こうした、司法審査に限定をつけるという考え方は、日本側のショックを柔らげるためであるよりは、本国政府およびＧＳ担当官らのアメリカ型司法審査制へのある種の懐疑の現れとみるべきだと思う。

(18)　周知のように、日本国憲法には、合衆国憲法修正第五条や修正第一四条にある「デュー・プロセス」条項に対応するものがなく、わずかに三一条に「法律の定める手続」規定があるにとどまる。これは——私個人が当時のＧＳで直接マ草案作成にあずかったケイディス大佐に確かめてもいるが——一九三〇年代まで合衆国最高裁がいわゆる実体的デュー・プロセス論によって、本文でも指摘したような、保守的方向での司法積極主義を発展させた悪しき経験を考慮にいれ、おなじ法の発展を日本で再現させてはならないというニューディーラー的な考えにもとづいたものである。「デュー・プロセス」条項を外すことによって、司法積極化のための憲法実体規定上の根拠を予め外しておこう、とＧＳの人びとはおもんぱかったのである(なお、この問題については、Okudaira Y., Forty Years of the Constitution and Its Various Influences: Japanese, American, and Europe, 53 Law & Cont. Prob., Winter 17, 30-33 (1990) を参照)。

(19)　内藤『報告書』第一分冊二九四—二九八頁。なお、この点(司法審査の制限つきが、ＧＨＱとの折衝の過程で修正され、無条件の司法審査となることによって、いうなればアメリカ型に近づいたこと)については、入江俊郎が次のように叙述している。「当時、司令部と交渉した過程においてはわれわれのほうでは、つまらない規定だと思っても、相手側で相当の研究の上でつくった規定につきましては、様々な理屈をいってこちらのいうことをきいてくれない事例がすくなくなかったのですが、右の点については、佐藤さんが交渉したときの話では非常に簡単に降りたということです」(入江・前掲書六二六頁。傍点引用者)。

(20) たとえば、ダネルスキー前掲論文一九一、一九五頁参照。

(21) この定めは、一九四六年六月開催の特別議会に提出されることになる「憲法改正草案」(これは、枢密院諮詢を経て、同文のまま「帝国憲法改正案」となる)七七条となり、さらにこれは衆議院において、現行八一条として成案を得るという経緯をふむ(内藤『報告書』第一分冊一五九、一八八、二一七頁)。

(22) これにかんしては、Alfred C. Oppler, Legal Reform in Occupied Japan, Princeton Univ. Press, 1976, 65 ff. を参照。

(23) 内藤『報告書』第二分冊一四一頁。ここに出てくる「枢密院」制度については、あるいは若干の解説が必要かもしれない。これは明治憲法五六条により「天皇ノ諮詢ニ応ヘ重要ノ国務ヲ審議ス」る機関で、内閣から独立し、天皇出席のもとで会議が開かれた。議長、副議長、顧問官から成り当初は藩閥官僚で占められていた。一時政治色の薄い人事がなされたが、結局は、官僚支配の牙城に終始した。「欽定憲法の番人」と称されたこの機関は、はじめは顧問官一二名、のち一八九〇年には二五名となり、のち多少の増減があった。

(24) このゆえに、梶田発言のあった席上、民訴学者・兼子一(東京大学教授)委員から「諮問機関と裁判所とは、同一に論ずることは出来ない」という反論があったのは(内藤『報告書』注(23)と同じ)、当然といえば当然である。

(25) 内藤『報告書』第一分冊七〇一頁。

(26) 同頁。

二　違憲判決の分析

1　その約四七、八年の歴史のなかで、最高裁判所は五度、議会制定法律を違憲無効と判定した。[27] この五本の違憲判決にちょっとした分析を加えてみたい。

最初の事例は、一九七三年のもので、ことは刑法二〇〇条の尊属殺規定にかんする。これに対する最高裁の違憲判決（最大判一九七三年四月四日刑集二七巻三号二六五頁）は、現に有効とされていた法律の効力を否定する最初のものであったばかりでなく、刑法の直系尊属関係特別規定を合憲と判断した一九五〇年先例（最大判一九五〇年一〇月二五日刑集四巻一〇号二一二六頁）を引っくり返すものでもあるというので、画期的であると評価されてきている。たしかにその点では、そういえないことはない。だがしかし、実質に即してみれば、その画期性はパンチ力に欠ける。第一、違憲無効とされた刑法二〇〇条は、明治末期、一九〇七年に制定された法規のひとつであって、最高裁をまつまでもなく、すでにして法制審議会が当時立案中の改正刑法草案で削除される予定の条項であった。刑法二〇〇条は、一九七〇年代日本にあっては、いうならば、死に体にあったのである。第二、このことにも絡むが、この種の規定を合憲とした先例である一九五〇年判決なるものは、当時点でもすでに時代がかった封建的・儒教的イデオロギーむき出しの、少なくとも知識層のあいだではたいへん評判の悪いものであった。一九七〇年代に入って最高裁が、もしこの先例を――そこでの論理丸ごと――再確認したとすると、そうすることによって最高裁は、より一層アナクロニズムの譏《そし》りを招くであろうことは、必定であった。かくして一九七三年の最高裁は、一九七三年の時点では、先例をそのまま踏襲するわけにゆかなかったのである。要するに最高裁は、一九五〇年の先例と自己とを切り離したのであるが、第三にしかし、その切り離し方たるや、いちじるしく妥協的であった。すなわち最高裁（多数意見）は、尊属殺人を普通殺人と区別して特別な規定でとくに重く罰していること自体のゆえに刑法二〇〇条を違憲としたのではない。同法条が、あまりにも重く罰する規定になっているがゆえに憲法一四条（法の下の平等）に反すると言ったに過ぎない。尊属殺人を――その事情のいかんを問わず――普通殺人よりも重く罰する規定を持つことは合憲だという考えを保持しているのであって、その限りでは先例の立脚する儒教的イデオロギー自体を否認しているわけではない[28]。

単に重きに失す(これは、程度の差である)というにせよ、ともかくも刑法二〇〇条は違憲無効と判定された以上、政府としては適切な事後始末をつけなければならないことになった。法務省が中心になって考案した解決策は、刑法二〇〇条そのものを(およびこれに付随した直系尊属関係特別加罰規定たる同二〇五条二項(傷害致死)、二一八条二項(保護責任者遺棄)、二二〇条二項(逮捕監禁)なども一緒に)削除するということにあった。法務省としては、一九七四年に法制審議会が決定することになる改正刑法草案の立場(尊属関係特別規定はいっさい刑法典から外すという立場)と平仄の合う方向で事態を処理しようと考えたのであろう。けれども、この立法案は、与党たる自民党内部からの強い反対があって国会の承認を得ることができないまま、現在に至っている。(29) このゆえに刑法二〇〇条は——最高裁によって効力を否定されながらも、しかし——法形式上はなお存在しているという、アノマリーが生じているのである。政府与党たる自民党が、なぜ刑法二〇〇条等の削除を内容とする政府立法案に異論を呈するのであろうか。その言い分によれば、最高裁違憲判決は、刑法二〇〇条そのものの合理性を疑わず、ただ単にそれが重罰に過ぎると判示しているのだから、立法的な解決は同法二〇〇条の削除ではなくて、その刑罰の程度にいくばくかの修正を加えるという内容のものにとどまるべきだ、ということになる。そして、刑法二〇〇条以外の直系尊属特別加罰規定は——最高裁は違憲とは宣言していないのだから——もちろん削除改正されてはならないのである。刑法二〇〇条など尊属特別保護規定のなかに込められている儒教イデオロギーは、すでに指摘したように七三年判決にもかかわらず最高裁によって支持されているところなのであって、自民党は、そうした最高裁の妥協的な立場を効果的に盾にとって、法務省案を排斥したのである(法案が特別保護規定の全面削除を目的とすることにより、儒教イデオロギーは法的支柱を失うことになる。最高裁はけっしてそのことまで要求しているわけではない。逆に、最高裁は注意深く、慎重に、そうはならないように配慮して、わざわざ、刑罰の程度だけに違憲性の根拠を限定しているのである。法務省は、この最高裁の深謀遠慮に敬意を払うべきであった――これが、この件についての自民党の少なくとも表向きの基本態度であると思われる)。

もし最高裁が、尊属(私には、「尊属」――およびこれに対する「卑属」――ということば自身がすでにして反憲法的だと思われ、したがってこれを用いるのに躊躇を覚えるが、あえて慣用に従う)を敬い大事にすることは市民社会の問題であり、これを国家が歴史的に特殊な伝統イデオロギーに拠りながら刑罰法規をもってバック・アップすること自体、憲法上容認され得ないとする考えに立脚して刑法二〇〇条を違憲無効としたのであったならば、現実に生じた立法上のアノマリーは、なしで済ますことができたのである。その意味では、このアノマリーの責任の重要部分は、最高裁が負うべきものである。以上要するに、一九七三年違憲判決は、画期性に乏しいとみるゆえんである。

2　次に最高裁が違憲無効と宣言したのは、一九七五年、薬事法のいわゆる距離制限規定に対してであった。ここで争点となる距離制限というのは、ある一定の企業分野(本件では、薬局等の経営)において、新たに営業免許を申請する者は、開設許可を得るためには――他のもろもろの許可条件のほかに――既存業者の営業場所から一定距離数以上離れているという地理的な条件をクリアすべきことを要求される制度のことである。既存業者を新規参入者によるあり得べき競争から保護して、その者の営業的利益を確保するのをねらいとするこの制度は、憲法二二条による職業選択の自由に抵触しないのかという議論を招来する。距離制限制度を薬局等開設に導入したのが、一九六三年に改正された薬事法六条(一九六三年法一三五号)であり、この合憲性が一九七五年、最高裁によって判断されることになったのである。

最高裁は前記のように、この条文に対し違憲無効の判決をくだした。この営業分野において新規参入を抑制し競争の自由を排除しなければならないような、距離制限立法を支える合理的な理由はこれを見出し得ないというのが、基本的にいって最高裁判決のポイントである。

違憲判決には憲法規範学からみて興味深い論点がいくつも含まれている。が、ここではその方面に深入りするつもりはない。ここではむしろ、その客観的な意味を探索することに努めたい。この判決の意義を確定するのにまず必要なのは、似たような距離制限を採用した公衆浴場法に対する、一九五五年の最高裁の合憲判決（最大判一九五五年一月二六日刑集九巻一号八九頁）との関係である。銭湯営業の保護を目的として業者らは、地方公共団体の規則あるいは条例によって距離制限制度を導入しようと図ったが、この種の制限は、規則であれ条例であれ地方公共団体限りの立法でできるものではないとする法務府の法制意見により阻止された。そこで業者らは、同じ目的を達成するために公衆浴場法改正要求へと運動の矛先を向けることとなった。そしてこれが効を奏して、公衆浴場法二条二項の新設（一九五〇年法一八七号）により、公衆浴場経営に業者念願の距離制限制を採ることが可能になったのである。このばあい注目してしかるべきなのは、法務府法制意見局が、この法改正は内容において憲法二二条に抵触するおそれがあるという解釈をとってこの立場をゆずらなかったこと[30]、このゆえに改正法案は内閣提案としてではなくて議員提案として国会に上程せざるを得なかったこと、これである。

議員立法としての公衆浴場法の距離制限は、その成立時、法制官僚層からいささか胡散くさい目で見られたのであった。その原因はもっぱら、距離制限を合理的ならしめる憲法上の根拠いかんという論点にあった。業者およびそのプレッシャーに屈服した代議士諸賢は、銭湯利用者の側の利益に即する形をとりながらこの点を公衆衛生の確保という「公共の福祉」で説明しようとした。けれども、距離制限はもともと既存業者の利益を図ることを内容上中核とするものであるのは否定できないのだから、この点に焦点を合わせた憲法論がなければならなかったはずなのである。

これをサイド・ステップして、公衆衛生の確保という第三者的な利益によって憲法論を組むのは、顧みて他を言う議りを受けるか、そうでないにしても、いちじるしく隔靴掻痒の感を与える態のものなのであった。

ところが最高裁は、なぜか業者(およびその圧力に屈した国会議員のグループ)の立てた合憲論をほぼそっくり踏襲して[31]、公衆衛生確保の見地から距離制限は合理的であり、したがって合憲なりと判示した。当然のことながらこの判決に対して学界はこぞって批判的であった。最高裁判例史上、もっとも悪評を招いた判決であるといえるのではないかと思う。

けれども、最高裁から合憲のお墨付きを貰ったということの効果は——学界の悪評とは関係なく——独立独歩し、いろいろな業界で距離制限の導入を目指す立法要請運動が生まれた。そのうち成功して実際の法改正をかち得たものの一つが、既述の一九六三年の薬事法であったのである。

薬事法改正のイニシャティヴをとったのは、日本薬剤師会会長という、この業界のトップの地位にあった参議院議員高野一夫である。高野は、多かれ少なかれ業界とつながりのある他の自民党所属参議院議員らと一緒になって、議員提案した[32]。提案理由によれば、薬局・薬種商などの偏在乱立(それは、現実に漸く日本社会にも見えてきたスーパーマーケット方式の展開により、もたらされつつあった)は、適正な医薬品の供給・調剤を脅かし、延いては国民の医療と保健に悪影響を与えるものなので、距離制限を導入して、薬局等の適正配置を図る必要がある、という。非常に端折った言い方をすれば、ここでの合憲理由は公衆浴場法のそれとほぼ同じで、ただ公衆衛生の代わりに「国民の医療と保健」という表現になっている。参議院に提出された法案は、関係委員会でほんの少し実質審議されたのを除けば、その後ほとんど審議も討論もなしに両院本会議を通過、法案は成立した(一九六三年法一三五号)。

最高裁にとってはもちろん、ちょうど一九五五年判決がそうであったように、こうした議員提案理由をそのままそっくり受けとり、「公共の福祉」の名によって合憲と判示することは、きわめて容易ではあっただろう。けれども、そうすれば、一九五五年判決が受けたと同じような悪評を受けることを覚悟しなければならず、なによりも、距離制限合憲性に対する最高裁の更なる駄目押しに力を得てガソリン・スタンドその他同業者間の競争的な施設濫立の抑制をもとめる業界に距離制限制が続々と出てくるであろう。つまり、これではさまざまな業界における距離制限立法に有効な歯止めをかけることが国法上できないことになる。すなわち、合憲判決はコストがかかり過ぎる。最高裁としては、この事件では違憲判決をくだすしか、手がなかったのである。

こうして見たばあい、薬事法違憲判決は、なにか非常に積極的な意味があったというよりも、一九五五年の欠陥の多い合憲判決で自らが蒔いた種子の、つまらぬ果実(効果)の一つを、後年において始末をつけざるを得なかったという、消極的な性格のものだった、とあえて言っておこうと思う。

3　時系列の順で次に登場する違憲判決は、衆議院議員定数配分(一九六四年法一三二号による公職選挙法別表第一)にかんする一九七六年のものである(最大判一九七六年四月一四日民集三〇巻三号二二三頁)。この判決を機縁に、議員定数配分の不均衡、したがってこの点の公選法改正が、ことあるたびに――憲法論を踏まえた――政治論議になっているのに鑑みれば、判決の及ぼした影響には少なからざるものがある、と言うことができよう。その四七、八年の歴史上、民主過程整序にかかわって最高裁が果たした役割がもしあるとすれば、まず、この判決およびその延長線上にある後述の一九八五年の同趣違憲判決があげられるであろうし、かつ、それに止まるだろう。

たしかにこのように、この違憲判決が現実政治社会に与えた影響は並々ならぬものがある。しかしながら、そうであるのは、最高裁が主体的・積極的であったからなのか、それとも、現実政治社会のほうが度し難く遅れていたとか、憲法上の争点――投票価値の不均等が重要な憲法問題であらねばならないという、いまや他の政治社会では常識と化した問題意識――にあまりにも無自覚であったというところに原因があるのか。

この問題に接近する方法の一つとして、逆にもしこの事件で最高裁が、たとえば国会の立法裁量を強調するといったような論拠で、この程度の一票の格差(ほぼ五対一)は違憲でもなんでもないと宣言した、と仮定してみるがよい。五対一ぐらいは許容されるとなれば、六対一だって七対一だって許容されないではない。すなわち、この種の合憲判決は、日本現代社会においてさえ一票の持つ実質価値を重要視するようになった政治意識の変化にもかかわらず、立法裁量の名のもと、国会議員現職者らの政治的恣意の専断を承認する意味合いを持つのである。最高裁は、かつて一九六四年の段階では、参議院地方区選出議員選挙における定数配分表[33](一九五〇年法一〇〇号による公職選挙法別表第二)の合憲性を問われたさい、参議院地方区の特殊性もあってのことであるが、わりとおおらかに立法裁量を語り、一対四程度の格差は憲法上許容される不均衡である、と判定したのであった(最大判一九六四年二月五日民集一八巻二号二七〇頁)。あるいはこれと同じように、一九七六年段階に至ってもなお、しかも今度は衆議院議員選挙区という参議院の地方選挙区とかなり性格を異にする区割りの不均衡に対してさえ、合憲の祝福を与えることをあえてなしえたかもしれない。しかし、早かれ晩かれ、いずれどこかの段階において、そうした無為・消極的な対応に自ら修正を加え、この法領域における立法的恣意になんらかの抑制を試みないわけにゆかなかったのである。一九七六年にそれをやるか、数年後の別の機会まで遷延するかという、単に時間の問題でしかなかったというべきである。

七六年という時点では、長官を村上朝一に持ち、前任者石田和外の支配していた最高裁のもとであまりにも右に揺れすぎていた軌道をいくばくか元へ戻すことに意を用いる傾向がみられた。伝えられるところによれば、最高裁首席調査官某氏の示唆が与って力があり、法廷意見は違憲論に傾いたのだそうである[34]。このばあい、留意してしかるべき点が二つある。第一は、「事情判決の法理」という妙薬の開発である。この「法理」の導入により、当該議員定数配分立法(公選法別表第一)は違憲ではあるが、その効力を否定すれば憲法上予測し得なかった困難が生ずるので、諸般の事情を勘案のうえ、選挙そのものは無効とはしないという処置を講じたのである。たぶん、「違憲だが有効」という現状維持をねらいとする「事情判決の法理」との抱き合わせがあってはじめて、最高裁は、安んじて違憲判決に踏み切ることができたのである。そうであるにしろともかく、これによって現にある国会制定法を違憲と宣言することにより、立法の権威を損なうことになるおそれがあった、と抽象的にはいえる。ところが、この点で第二に、このとき違憲とされた公選法別表第一は、判決のあった一年前、一九七五年に国会によって改正され(一九七五年法六三号)、その欠陥は立法的にすでに救済されてしまっていたという事情がある。すなわち、最高裁は、国会がすでに自らのイニシャティヴによって廃止してしまった旧法を、事後において違憲だったと判定したに過ぎない。そうであるから実は、この判決は国会の「良識」を追認したものでこそあれ、けっして国会の権威を傷つけるものではなかったのである。「事情判決の法理」の導入と込みで違憲判決を示唆した前記知恵者の最高裁調査官が、こういった事情を含む政治的意味まで示唆したかどうかは、確かめる術がない。

もし最高裁が一九七六年判決をくだすに当たって、この二つの要素――政治的衝撃性・刺激性を柔らげる要素――を見出すことがなかったら、存外に結論は大いに違っていたかもしれない。とりわけ重要なのは「事情判決の法理」である。この「法理」を議員定数配分法領域に導入することにより、裁判所はその後、政治的権威の鼻息をあまり気に掛けることなしに、違憲(違法)判定に達することになるという、一般的な効果が生じたからである。

最高裁は、政治的配慮という点では慎重のうえにも慎重であった。このことは、既述のことのほかに、次のことからもうかがえる。その一つ。投票価値の格差(これは、程度の問題である)を、いかなる客観的な判定基準=原則をもって違憲または合憲と判定するか(これは、質にかかわる)について、ほとんど語るところがない。むしろ逆に、「もとより厳密に一定された客観的基準が存在するわけのものではない」という文言がさしはさまれており、立法府の政策裁量の余地が広いことを強調しているとさえ読める。本件のばあい、五対一の格差が違憲と判定されているのだが、要するに「これは、ちょっとひど過ぎますね」といった種類の、直観的な評価の表出以外のものではないように思う。ウェックスラー(Wechsler, Herbert)は、「原則を踏まえた判決」が大切だといっているが[35]、私のみるところ一九七六年判決は、政治部門の政策裁量へ司法的メスを入れないように配慮することによって、「原則を踏まえた判決」たることを放棄している。留意すべきもう一つは、「合理的期間内における是正」という観点の導入である。定数配分に明らかな不均衡が顕出され、それを是正する必要が認識されたばあいであっても、国会には現実にこれを是正するためには一定の期間がなければならないという。要するに、是正には時間がかかる、国会に性急に救済を求めるのは出来ない相談だ、というのである。この観点はもちろん、立法府の政策裁量の尊重という考えと裏腹の関係にある。後者を時間というヴォキャブラリーで言い直したもの、といえるかもしれない。たまたま一九七六年判決が対象とした不均衡は、国会に許容されている「合理的期間」を目一杯見込んでもなお、長期に過ぎて是正されなかったばあいに当たると認定されている。つまり、本件では「合理的期間」論は、それとして威力を発揮することはなかった。しかし、やがてその機会は訪れる。一九八三年、最高裁は、最大較差一対三・九四の不均衡を含む衆議院議員選挙の定数配分問題に当面したさいには、一方でいとも簡単にこの程度の不均衡は違憲だと断定するとともに、他方しかし、返す刀で、国会はいまだなお、この不均衡を是正するに要する「合理的期間内」にあったという点をとらえて、違憲とは言えないという結論を引き出すことになるのであった(最大判一九八三年一一月七日民集三七巻九号一二四三頁)[36]。

4　以上いささか一九七六年判決に付き合い過ぎた観があるが、次に取り扱われるべきなのは、同じ衆議院議員定数配分を対象とした、一九八五年の違憲判決ということになる(最大判一九八五年七月一七日民集三九巻五号一一〇〇頁)。けれども、私の理解によれば、一対四・四の最大較差を持つ配分立法を違憲と判定しつつ、しかし「事情判決の法理」に拠って当該選挙有効と判断したところの、この一九八五年判決は、本質的には一九七六年判決の延長線上にあるものであって、特別に言及に値する新しい見地や新しい意味に乏しい。ここでは、違憲判決の五例のうちの一つとしてこれがあるという事実を指摘するにとどめたい。もっとも、せっかくの八五年違憲判決をかくも素気なく扱うのには、反論があるかもしれない。というのは、この事件では寺田裁判官ほか三名の有力な補足意見があり、これはこれで耳目を集めるということがあったからである。ここでは、補足意見の形で立法者に一種の警告をなし説教を垂れている。このことが司法審査、とくに日本流の司法消極主義にとって、いかなる意味を持つかは、じつは別箇考察すべきことがらである、と私は思う。

5　第五番目の、そして最新の違憲判決は、共有林分割請求を制限していた森林法一八六条を違憲無効と判示した一九八七年四月のものである(最大判一九八七年四月二二日民集四一巻三号四〇八頁)。これは、先行する四つの違憲事例といくつかの意味で少しく性格を異にする。判決そのものは、その理論的な出立《いでた》ちにおいて物々しく、多数意見のほかにふたつの補足意見とひとつの意見およびひとつの反対意見もあってなかなかに立派である。だが、そのわりにはこの判決は、先行事例と違ってほとんど耳目を集めることがなかった。ある種の特殊な関心を刺戟する態のものとして玄人筋にはある程度注目されたが、一般の政治社会にあっては、問題性のきわめて乏しい出来事と受け取られた、といえる。実際のところ——これは結論的な総括評価になってしまうが——世論に与える影響が少なかっただけではなく、違憲無効と判定されることによって共有林分割制限が撤回されることとなり、そのために、森林行政に支障を来すおそれがある、と当局から指摘されたわけでもなく、また現実にそういう支障が生じることになった気配もないのである。

この訴訟は、たまたま親から均等分割で森林を相続した二人の息子どうしの争いで、純粋の私人間の事件だという点でも、他の四例と違う。他の四例では、国の作為・不作為そのものを対象にして公権力を相手に争うものであったからである。ここでは私人間の争いだが、その争いの元が、共有分割を許さない国家法にあり、その関係で国家法の有効無効が期せずして争点になってしまっている。立法をした国家の責任が問われているはずなのに、国家は訴訟レベルには登場しない。憲法訴訟として変型である。

親からの遺産たる森林の分割をさまたげている森林法一八六条というのは、一九〇七年制定の森林法六条(一九〇七年法四三号)に創設された規定(法六条)がほぼそのまま、戦後の全面改正(一九五一年法二四九号)のさい継承され生き残ったものである。森林は独特な財であり、とくに長期にわたり森林経営の安定化をはかることは公共的利益でもあるという理由から、民法における原則(法二五六条、共有物分割の自由)を共有森林の分割には適用しないことにしたのが、この規定である。森林は公共的な財であるという認識が漠然と頭のなかにあり、そのためにその所有・管理・処分に特別な規制があるのを当然視する傾向が法曹界・学界にあった。法一八六条の制限は、そういう目でみられ、その有効性(合憲性、あるいは必要性・合理性)を疑う者はほとんどいなかったようである。

ところが本件の原告からすれば、これは愚にもつかないとんでもない規定と映じたようである。原告は、自分の兄弟であり共同所有者であり、かつ本件被告である者とのあいだに森林経営上のいざこざが生じ、その折合いがつかないので森林の分割を請求するに及んだが、被告がこれを肯んじようとしないばかりではなく、国法上それは許されないという。問題の法規の「ただし」書きには、「各共有者の持分の価額に従いその過半数をもって分割の請求をすることを妨げない」とあって、持ち分の二分の一より以上を所有する者の分割請求だけは、特別に許されることになっている。ところが本件のばあいは、再三述べているように両兄弟への均等分割であったのだから、どちらも二分の一より以上の所有者ではないばかりでなく、法一八六条一項本文が厳存しているかぎりは、両者は永久にちょうど二分の一の所有者でありつづけ、けっして二分の一以上の所有者とはなり得ず、したがって両者のあいだに所有上の変化が生ずることはないのである。すなわち、この法あるところ均等分割は均等のまま無窮につづくことになる。本件のばあい経営上の不和のため原告被告ともにこの森林ビジネスにコミットするのに厭気がさし、ために当該森林は荒廃の一途をたどりつつあったという。

あるいは森林法一八六条は、本件のようなごく限られた特殊利害関係者にとっては不合理な規定かもしれないが、一般制度的にいって、これあるがために、森林の細分化の防止、森林経営の安定、森林の保続培養と森林の生産力の増進、国民経営の発展といった「公共の福祉」が達成されるのであるのかもしれない。もしそうであるとしたら、この大目的達成のために本件原告のような特殊少数の利害関係者が我慢を強いられてもやむを得ないことになる。果たしてそうなのかどうか、それが憲法論として最高裁に問われたのであった。

最高裁の加えた憲法分析は、詳細綿密なるものがあって、なまなかの短評で片づけるのにふさわしくないと叱正を受けそうだが、結局のところをいえば、この制限規定は、その必要性・合理性にいちじるしく欠け、合憲というには余りにも出来が悪い法規だというにある。

いままでだれもそう言う者がいなかったから、そういう目でこの法律を見なかったが、なるほど最高裁にそう指摘されてみると、たしかにこの法律は合理的でもなく必要でもなく、無くて痛痒を感じない。無くて痛痒を感じない法律のために、だれかが――よし少数者であれ――自由を奪われ迷惑を蒙るのをよしとするわけにゆかないのである。

森林法一八六条は明治末に創設された古臭い法規ではある。しかし、戦後の国会が意識してこれを引き継いだのである以上、本来ならこれを違憲無効とした最高裁に対し、国会の権威を傷つけたのはけしからんと文句のひとつぐらい出てきてもおかしくはない。しかし、どこからもそういった苦情は聞かれなかった。そればかりではない。当の国会は、違憲判決が出た一九八七年四月二二日からひと月半たらずのうちに、両院本会議および関係委員会ともなんらの実質審議も加えることなく、政府提案森林法一部改正法案を可決させ、そうすることによって、問題の条文、森林法一八六条をさっさと削除してしまったのである。可及的速やかに忘却の彼方へ追いやってしまおうとするかのように。

現実の世界とのかかわりにおいて本件違憲判決が持っていた意味は、まことに些少なものがあった。その些少さと比べて、ひときわ目を惹くのは、判決文の理論的な武装・出立ちの物々しさである。この物々しさは要するに、最高裁が自分たちがこれまで宣明してきた判例理論と本件違憲判断とをどう辻褄を合わせるかという作業要請からくるのである。先に私は、本件判決は「玄人筋には注目されたが」と書いたが、憲法学的に問題になるのは、まさにこの辻褄合わせの部分なのである。あえて、辻褄合わせなどという表現を弄したが、「玄人筋の」憲法論は、所詮、実体にどんな衣裳を着せたらいちばん似合うかといったふうな問題次元に、それはあったといえなくはないと思うからである。

本件判決は、疑いもなく憲法判決ではある。しかし、これにはもう一つ、共有分割理論を本格的に全面的に展開した民法解釈上の判決という面もあるのである。後者は、前半において共有制限規定が違憲無効とされ、そのことによって共有分割の請求が可能となり、森林共有分割が現実の問題となることによってはじめて、出てくる面である。すなわち、森林法一八六条が合憲であるかぎりは、共有分割理論などを論ずる余地はなかったのである。

本件で最高裁は、共有分割にかんする従来の判例学説を再点検し、現物分割の多様なありように道筋をつけた[37]。非常に意地悪くみると、コンストラクショニストたち(条文に即した厳密な解釈や解釈の論理構成をひたすら重視する立場の人たち)が多数を占める最高裁は、それをやりたいがために、その前提として法一八六条の無効宣言をしたのではないかとさえ勘ぐってみたくなるのである。

要するに、共有林分割請求違憲判決が憲法判決として持つ意義は、他の違憲判決と比べてさえ乏しく、この判決は今後はむしろ共有物分割にかんする司法政策を宣明したものとして私法上の効用をみることになるだろう。

6　以上五つの違憲判決を取り上げ、若干の分析をしてみた。約半世紀にわたる歴史のなかで違憲例が五つというのは、数として十分か不十分か意見の分かれるところであろう(実際のところ、何を基準としてその多寡を語り得るだろうか)。たしかなことは、しかし、たった五つの事例を素材にして、そこから日本最高裁の司法審査につき、なにか一般的法則的なことがらを引き出すには、数として少な過ぎるということである。それにしても、ある種の小括は試みられるかもしれない。私はいま、通常の数え方にしたがって五つといったが、衆議院議員定数配分にかんする二つの違憲判決は先にも示唆したように同じパターンの繰り返しであるとみていい面が強いからこの二つを一つに捉えれば、違憲事件は減じて四つとなる。その四つのうち、その半分は六、七〇年まえの戦前旧日本の立法の残存物であり、戦後立法は議員定数配分表と薬事法距離制限法規の二つに過ぎないとわかる。後二者はどちらも議員立法であるという事実は注意を喚起する(旧森林法は形式上は議員提出であったようだが、当時のいわゆる政府依頼立法であった)。四つのうち半分が経済活動の自由のためのもの(経済競争の自由および所有・経営の自由)で、あと半分をどう性格づけるか問題だが、はっきりしているのは、表現の自由、思想・信条の自由などのいわゆる市民的自由のためのものは一つもないということである。

司法審査を支えるものとしての憲法八一条が、始源的にいってどのような理念・精神・目標に由来するのかは明確ではない。過去のいきさつ、思想的背景はいざ知らず、世上よく司法審査は民主主義＝多数決原理に反するという警告に対抗して、少数者の基本的人権を擁護することによって民主主義を補正する役割に任ずることこそが、司法審査の本来の使命である、と説かれる。そして、これは一定の正鵠を射ているであろう。わが最高裁は、四つ、あるいは五つの違憲判決をつうじて、少数者の基本的人権(なにが〝基本的〟〝人権〟なのかが、また一つ問題なのだが)の擁護という要請に応えている、といえるのかどうかは、なお大いに検討の余地があるように私には思える。

(27)　この「五度」という点で、私が分担執筆した高校用「社会経済」教科書の検定過程で、一九九三年、文部省担当官からクレームがついた。かれによれば、「五度ではなくて、もっとあるはずだ」というのである。文部省側は、推測するにどうも、適正手続なしに第三者所有物を没収した処分を違憲と判断した判決(最大判一九六二年一一月二八日刑集一六巻一一号一五九三頁)をこの数に算入すべしという意見のようなのである。しかし私は、この修正要求に応じなかった。その理由は、この判決は、現に有効とされてきた議会制定法律の違憲を宣言したのではなくて、聴聞手続保障のないまま没収した処分を違憲だと判定したのだからである。あるいはひょっとして、文部省教科書調査官は、いわゆる一九五〇年政令三二五号(占領目的阻害行為処罰令)違反被告事件の、日本独立後一九五三年以降の一連の最高裁大法廷判決を、法律違憲判例の例として取り扱うよう示唆したのかもしれない。たしかにこれら一連の大法廷判決は、独立後の政令三二五号の適用を無効とする判断をくだすについて、ある種の憲法判断らしいことをしているといえばいえるが、それは憲法論というにしてはあまりにも漠然とし抽象的であって、しかも現に有効とされてきた議会制定法を違憲と判決した例とは、いうべきものではない(最大判一九五三年七月二二日刑集七巻七号一五六二頁、最大判一九五三年一二月一六日刑集七巻一二号二四五七頁、最大判一九五三年一二月一六日刑集七巻一二号二五二〇頁)。

(28) このゆえに、最高裁は、刑法二〇五条二項の直系尊属に対する傷害致死罪の特別加罰規定は合憲と判定しているのである(最一小判一九七四年九月二六日刑集二八巻六号三二九頁)。
(29) 一九九四年五月、伝えるところでは、羽田内閣のもとで、尊属関係加罰規定のすべてを国会に提出する準備がようやく出来かかったという。
(30) 内閣法制局『内閣法制局百年史』(大蔵省印刷局、一九八五年)二七二—二七三頁。
(31) YAM「公衆浴場の配置規制は憲法違反か」時の法令一九五五年二月二三日号二八頁、成田頼明「判例紹介」別冊ジュリスト『続判例百選』第二版(一九六五年)一四頁。
(32) 高野一夫『薬事法制』(近代医学社、一九六六年)二二七—二九一頁参照。なお、横田陽吉『薬局適正配置解説』(薬事日報社、一九六三年)参照。
(33) これは、同法前身の一九四七年制定の衆議院選挙法(一九四七年法一七号)の定数配分表をそのまま引きついだものにすぎないことに注意を喚起しておきたい。
(34) ここで某氏とは、当時最高裁首席調査官で、のちに最高裁裁判官となった中村治朗氏(一九九二年死去)を指す。この点につき、園部逸夫「裁判官中村治朗イン・メモーリアム」判時一四八四号(一九九四年)七—八頁、野村二郎『最高裁判所』(講談社、一九八七年)四六—四七頁、参照。
(35) Wechsler, Toward Neutral Principles of Constitutional Law, 73 Harv. L. Rev. 1 (1959).
(36) ふたたび「合理的期間内における是正」という観点に立って、実体的には違憲と判定された議員定数配分表を、にもかかわらず合憲と判定して国会の面子を傷つけることなしに済ませた最高裁判決として一九八八年のものがある。最判一九八八年一〇月二一日民集四二巻八号六四四頁。
(37) この判決を民法九〇六条の解釈見直しのための好機ととらえる点で、たとえば、新田敏「判例解説」ジュリスト臨時増刊『昭和六二年度重要判例解説』七三—七五頁参照。なおまた、柴田保幸「判例解説」『最高裁判例解説 民事篇 昭和六二年度』一九九—二六六頁をみよ。

三　憲法訴訟の訴訟外的な効果

1　一般に司法審査というものは、特定の、違憲と判定された国家行為(立法、処分など)の効力を否定することによって、当該行為の被害者たる市民の権利救済をはかることを眼目とする、といわれる。すなわち、このように、司法審査は、個人に具わる、いわゆる基本的人権の擁護という契機において、意義づけられる。そうするとおのずから、裁判所は当該訴訟において当事者(民事および行政事件のばあいは原告、刑事事件のばあいは被告人)の主張を容れて、その者の権利救済をはかってくれるかどうかが決定的(あるいは排他的)に重要になる。この観点からいえば、裁判所が当該国家行為を違憲と判定してくれなければ、話にならないわけである。

もっとも、訴訟にはもともと、単に当事者一個の主観的な利益を保障するという効果(訴訟制度の本来的な効果)のほかに、この、特定の司法的な解決をつうじて、当事者の利益を超えた客観的な法秩序の維持・形成をおこなうという効果(訴訟制度の付随的な効果)が期待されている。後者の観点は、とくに憲法訴訟にあっては、原告適格の緩和、当事者の主張範囲の拡張といった形態の司法政策を生むことになる。わが最高裁が果たして、憲法領域においてどれほど、こうした意味の司法政策の展開にかかわってきているかは、興味深い考察対象であるだろう(38)。

それとは別に、訴訟には、訴訟を起こしたこと自体、裁判になったということ自体が、社会一般の注目を集めるという効果が伴う傾向がある。ここでは当然に、訴えの提起がもたらす諸過程全体、つまり裁判の内容および結論としての判決が、社会的・経済的・政治的に意味のあるものとして関心の的になる。訴訟、とりわけ憲法訴訟は、こうした——ことばは適切でないかもしれないが——国民教育的・公衆的討論(公共的ディスクール)誘発的な意味が随伴することになる面がある。訴訟が公衆のあいだに惹き起こした関心の内容および関心の持ち方のいかんによっては、——好むと好まざるとにかかわらず——当該裁判へなんらかの影響を与えることになる。これはまた他方では、訴訟的な解決ではなくて政治的(立法的)・行政的な解決へと公衆の志向を転換させるはたらきをもするのである。このばあいには、当該訴訟の当事者との関係では合憲判決がくだされたことによってその者の権利救済が否定されたとしても、今度はその合憲判決自体が、一定の客観的な意味を持つことになる。これらいっさいの効果は、訴訟提起という事実を契機として生ずるものではあるが、裁判自体の内容ではなく、また裁判所が意欲し意識して作り出すものでもない。裁判外において成立し展開する効果であり、そのゆえにここでは訴訟外的な効果と呼ぶことにする。

さて以上が、これからおこなう作業の前置きである。前置きが長くなったが、日本の憲法訴訟にあっては、いま述べた訴訟外的な効果の持つ比重が意外に大きく、これあるがために司法審査は——あえていえば、辛うじて——その存在意義が認められており、これあるがために存外、裁判所は——いわば、安んじて——司法消極主義に徹し得ているのかもしれない、とさえ思えてくるのである。こうした私の印象を、次に少し詰めてみよう。

2　一九五七年八月、東京地方裁判所に出訴したことからはじまる朝日訴訟は、憲法訴訟の歴史上重要な位置を占める。生活保護法による生活扶助の実態が、あまりにも貧困であって、憲法二五条一項(「健康で文化的な最低限度の生活を営む権利」規定)、および生活保護法八条二項、すなわち、「前項の基準(厚生大臣の定める保護規準——引用者)は、要保護者の年齢別、性別、世帯構成別、所在地域別その他保護の種類に応じて必要な事情を考慮した最低限度の生活の需要を満たすに十分なものであって、且つ、これをこえないものでなければならない」などに違反するのではないかと厚生大臣を相手にして起こしたのが、この訴訟である。第一審(東京地裁)で原告勝訴(東京地判一九六〇年一〇月一九日行裁例集一一巻一〇号二九二一頁)、第二審(東京高裁)でいわゆる逆転敗訴(東京高判一九六三年一一月四日行裁例集一四巻一一号一九六三頁)、第三審(最高裁)に上告中に原告は死去し訴訟は尻切れとんぼで終結した(最大判一九六七年五月二四日民集二一巻五号一〇四三頁)。最高裁判決のレベルだけをとって厳密にいえば、訴訟としてはまさに竜頭蛇尾で終ったのである。(39)

それでは一体この訴訟は、何の意味も持たなかったかというと、さにあらず。司法的にいえば、第一審裁判所判決を別にして、当事者の権利救済それ自体には無益であったものの、訴訟提起が期せずして多くの人びとに憲法における生存権規定の意義を考えさせることになった。また、裁判過程をつうじて生活保護行政の実態が浮き彫りにされ、この点について公衆の関心をひきつけ討論を促した。第一審裁判所の違憲(違法)判決が、この間に及ぼした影響も少なくない。既述のように第二審裁判所は、原告に不利な合憲判決をくだしたものの、あえて「妥当、不妥当の問題と、適法、不適法の問題とは区別して考えなければならない」という言い訳を付し、当該訴訟で争点になった生活扶助基準は「すこぶる低調であるとの感はまぬかれないが、これを違法と断定することはできない」という表現方法をとっているのも、訴訟を超えた公衆レベルでの世論動向を意識してのことと思われる。この点は、最高裁のばあいも同じで、それは「生活扶助基準が低きに失するきらいはあるが、それは行政措置によって是正されるべき当不当の問題であるにとどまり、違法ではないとした原審の結論は正当である」と論ずる付加文章に現われている。マスメディアは、判決中のこうした訴訟外的な傍論に焦点を合わせて、行政是正を要請する方向で報じたのも、特徴的なこととして指摘しておきたい。なお、いま叙述している現象は、けっして朝日訴訟にのみ見られることではなく、日本司法審査制度の周辺に比較的に広く看取し得るものであることは、角度をかえて後述するであろう。

朝日事件のばあい、訴訟の提起からはじまる一連の動きのなかで、国民教育的・公衆的討論誘発的な効果が、いわば絵に描いたように典型的に出てきている。が、それぱかりではない。その、生活保護行政へのはねかえりもまた、顕著なものがあった。例えば、出訴以降、訴訟終結までのあいだに、生活保護の日用品費基準額は一〇度改定されるなどの措置が講ぜられ、保護の水準・内容は大幅に改善されたという事実がある。[40] 訴訟提起前三年間の、基準改定による日用品費は、年に三、四〇円しかアップしていないのに、朝日訴訟第一審判決(一九六〇年一〇月)を経過した一九六一年四月には七〇五円が一挙に一〇三五円へと三〇〇円以上引き上げられている。[41] また、訴訟提起前後には、基準作成のための生活必要経費算定方式としてマーケット・バスケット方式が採られていたが、第一審判決のあった翌年、一九六一年以降は、生活の質により多く配慮しようとするエンゲル方式に改められている、などのことがある。われわれはここで、朝日訴訟の提起があったころの日本は、経済の高度成長の途を直走《ひたばし》りに走っていた時期に当たることをカウントに入れておく必要がある。つまり、日本経済全体のパイが大きくなったことが、社会保障政策の改善をもたらしたであろうことは、想像にかたくない。そしてまた、内閣も厚生省も朝日訴訟の影響を明示的、自発的に認容するだろうなどと期待すべきでもない。しかしながら、経済全体のパイが大きくなったからといって当然に自動的に社会保障体系の改善がもたらされるわけではない。政策是正への意識の転換がなければならなかったはずである。その転換に、朝日訴訟の存在が少なからざる影響を与えたとみても、公平を失しないはずだと思う。この訴訟の大法廷判決を報じた日本経済新聞の解説記事の見出しは、真中に「ムダでなかった朝日訴訟」とあり、その両脇に「国の政策に反映／法廷での社会保障論議」および「『日用品費』も四倍強に／年々ふえる生活保護費」[42] とある。私のいう訴訟外的な効果が、こういう形で要約されている、ということになる。

3　朝日訴訟を挙げたついでに、次に、同じく社会政策分野にかかわる堀木訴訟を取り上げたい。堀木訴訟というのは、児童扶養手当と障害福祉年金との併給を禁止している法律(一九七三年法九三号による改正前の児童扶養手当法四条三項三号)は憲法一三条(個人の尊厳)、一四条(法の下の平等)および二五条(生存権)に違反しているのではないか、と争われた事件である。訴えが提起されたのが一九七〇年七月、これに対し一九七二年九月、第一審(神戸地裁)が憲法一四条についての原告の主張を認め、問題の児童扶養手当法の併給禁止規定を違憲と判定した(神戸地判一九七二年九月二〇日行裁例集二三巻八＝九号七一一頁)。しかしながら、第二審(大阪高裁)でいわゆる逆転して原告敗訴(大阪高判一九七五年一一月一〇日行裁例集二六巻一〇号一二六八頁)、そしてさいごに最高裁は原審の合憲判決を支持して上告棄却(最大判一九八二年七月七日民集三六巻七号一二三五頁)。一審違憲、二審・三審で合憲というパターンは、朝日訴訟と同様である。

朝日訴訟では生活保護法の関係で憲法二五条が問題になったが、堀木訴訟では同じ二五条が年金システムのあり方との関係で問題になった。そういうものとして堀木訴訟も、朝日訴訟に優るとも劣らない公衆的な関心を集めたのであった。すなわち、この点での訴訟外的な効果は大きかった。

ところが堀木訴訟のばあいには、朝日訴訟に随伴しなかったもう一つ別の効果が生じた。神戸地裁の違憲判決があったのち、事件が大阪高裁に係属中の一九七三年四月、内閣は、第一審で違憲と判定された当の児童扶養手当法の併給禁止規定の大幅修正を国会に提案し、この改正法案は国会の承認を得て成立した(一九七三年法九三号)。すなわち、原告が訴訟で争った立法上の欠陥は、政治的(立法的)に一応解決したのであった。改正前の法律によれば、「公的年金給付を受けることができるとき」には、児童扶養手当の受給資格はない、という形で併給が禁止されていた。第一審裁判所は、この点をとらえて、「『公的年金給付』を規定している方式は概括的に過ぎる。……本件の審理結果に関する限り『公的年金給付』のうちから『国民年金法の一種一級の障害者として受給している障害福祉年金』を除外しない限り、憲法第一四条第一項に違反するというべきである」と判示したのであった。内閣提案の改正案はまさに、無限定に「公的年金給付を受けることができるとき」とあった部分につき、「国民年金法に基づく障害福祉年金及び老齢福祉年金以外の公的年金給付を受けることができるとき」(傍点引用者)という具合に限定を付する内容のものなのであった。当局は、この改正法案と堀木訴訟第一審判決とは何の関係もないと言明するのに懸命であったが、両者のあいだに相当の連関があるとみて差し支えないと思う。

改正案の国会提出およびその成立は、政治的な出来事であった。当局は、一方でこのように立法上の救済をはかりながら、他方これと別箇独立に、本件併給禁止規定そのものは毫末も憲法上欠けるところがないという立場を堅持してゆずらず、訴訟のレベルでは最後まで一歩も退くことがなかった。そして第二、三審の裁判所は、行政当局のこの立場を正当なりとして支持したのは、すでに見たとおりである。

堀木訴訟は、訴訟としてはなんの現状変更も生まず、原告の権利救済のためにはなにものももたらさなかった。けれどもこの訴訟は、客観的には障害福祉年金と児童扶養手当の併給禁止という、相当に不合理な制度を見直させ、かつこれを廃止させるという目に見える成果を引き出したのであった。このことは、この訴訟が公衆のあいだに年金制度、延いては福祉政策、社会政策への関心を高める役割を果たした事実とともに、注目されねばならない。

ここに見られる訴訟外的な効果は――第一審裁判所の特別な寄与を別にすれば――裁判所の関知しないところで生じたものであることを、あらためて指摘しておきたい。高裁も最高裁も、そうした立法的解決策を横目で眺めながら、「わが道を征く」式に司法審査を推しすすめたのである。ひょっとすれば、立法的な解決により一般的、制度的な欠陥が除去されたことが、むしろ裁判所をして本件限りの審理に向かわせ、安んじて司法消極主義に、あるいはまた、憲法二五条についてのスコラ的な詮議に徹するのを許した、といえるかもしれない。

こういった方向で物事を見ていいのかどうか検討をつづけるため、考察素材をもう少し集める必要がある。そこで、以下には、堀木訴訟と似たように、訴訟進行の過程で原告が違憲と主張して争いつつあった法規が、立法措置により廃止された事例をもう一つだけ取り上げる。

4　なぜかある事件では当事者(なかんずく原告)の個人名を冠して、朝日訴訟、堀木訴訟というふうに知られ、他の事件では個人名が冠されることなく、当該事案内容を表現した形で呼称される。小樽に居住する身体障害者が在宅投票制度の不存在を違憲として争った訴訟は、後者のばあいに当たる。この事件は、原告の名(佐藤)は後景にしりぞき、在宅投票復活訴訟、重度身障者投票制(権)訴訟などとして知られる。[43]

日本では、選挙の公正という客観目的に最優先順位を認める傾向が強く、なかにはこの目的を絶対的、排他的に貫徹させているのではなかろうかと思わしめる選挙制度が成立してもいる。けれどもいまは、この点に深入りするのは自制しなければならない。これから問題にする在宅投票廃止措置は、選挙の公正という目的をパラフレーズした「当日・投票所現場・自書主義」に基礎づけられている。この主義は、投票日当日、投票所に身柄をもって現実におもむき、自書で投票することが不能な市民たちの犠牲のうえに成り立つ。つまり、客観目的と対立する主観的な利害は、比較衡量する余地がないのである。

その日本でも、敗戦後の、あの戦後改革期に特有な形で、まず一九四七年の地方自治法により比較的に広い範囲にわたる在宅者投票制度がはじめて導入され、翌年の衆議院議員選挙法がこれを引き継ぎ、そしてこれは、一九五〇年に制定された公職選挙法により、各種選挙一般に認められる制度となった。ところが、新しい公選法のもとでおこなわれた翌一九五一年の統一地方選挙にさいし、この在宅投票制度が悪用され、そのために選挙の公正がさまたげられたという理由のもと、国会議員たちの何人かが語らって議員提案により公選法の改正を要求し、これがとおって、せっかく認められた在宅投票制度は、いくばくかの寿命ののち、全面的に廃止されてしまったのである。「当日・投票所現場・自書主義」の絶対的な貫徹であった[44]。

その結果、重度身体障害者のように投票所に足を運べない人たちは、短いながらもある期間、現実に行使し得た投票権を、事実上奪われたも同然の不利益に当面させられることになった。利益(あるいは権利)を奪われた人たちは、全国で三〇〇万人以上にのぼるといわれる[45]。この人たちは、仲間と一緒になって、その是正(あるいは権利復活)を求めて、何度も国会に請願した。しかし一向に埒があかなかったのである。小樽に住む本件原告が一九七一年六月、違憲訴訟を起こしたのは、こうした立法府の不作為を、自分たちの権利、自分たちのディグニティ、自分たちのインテグリティへの侵害・侮辱と受け取ったからにほかなるまい。

憲法規範学的には、この訴訟ははなはだ厄介な問題点を抱えていた。それは純粋に形式にかかわることがらである。この訴訟は国会の不作為(自らの手でゆえなく廃止した在宅投票制度を、そののちずっと復活させないまま放置している消極活動)を対象にした、国家賠償請求事件の形をとる。そこで以下の問題が生ずる。そもそも一体、裁判所は、国会の作為・不作為を違憲(違法)と判定し得るものかどうか、また、こうした不作為に賠償(過失)責任ありと評価することができるものかどうか。

第一審(札幌地裁小樽支部)は、この厄介な形式問題をなんとか切り抜けて、実体問題に立ち入り、在宅投票制度を廃止したまま放置していた国会の不作為(無為無策)は違憲だと判断し、さらに国に賠償責任があると判示することによって、ほぼ原告の請求を認容した。第二審(札幌高裁)は、賠償責任の点で原告の請求をはねたものの、やはり国会の不作為は違憲と判示した。このゆえに原告側はこの判決により「目的の九割は達成」と受けとめた。(46) 実質勝訴といえる。最高裁(第一小法廷)は、形式論に終始し、簡単にいえば、こんな訴訟が成り立つはずはないとする立場をとり、憲法論にふれない門前払いの判決(最一小判一九八五年一一月二一日民集三九巻七号一五一二頁)だった。この訴訟のそもそもの原告・佐藤は、最高裁判決の約半年前不幸にも死去したが、かれは、結局は最終審の段階で下級審で得たもののいっさいがご破算になり自分が完敗することになったのを知らずに済んだのであった。

訴訟はこうした経緯を辿ったが、裁判外の政治過程では、訴えの提起が及ぼした影響はわりと早く出てきた。すなわち内閣は、第一審違憲判決のあった同じ年(一九七四年)、しかし、それに少し先立って、在宅投票制度の一部復活をはかるべく公選法改正案を国会に上程したのであった。かつて議員提案によって廃止された制度を、今度は政府提案によって——一部であるにしても——復活させようという動きの原動力になったのは、市民の提起した復活請求訴訟であったのは、疑う余地がない。一部復活であるということもあって、改正法案は容易に国会を通過した。多くの重度身体障害者の度重なる国会請願にもかかわらず、制度改正にそっぽを向いてきた国会が、である。ここでも訴え提起の効果は大きい。(47)

立法的な救済により復活した在宅投票制度は、その許容範囲があまりにも狭過ぎ、本質的な解決にはなっていない、という批判を受けた。この批判はあるいは的を射ているのかもしれない。そうであるにしても、一九五二年の段階で選挙の公正確保という観点だけでバッサリ切り落とし、そうすることによってこれと相対立する重度身体障害者らの利害を全く考慮の外におき、そしてそれ以降直接の利害関係者らによる度重なる請願にもかかわらず、あえて比較衡量の観点を導入してバランスをとろうとはしなかった立法府を脇に置いて、政府はともかくも北海道の市民の訴訟提起をきっかけに、制度是正に乗り出したのであった。ここではじめて、選挙の公正という客観目的と、それと対抗関係にある重度身体障害者らの権利行使という主観的契機との比較衡量がおこなわれたのである。政府当局のおこなった比較衡量は、後者の測定において過小に過ぎたかもしれない。けれども市民による憲法訴訟の提起が機縁になって比較衡量という手法がはじめて導入された。選挙の公正を絶対視する物の見方がようやくにして改められたのである。この意義は認識されてしかるべきである。

小さいながらも、ここでおこなわれた制度改革は、司法審査が機能したことのなかから内在的に出てきたものではない。少なくとも最高裁はなんら与《あずか》るところがなかった。市民が司法審査をもとめたことを契機に、制度外的な諸力がはたらいて実現したものなのである。

5　憲法をめぐる最大争点の一つに、憲法九条と国の防衛政策(最近では外交政策も加味される傾向にある)の関係いかんの問題があり、かつまた、靖国神社その他旧国家神道と国家活動とのつながりが憲法二〇条三項の政教分離原則に抵触しないかどうかの問題があるのは、大方、異論のないところだろうと思う。ふたつの争点は、さまざまな訴訟の提起を生んだ。いくつかの事件では下級審レベルで国家(その分枝としての地方公共団体を含む)の側の違憲性を衝く判断が示されたものの、こと最高裁にかんする限りは、合憲または判断回避の結論をとって、いわゆる司法消極主義に徹している。しかしながら、この両法領域における訴訟提起が訴訟外的に持ち得ている意味は、けっして小さくない。国民教育的・公衆的討論誘発的な効果は、これこれしかじかと定量的に提示することはできないが、これがあることは否定できない。詳しい検討は後日にゆずる。ここでは単に示唆するにとどめるが、例えば政教分離関係のばあい、津地鎮祭訴訟、自衛官合祀訴訟、各種忠魂碑訴訟、いくつかの玉串料訴訟などは、旧慣にしたがい無自覚におこなわれてきた政教混交行事その他の関係を、現実に改めさせる、もしくは慎重に再検討させるという影響を与えた。

この種のことは、憲法の他のさまざまな領域にまたがって看取できる。後日の整序を期して、以下思いつくまま、若干の例を手短かに挙げる。

(1)　まず、学校教育における教科書の文部省検定を衝いた家永訴訟がある。これは、一九六七年一〇月、原告・家永三郎教授(東京教育大学)の訴え提起ののち、一九七〇年に第一審判決(いわゆる杉本判決)があり、それ以来同原告による第二次訴訟の提起があったことも原因となって、三つの審級をつうじ、たくさんの法的判断が示された。このうち、原告の主張にもっとも同情的であったのは杉本判決(東京地判一九七〇年七月一七日行裁例集二一巻七号別冊)である。ここでは教科書検定制度そのものは違憲ではないが、そのもとでおこなわれた本件教科書不合格処分は違憲違法と判断された。これに反し、原告の実体的な利害ともっとも縁の遠いところで法的判断を示したのが、一九八二年の最高裁(第一小法廷)であった(最一小判一九八二年四月八日民集三六巻四号五九四頁)。最高裁は、訴え提起以降の日時経過によって原告の訴えの利益が喪失したかどうかという形式的、手続的次元に審理対象をしぼり込み、上告を棄却した(一部原審差戻し)(差戻し後の判決として東京高判一九八九年六月二七日判時一三一七号三六頁)。教科書検定およびそのもとでの特定の処分の合・違憲性についての争点にはまったく立ち入っていない。

家永教授の出訴それ自体がすでにして世間の意表を衝くものであった。それ以前から、いわゆる逆コースにからんで「教科書問題」ははげしい論争の的になったが、それは本質的に政治闘争の課題と見做されていたのである。家永氏は、自己にかかる検定不合格処分をきっかけに、一般的・客観的な「教科書問題」を主観的な訴訟事件として争う途を考案した。並みの法律家よりもずっとはるかに多く法律家的知識・能力・意欲を持つ氏にしてはじめて、思いついた方法であり、決心した実践であるといわねばならない。訴訟の展開は、期せずして全国的規模での市民運動の組織化・活性化を招いた。それまでは伝統的な文部省体質によって一方的に規定され作られ機能してきた教科書行政システムは、否応なく修正を迫られたのである。

以上要するに、家永訴訟における訴訟外的な効果は、きわめて顕著で、かつ大きいものがある。

(2) サラリーマンの税金は高過ぎ他業種の人びとに比べて不均等であり違憲だとして訴えた大島訴訟も言及に値する。サラリーマンの税金は、必要経費控除が認められず、所得の把握率(捕捉率)がきわめて高いのに、他方で租税優遇措置を受ける人びとがいるのと対比すると、いちじるしく不利であるというのが、いわば市民間の常識に属する。同志社大学教授の原告・大島は、この常識に挑戦して憲法一四条(法の下の平等)を盾に訴訟で争うべく、一九六六年八月、関係税務署長を相手にして京都地裁に訴えを提起した。第一審は、給与収入について必要経費の存在を認めたものの、サラリーマン税制は不公平でなく合憲と判断、第二審(大阪高裁)となると必要経費を認める余地なしと原審を破棄したうえでの合憲判決、そして最後の最高裁では、必要経費の存在を認めたが、概算控除という現行制度は合理的であり、所得の捕捉率の点である種の不公平があり是正努力が必要ではあるが、現状は憲法の平等原則に違反しているとはいえない、と合憲判決をくだした(最大判一九八五年三月二七日民集三九巻二号二四七頁)。原告の請求が容れられるためには、税制のどこかが違憲だと判定されねばならないのに、この判決ではどこにも違憲性はないというのだから、この訴訟は完敗といわざるを得ないことになる。

では、このサラリーマン訴訟は社会的になんの効果も生まなかったかというと、さにあらず。この訴えの提起はサラリーマンの納税者としての自覚を促し租税行政への関心を高めた。全国各地にサラリーマン租税を討議する集団を生んだ。この間にあって、給与所得控除額の改善、あれこれの租税優遇措置の見直しなど、そうでなければ、租税制度の専門性・技術性のうえにあぐらをかいて、当局限りの大所高所からの制度調整しか試みない租税行政庁・大蔵省の支配領域に、ある種の風穴をあけたのも見逃せない。大島訴訟も、客観的には小さくない効果があったと見るべきである。

(3)　こんどは、在日韓国人・朝鮮人を中軸に、その他の外国人も加わって提起した指紋押捺拒否訴訟を瞥見しよう。外国人登録法一四条が定める指紋押捺制度は、もとはというと第二次大戦に伴う国際緊張下、アメリカ合衆国で制定された外国人登録法(Pub. L. No. 670, 8 U. S. C. A. § 1201 (b) (1940))の採用した指紋押捺制度に由来するものであるが、アメリカでは近年ほとんど実施されなくなったのに反し、日本入国管理当局は律気に、かつ熱心に、これを施行してきた。ところが日本のばあい、形式的には(国籍法上は)外国人といい条、特殊な歴史背景のもと日本社会に長く滞在し、この社会にとけ込んで生活している旧植民地の人びと(形式的には旧日本人)が大量に存在する。これらの、いわゆる〝在日〟の人びとは、他の外国人同様、登録証明書の切替え手続きごとに(一九八七年法一〇七号改正前の外国人登録法一一条一項によれば五年ごと)外国人登録法一四条にもとづき指紋押捺を強制されてきた。けれども、八〇年代半ばいっせいに大量切替え時期を迎えた〝在日〟の人びとのなかから、これを拒否する動きが出てきた。当局は、これらの拒否者の幾人かを全国にわたってねらい撃ちで起訴した。一連の事件がきっかけとなって、〝在日〟以外の外国人のなかにも、指紋押捺を拒否し起訴される者も出てきた。

　裁判で拒否を正当化し無罪を主張するためには、指紋押捺制度がなんらかの理由で憲法に違反し無効であると論じなければならない。そして現実に刑罰をまぬかれるためには、裁判所に根拠法規(外国人登録法一四条その他関連法規)が違憲だと宣言してもらわなければならない。考えられる憲法論は、憲法一三条に拠って個人の尊厳およびもしくはプライヴァシー権を前面に押し出すことしかなかったと思われる。問題は、この憲法論を裁判所が承認してくれるかどうかである。この点では、たいへん悲観的な状況にあった。けれども、司法審査結果の見込みのいかんを問わず、

〃在日〃の指紋押捺拒否例は増えつづけ、それらに対するねらい撃ちの刑事裁判例も比例的に増えた。司法判断の最初のものは、たぶん一九八四年初夏の横浜地方裁判所の示したもの(横浜地判一九八四年六月一四日判時一一二五号九六頁)であったろう。合憲、したがって拒否者は有罪とされた。これにすぐつづいて東京地方裁判所の判決(東京地判一九八四年八月二九日判時一一二五号一〇一頁)があった。ここでも結果は同じ。その後、高等裁判所レベルも含め(例、東京高判一九八六年八月二五日判時一二〇八号六六頁)数多くの裁判例があったが、そのことごとくが指紋押捺を合憲とするものであった。

指紋裁判は、学校教育に欠けていた旧日本帝国の植民地支配の歴史、旧植民地の戦後処理が包含した問題性などをあらためて市民に考えさせる機会を提供した。すなわち、学校教育の欠陥を補正する国民教育的な効果を持った。

これはまた、〃在日差別〃を象徴的に浮き彫りにしたものとして、日韓両政府が政治折衝の対象とし緊急に事態の改善をはかるべき課題の一つとなった。すなわち、裁判は、政治外交の領域に影響を与えつつあった。

こうしてまず一九八七年九月、国会は、内閣の提案にかかる外国人登録法の一部改正を承認して、五年ごとの登録証明書切替えに要求された指紋押捺の繰り返しを不要とした(一九八七年法一〇七号)。次に、一九八九年二月、天皇裕仁の葬儀を名目として内閣の発した大赦令(一九八九年政令二七号)は、外国人登録法違反で起訴され裁判中の指紋押捺拒否者をすべて不問にする条項を盛り込んだ(48)。この結果、裁判所も検察官も、ただ恨まれるだけの不人気な役割から自己を解放することができた。なおまた、こうした事態進行のゆえに、最高裁は結局、この厄介な裁判には一指も触れずに、済ますことができたのでもあった。

現代にあっては、外国人の滞在に指紋押捺を強制するという措置そのものは時代遅れの存在である。とりわけ〃在日〃の人たちへの強制は、どちらにしても早晩、見直しを迫られなければならなかったに違いない。そして現に生じた軌道修正は、端的に政治的手段によるものであって、少なくとも司法は、なんの役にも立たなかった。しかしながら、不十分とはいえ、この時期、こんな形で政治解決への着手が生じ得たのは、憲法、なかんずく〝人権〟を旗印にした〝在日〟の人たちの裁判闘争を抜きにしては説明不能、すくなくも説明不十分というべきだろう。すなわち、指紋拒否訴訟は――裁判所のおこなった審理と判断行為とは全く無関係に――争点が包蔵する問題の一般的、客観的な修正に大きく貢献した事例の一つである。

(4)　これまで挙げてきたすべては、公権力を相手にした憲法訴訟にかんしてであったが、これから述べる高野事件あるいは三菱樹脂高野訴訟は、私人間にかんするものである点で少し違う。

一九六三年六月、原告・高野は、三カ月の試用期間終了に当たり雇用主(三菱樹脂株式会社)から本採用を拒否された。雇用者の本採用拒否理由は、こうである。すなわち原告は入社試験時、学生運動歴を秘し虚偽の報告をした、このゆえに本人は会社の幹部要員として不適切と判断されたのである、と。原告は、この不採用決定を憲法一九条(思想・信条の自由)、一四条(法の下の平等)および労働基準法三条(均等待遇)に違反するとして、まず地位保全の仮処分を、ついで地位確認と賃金支払いを求めて本訴訟を起こした。

この訴訟には越えるべき山場が、少なくとも二つあった。一つは、憲法一九条にしろ一四条にしろ、いわゆる基本的人権保障規定は、統治権力と市民の関係にのみ適用されると解すべきか、そうではなくて、本件がそうである私人対私人の関係にも及ぶと考えるべきかという、原理的な憲法問題である。もう一つは、本採用拒否というのは、雇用されていた者がクビになる解雇と同じものと見立て、これに対し一定の保護(例えば、差別禁止)を与えるべきか否かという、労働基準法上の問題である。

第一審(東京地裁)では、どちらかというとこの二大争点は簡単に処理され、本件決定は解雇権濫用と評価され、したがって原告勝訴となった。第二審(東京高裁)は、かなりの程度憲法論に比重を傾けたうえ、解雇は無効と判定した。原告はここでも勝訴。最終審の最高裁は、しかし、形式論あるいは原理論にこだわり、結論的には原審判決破棄・差戻しの判断を示した(最大判一九七三年一二月一二日民集二七巻一一号一五三六頁)。最高裁によれば、本件のような私人間には憲法の人権規定は適用されず、したがって本件決定は違憲無効であろうはずがない。別言すれば、合憲というほかない。残る問題は、本採用拒否が解雇に当たり解雇権濫用になるかどうかだが、原審ではこの問題を十分に詰めてなかったので、審理し直すべしというのが差戻し理由である。

高野事件は、この最高裁判決により、憲法訴訟ではなくなり、いわばふつうの労働事件となった。ところが、事案が東京高裁に差戻されてから二年三カ月後、一九七六年三月、両当事者のあいだに和解が成立し、会社側は、原告の職場復帰を認容し、本採用拒否以降支払われなかった賃金を遡って支払うこと、ならびに原告を差別的に取り扱わないこと、などにつき合意した。なんのことはない、ある意味では訴え提起によって原告が——憲法を盾にして——主張し請求してきた救済の本質部分が、和解の形をとって、最終的には承認されるという結果に到達したのである。

この事態をどう説明すべきであるのかは、容易でないかもしれない。最高裁が本件は憲法問題ではないと判決したのちはじめて、会社側が和解による歩み寄りに同意したところをみれば、最高裁の合憲判決が予期せぬ効果を持ったことになる。そうであるにしても、それは訴訟外的な効果である点には、かわりはないのである。そうであろうとなかろうと、もし原告が、自分への本採用拒否決定が憲法の保障する基本的人権に違反し許されないものだとしてそもそも訴訟を提起することをあえてしなかったならば、職場復帰・賃金支払いという——彼にとって権利の実現であるところの——救済は、ついに与えられなかったことは疑いない。すなわち、客観的にいって司法審査は、彼に対しある一定の利益(権利)を救済する機会を提起する場として機能したといえるのである。

(38)　最高裁大法廷は、一九六二年一一月、第三者所有物の没収に関する関税法に——聴聞手続保障がないゆえに——憲法上の欠陥があるとした被告人の主張を、当事者適格なしとして斥け、実体審理をせずにすませた先例を破棄し、第三者所有物の没収といえども「被告人に対する附加刑である以上、没収の裁判の違憲を理由として上告をなしうるのは当然である」などの理由によって、違憲を争う当事者適格を認めた(最大判一九六二年一一月二八日刑集一六巻一一号一五九三頁)。この判例変更は、明らかに関税法中の違憲部分を速やかに撤去し、市民の所有権への圧迫を軽減しなければならないという要請から来る司法政策の変更であったろう。さてそこで、日本の裁判所が、アメリカの裁判所がやってみせたように、表現の自由にかかわる領域で、当事者適格の拡大をやる機会を持つかどうかを注目したい。

(39)　最高裁多数意見は、法にもとづく生活保護受給権は、その本人個人に与えられた一身専属的なものであるから、他者へは相続せず、したがって権利者たる原告の死去とともにこの権利にもとづく処分変更請求の訴えも消滅した、と解する。多数意見からすれば、これで裁判は終りなのである。しかるに、最高裁は、「なお、念のため……」という文言を冒頭に置いて、以下、括弧書きできわめて詳しく裁判の中身に入り、実体部分について積極的に判断を加えている。これは、司法の消極性にこだわる最高裁にしては異例の踏み込みであって、司法審査としてなすべきでなかったのではないかと批判を招いたりもした(当時、最高裁上席(首席)調査官であった中野次雄氏は、のち、ある座談会で「あれはちょっと失敗したと思っています」と自己採点している。「最高裁時代を語る」『法学セミナー増刊』(日本評論社、一九八八年)八〇、八五頁)。私は別にこうした批判に与するものではないが、最高裁がこのように、かなり図々しくも積極的な踏み込みをすることがあるという事実そのものは認識しておきたい。これは、最高裁がときに「司法」の論理を超えて、政策的な考慮により判決文を書くこともあるのだ、ということを示している。

(40)　朝日新聞一九六七年五月二四日(夕)。

(41)　日本経済新聞一九六七年五月二四日(夕)。

(42)　日本経済新聞一九六七年五月二四日(夕)。

(43)　もっとも、のち札幌などに住む市民ら五名の提起する第二次訴訟があり、あれとこれとは合併審理されることになった。

(44)　ただし、その後たとえば、一九六八年政令一一五号による公選法施行令改正により身体障害者のための施設等に特別不在者投票制度を設けるなど、ある種の、しかしきわめて狭い是正がみられた。

(45) たとえば、毎日新聞一九七四年一二月九日(夕)。

(46) たとえば、朝日新聞一九七八年五月二四日(夕)。

(47) 当局の推定によると、改正法で救済され投票権を行使することができるようになった者は全国で約一〇万人程度だという(小笠原臣光「公職選挙法及び同法施行令等の一部改正」選挙一九七四年九月号二一―三頁)。すなわち、投票所へ出むくことのできない重度身体障害者が本文でみたように、三〇〇万人いるとすれば、改正法の恩恵を受けたのは、約三〇分の一に過ぎないということであろうか。

(48) こうして、〝在日〟の人たちは、刑罰からまぬかれることになったのだが、この措置は、これらの人たちからみれば自分たちへの差別の根源にある天皇制の恩恵たる大赦令に拠るものであったのは、痛恨の至りであったろう。天皇葬儀の反射としての「免訴」ではなくて、違憲判断にもとづく「無罪」判決こそが、自分たちにふさわしい処遇であるとして、大赦令発令後も裁判はつづいた。しかし、どの裁判所も、その言い分を聞き届けるところはなかった(「『免訴』ではなく『無罪』を」という訴えは、かつてのプラカード不敬罪事件(最大判一九四八年五月二六日刑集二巻六号五二九頁)を想起せしめるものがある)。

むすびにかえて

不覚にも、叙述すべき多くのことがらを残しながら、本稿はひとまず終える。

当初のつもりでは、日本司法審査のある種の特徴を浮かび上がらせるために、例えば、朝日訴訟、大島訴訟などに典型的に見出される現象、すなわち多数意見、補足意見、意見あるいは反対意見いろいろな形式のなかで語られる傍論(本案＝争点解決とそれ自体かかわりのない、その意味で司法審査本来の仕事としてはかならずしも期待されていない説示＝説諭＝説教）の、ある特殊なありようを指摘するつもりであった。ほとんど確信的といえる司法消極主義者から成る最高裁裁判官が、なぜか傍論となるとても積極的で、あるべき立法政策をはなはだ雄弁に語り行政措置の是正を要請する向きがある。税関検閲合憲判決（最大判一九八四年一二月一二日民集三八巻一二号一三〇八頁）や、ごく最近では少年法上の不処分決定に刑事補償がなくても合憲とした判決（最三小判一九九一年三月二九日刑集四五巻三号一五八頁）などにも、立法上の改善をもとめる勧告的意見が付いている。この点で私にとって付加的に興味があるのは、ジャーナリズムが好んでこの種の勧告的、助言的な意見を取り上げ、これを大々的に報ずる傾向があることである。消極的司法審査と積極的傍論という、一見矛盾するものが組み合わさっているところが、私には面白く感ぜられる(49)（司法審査と勧告的、助言的意見との関係をどう考えるかは、日本的現象とは別に理論上の問題でもある）。

もう一つ触れるべくして触れ得なかったのは、結論として違憲と判定されはしなかったが（事件の性質上、そう結論づけることが期待され得ないものを含む）、当事者の権利救済あるいはよき法創出のために潜った形で憲法が役に立っている、比較的多くの訴訟例である。思いつくまま順不同でいくつか挙げれば、個人タクシー免許事件（最一小判一九七一年一〇月二八日民集二五巻七号一〇三七頁）、川崎民商事件（最大判一九七二年一一月二二日刑集二六巻九号五五四頁）、高田事件（最大判一九七二年一二月二〇日刑集二六巻一〇号六三一頁）、前科照会事件（最三小判一九八一年四月一四日民集三五巻三号六二〇頁）、男女差別定年制事件（最三小判一九八一年三月二四日民集三五巻二号三〇〇頁）、夕刊和歌山時事事件（最大判一九六九年六月二五日刑集二三巻七号九七五頁）、月刊ペン事件（最一小判一九八一年四月一六日刑集三五巻三号八四頁）、法廷メモ事件（最大判一九八九年三月八日民集四三巻二号八九頁）、そしてごく最近では、一四歳未満の接見を禁じた監獄法規則の無効判決（最三小判一九九一年七月九日民集四五巻六号一〇四七頁）などである（第三者所有物没収事件（最大判一九六二年一一月二八日刑集一六巻一一号一五九三頁）は、法の欠如を違憲と解した珍しい事例だが、この範疇に入れて理解して大過なかろう)。

これら一連の判決に共通してみられる傾向は、最高裁はなるべく憲法命題を表に出さずに――したがって憲法問題は水面下に潜らせた形で――関係法規の解釈問題として処理しようと努めることである。なるべく憲法の出番を少なくしようとする配慮がどこから来るのか詮索するのも、興味を惹くことがらである。

ウォルフレン『日本 権力構造の謎[50]』ならずとも、われわれの多くは、日本の司法審査が余りにも消極的でほとんど無用の長物と化している、と不平をかこちたくなる。けれども、司法審査という制度が客観的に存在していて、人びとがそれに対してある種の期待をするときには、制度運用者の消極性にもかかわらず、制度それ自体を超えたより大きなコンテクストのなかで、この制度は――総合的にいって――ある種独特な意味合いを持ち、ある種独特な役割を果たしているもののようである。司法消極主義のレッテルが貼られるにしても、司法審査はそれが在るということにおいて一定の意味があり、その意味たるや現代日本社会によって刻印づけられ、かつまた逆にそれを特徴づけてもいるらしい。これをさらに解明するため、他日を期したい。

(49) 私は、これらのことを、Okudaira, Forty Years of the Constitution and Its Various Influences : Japanese, American, and Europe, 53 Law & Cont. Prob., Winter 17, 43 ff., esp. 47 (1990) において、日本的特徴として指摘した。

(50) 篠原勝訳、早川書房、一九九〇年、とくに第八章。

四　日本国憲法の過少な配分

はじめに

日本においては、一方に、「憲法(解釈・適用)問題」を大きく取って——何でも彼でもとはいわないにしても——どうもこれは立法政策上の当不当の問題、あるいはせいぜい「法律問題」に過ぎないのではないかなと思うようなことがらをも直截に「憲法問題」と捉え、「違憲」論を唱えずんばやまずといった傾向が、意外に強い。ところが他方には逆に、「憲法問題」をあまりにも小さく捉えて、ほんとうならば憲法体系にかかわるのではなかろうかと思うことがらをも、単なる「法律問題」として処理してしまう傾向が、これまた結構強い。一方は、憲法の役割を大きく取り、他方は、憲法のはたらきを小さく捉えるのであるが、私には、この両傾向のうち一方は憲法の役割分担を過大に期待する(overestimate, expect too much)のに対し、他方はそれを過小評価している(underestimate, expect too little)のではなかろうか、と思えるのである。

「過ぎたるは、及ばざるがごとし」という。こうした観点からすれば、両方の傾向には、それぞれに固有な仕方で「及ばざる」ところがあると見受けられるのである。第一の傾向について、かつて私は、多少の問題指摘をおこなったことがある。(1)それはなお十分に論ぜられるべき必要があるが、(2)本稿ではむしろ、第二の傾向を主題として取り上げようと思う。私の感じでは、後者にかんする問題性は、かならずしも明瞭に人びとの認識に属していない。ひょっとして、こういうことを問題にする私のほうが間違っているのかもしれない。私の蒙が啓かれれば幸いである。

以下に、日本では憲法のはたらきはあまりにも低く、あまりにも少なくしか見積られ、期待されていないのではないかという状況にかんする、私の観察を申し述べることとする。

（1）たとえば、奥平康弘「試論・憲法研究者のけじめ」法学セミナー三六九号（一九八五年）八頁以下。
（2）これに対し、たとえば、市川正人「憲法解釈学の役割・再考」ジュリスト八八四号（一九八七年）三〇頁以下のような——私からみて議論の余地をふくむ——批判がある。内野正幸『憲法解釈の論理と体系』（日本評論社、一九九一年）とくに第一章は、この周辺の問題を大きく受けとめ、鋭い分析を加えていて有益である。私自身もさらなる考察を進めねばならない課題である。

一　名誉毀損法制における憲法論の不在——その一

1　個人的なエピソードから始めるのを許していただきたい。何年か前、私のところへアメリカからひとりの大学院研究生R君がやって来た。東部の有数ロー・スクールを卒業し、いくつかの州のバー・イグザーム（弁護士試験）をとおったばかりの若き法律家で、向こうの法律事務所に就職する前に、一年だけ現地で日本法を勉強したいという意図のもとでフルブライト奨学研究生として来日したのである。ちょうどそのころ、創価学会会長・池田大作氏の名誉毀損を問題にする月刊ペン事件について最高裁判所（第一小法廷）の判決[3]があった。件《くだん》のアメリカ人研究生R君はこの判決に関心をもち、これを研究テーマの一つとしてレポートにまとめた。その過程で、あるとき私のところへやってきて、こんな質問をしたのであった。「日本では、憲法よりも法律が優先するのですか」と。当初、質問の意味がよくわからなかった。最高法規としての憲法が単なる法律よりも、その効力において優先するのは、アメリカと同様、日本でも常識に属するからである。かれの説明によって、質問の意味がようやくわかった。こうである。このいわゆる月刊ペン事件は、ひとの名誉保護と表現の自由の憲法保障とのかね合いが問題であるはずなのに、最高裁判決には、表現の自由にかんする憲法論が全然みられず、もっぱら刑法の法律解釈論の一方的な展開があるだけである。そこで、日本では「憲法よりも法律のほうが大事なのか」という疑問が生じたというわけである。

周知のように月刊ペン最高裁判決というのは、刑法二三〇条ノ二第一項「公共ノ利害ニ関スル事実」という文言をめぐる解釈(およびその本件適用)にポイントがあった。[4] 争点は大まかにいって二つに分かれる。一つは、本件がそうであるように、「私人の私生活上の行状」というべきものであっても「公共ノ利害ニ関スル事実」にあたりうるのかどうかという、判断対象にかんする論点である。そしてもう一つは、「公共ノ利害ニ関スル事実」かどうかを判断するにあたり、摘示事実自体に即した客観的な評価がなされるべきなのか、それとも――原審判決[5]がそうしたように――摘示行為においてとられた表現方法や行為者のなした事実調査の程度など四囲の事情が判断されるべきなのかという、判断方法にかんする論点である。

最高裁は、第一の点にかんし、「私人の私生活上の行状であっても、そのたずさわる社会的活動の性質及びこれを通じて社会に及ぼす影響力の程度などのいかんによっては、その社会的活動に対する批判ないし評価の一資料として……『公共ノ利害ニ関スル事実』にあたる場合があると解すべきである」と、これを肯定的に捉えた(そして、この解釈を本件記事に適用した結果においても当該情報は「公共ノ利害ニ関スル事実」にあたると判定した)。第二点では、「摘示された事実自体の内容・性質に照らして客観的に判断されるべきであ」るとする解釈論を採用した(そしてこれを本件にあてはめ、次のように説示した。すなわち、「(池田)会長が信仰上の絶対的指導者であり、公私を問わずその言動が信徒の精神生活に重大な影響を与える立場にあり、この地位を背景にした政治活動等を通じて社会一般に対して少なからぬ影響を及ぼしていた等の事実関係」に照らして、本件摘示事実は「公共ノ利害ニ関スル事実」にあたる、と)。

いうまでもないことであるが、刑法二三〇条ノ二第一項でいわゆる「公共ノ利害ニ関スル事実」をめぐる解釈論は──同条の「公益」目的性のそれと相まって──当該摘示事実が「真実ナルコトノ証明」のチャンスが与えられるかどうかの前提問題になるのであり、かつ、「真実ナルコトノ証明アリタルトキハ之ヲ罰セス」というのであるから、当該事実を摘示する自由、すなわち表現の自由が認められるかいなかを左右する性質のものである。つまり、この解釈問題は、表現の自由に必然的にかかわる。けれども、月刊ペン最高裁判決には「憲法」とか「表現の自由」とかいったことばはいっさい登場せず、ひたすら法律上の文言解釈として結論が、どちらかというと一方的に示されている。なぜそういう結論になるのかを実体的に説明する労を取ったとすれば、あるいは公共性にかんする表現の自由を確保する目的への言及があったかもしれないが、最高裁はなぜかそういう手間をとらなかった。勢い、法律論のきめつけという印象を、とりわけわがアメリカ人研究生R君には与えたもののようである。

名誉毀損法制における憲法論の不在という点でいえば、ひとむかし前までは、アメリカでも事情は似たり寄ったりであった。アメリカの諸州にはイギリス・コモン・ローの系統をひいた不法行為法の一環として名誉毀損法が確立しており、かかるものとしてそこには憲法(表現の自由)が入り込む余地はなかった。万事が憲法より下位にある、あるいは憲法の外にある、純粋に法律的な問題であった(6)。

けれども、そのアメリカでも一九六四年の New York Times v. Sullivan(7) において、公務員に対する名誉毀損事件での厳格責任要件の緩和、したがって公務員批判の拡張をもたらすにあたり、合衆国最高裁判所は修正第一条(表現の自由)にもとづく憲法論を打ち出すにいたった。それ以来、名誉毀損と表現の自由とは裏腹の関係にあるものとして理解され、かかるものとして議論されて現在にいたっている。

こうしたアメリカ的観察方式からすれば、創価学会会長の私生活を扱う言論がどこまで許され、どうなれば名誉毀損を構成するものとして許されないことになるのかは、単に刑法二三〇条ノ二の解釈問題なのではなくて、同時にそれは不可避的に表現の自由の解釈問題でもあるということになるのである。月刊ペン最高裁判決がひたすら「刑法の解釈としてこうなる」といった調子に終始しているのは、アメリカ憲法的アプローチからすれば、いささか奇異に感ぜられるゆえんである。

2　日本の法律学界・法曹界にあっては、法の解釈という作業において、憲法(規範)と法律(規範)とが相互交流(interact)するということ、もっと正確にいうと、法律解釈のなかに憲法解釈が浸透するということを、あからさまに認めたがらない傾向が看取される[8]。月刊ペン判決でも、そうした傾向が貫徹しているように思う。この事件で最高裁が扱った第一のことがら、すなわち「私人の私生活の行状」は「公共ノ利害ニ関スル事実」でありうるか否かの問題は、こうした情報は公然摘示に値するかどうか、つまり、「表現の自由」の憲法保障に値する情報か否かという問題にほかならない。周知のように New York Times v. Sullivan 以降のアメリカにあっては、「公人」(public figure)概念をめぐる憲法修正第一条問題として論ぜられてきている。わが最高裁は「公人」概念をこそ用いていないが、月刊ペン判決でいわんとする実体には彼此に本質の差はない。わが最高裁は憲法二一条に少しも言及せず、むしろ法律文言の当然解釈の所産として自らの見解を打ち出しているが、背後に憲法上の表現の自由への配慮がはたらいているのは、ことの性質上疑う余地がない。

月刊ペン判決の第二争点は、一見すれば「公共ノ利害ニ関スル事実」の判断方法にかんする、多かれ少なかれ技術的な法律解釈問題であるにすぎないようである。じっさい、最高裁はそのように処理している。さて、この争点については、従来の高等裁判所レベルの裁判例は、摘示事実の表現方法、事実調査の仕方、公表範囲の広狭といった、公表行為をめぐる四囲の状況を判断し、それと被害者の名誉侵害の重大性を比較衡量して決すべきであるとしてきてい た。(9) 注(5)で指摘したように、本件原審および第一審の両判決もこの流れに沿ったものである。月刊ペン事件で最高裁は、従来のこの流れを否定して摘示された事実そのものに即した、「客観的事実」説とでも呼べそうな立場を明らかにした。この点に本判決の特徴がある。

では一体なぜ、いかなる理由で最高裁は従来の判断方法を否定して新しく「客観的事実」説を採ったのだろうか。残念なことに最高裁はこの間の根拠・論理を全然語るところがない。そう「解するのが相当である」とのみ説示するのである。われわれとしては、「相当である」ゆえんを忖度するほかない。さしずめ、二つの理屈が脳裏に浮かぶ。第一のそれは、狭義の法律解釈的な性質のものである。刑法二三〇条ノ二第一項は「公共ノ利害ニ関スル事実」と定めているのであって、ここでいう「事実」は、客観的に存在する「摘示事実」そのもの以外でありえないという、文理解釈的な理由づけである。「事実」の描き方、描いた「事実」の流布の仕方など、摘示行為の四囲状況や被害者の名誉侵害の程度との比較衡量などによって、「事実」そのものは変わるはずがない。――そういう「事実」が、この法文では問われているのだという見解である。この文理解釈の背後には――比喩としてかならずしも十分に適切でないかもしれないが――刑法一七五条の「わいせつ」概念における相対説と絶対説との選択において絶対説を志向するのと同じ論理がここではたらいているように思う。つまりここでは、客観的なるものへのアプローチを確保することを眼目とする刑法学特有の考え方――客観的に「わいせつ」でないものが、作者の地位・意図その他の主観的事情や出版物をめぐる四囲状況のゆえに、「わいせつ」なものになるのは、論理的におかしいとする思考方法――が、支配しているといえるように思う。

法律概念を可能的に客観化し、それによって論理的厳密性を確保しようというのは、いかにも刑法学の独壇場であり、それに固有な法領域での解釈問題であるということになりそうである。表現の自由という憲法保障の問題は、ここに入り込む余地がない。あるいは入り込む必要はない、といわれそうである。けれども、第二にこのばあい、もう一つ考えを進めれば、この刑法学に固有な解釈問題(解釈方法問題)のなかに、表現の自由への配慮・関心が浸透しつつあることを否定することはできないのではあるまいか。「わいせつ」絶対説が、相対説を批判して、本来「わいせつ」でないものを四囲状況によって「わいせつ」であるとするのは、論理的でないというとき、それが意味するのは、単に論理の問題ではないのである。本来「わいせつ」でないもの――すなわち、本来表現の自由の保障にあずかる資格のあるもの――を四囲状況のいかんで「わいせつ」と判断することにより表現の自由保障を奪うのは、おかしいという内実が、相対説批判論のうちに入り込んでいるにちがいないのである。「論理」というが、ここで問題なのは、実質を欠いた形式論理ではないのであって、論理的整合性というレトリックによって保持すべき実体的価値にほかならない。

そしてまさにそうだからこそ、「わいせつ」相対説は、おなじ実体的価値＝表現の自由を保持することを目指して、しかしちがったレトリックを用いて、絶対説と対峙することになる。相対説の主張は、ある意味で絶対説の逆をゆく。すなわち、本来「わいせつ」なものであっても、四囲状況のいかんによっては「わいせつ」でないものと判定してこそ、はじめてよく表現の自由という実体価値を確保できるのだ、というのである。この相対説の考え方の背後には、刑法はもともと出版物内容の即物的な判定で「わいせつ」性を識別するのではなくて、その出版物の世に現れた姿

（読者の反応もふくむ市場での性格づけ）においてのみ「わいせつ」性を識別すべきだという、それ自体、絶対説とちがった理解がある。すなわち、絶対説は、出版物それ自体を客観的なものと捉え、それのみを「わいせつ」性の判定対象とすべきであると考えるのに反して、相対説は、出版物が世に出廻っている状況を総体として客観的なものと捉え、それを審理することによって「わいせつ」かいなかを判定するほかないとみる。両説のちがいは、どっちが客観的なるものを確保しうるか、どっちが論理的整合性を保ちえているかという多かれ少なかれ価値中立的なところにあるよりは、むしろ「わいせつ」規制の目的とその規制対象いかんという、表現の自由の憲法価値にかかわっていると考えざるをえない。こうしてみれば、両説の優劣は、好むと好まざるとにかかわらず、どちらの説が――適切に規制目的に仕えるとともに――表現の自由を効果的に保障することになるかという、特殊刑法学を超えたところ（すなわち、憲法規範が支配する領域）で決まることになる、と私には思えるのである。

3　思わず「わいせつ」概念のほうに深入りしてしまったが、思うに、以上述べたことは―― mutatis mutandis（適当な修正をほどこしたうえで）――刑法二三〇条ノ二第一項の免責概念「公共ノ利害ニ関スル事実」をめぐる解釈論にあてはまるのである。すなわち、当該出版物で摘示された「事実」そのものに即して判定すべしとする月刊ペン事件最高裁判決が正当か、それとも従来の学説・判例がそうであるように、摘示事実そのものよりはむしろ出版物を取り巻く四囲状況によって判定すべしとする立場が正当かをめぐる解釈問題は、どちらの説が特殊刑法学的な論理的厳密性をより多くもっているかということによってのみ決まるのではなくて、どちらの解釈論のほうが――一方で、諸個人の名誉侵害を防止し、よってもって社会公共の安全・秩序を保持するかという社会目的をもにらみながら――表現の自由という、これまたまごうかたなく社会的（あるいは政治的）な利益を最大限保障するのに役立つかという利益考量によっても、解決されるべきである。いや、明示的な言明が伴うかどうかは別にして、いずれの説にあっても、この点の配慮がかならずはたらいているにちがいないのである。

月刊ペン最高裁判決は、先ほど来から指摘しているように憲法論とおぼしきことにまったく言及することなしに、「公共ノ利害ニ関スル事実」解釈につき、従来からのアプローチを否定し「事実」それ自体に即して客観的に判定するアプローチをよしとして選択した。そして、かく選択するにあたって、なぜ従来説がいけなくて、新しい解釈論が正しいかを全然説明していない。しかし、最高裁がこの立場を選ぶにあたっては、言う言わないにかかわらず、従来説よりは判決の採る説のほうが名誉保護および表現の自由保障のうえで正当なのだという、実体論が踏まえられているはずなのである。私は、裁判所の判決というものは、かりに法律専門家にのみ向けられたメッセージであるとしても、この点で従来説を否認し「客観的事実」説を採用した理由づけ——憲法的な根拠論——が開陳されるべきであった、と思う。そしてもし、裁判所判決は同時にまた国民向けメッセージでもあるのだとすれば——じつは私は、そういうものだと思っているのであるが——従来説を否定するについて、それ相応の実体的な説明が付加されているべきであったと思う。「そこのところは読む者が適当に推量せよ」として省略するのは、どちらの読者に向けられたメッセージであろうと、任務不十分なように思う。

(3)　最一小判一九八一年四月一六日刑集三五巻三号八四頁。

(4)　念のため、この間の事情を少し解説するとこうである。本件は、名誉毀損被告事件であって、刑法二三〇条が問題になる。そこには「公然事実ヲ摘示シ人ノ名誉ヲ毀損シタル者ハ其事実ノ有無ヲ問ハス……(一定の刑罰——引用者)ニ処ス」とある。「其事実ノ有無ヲ問ハス」、すなわち、摘示した事実が本当かどうかを問わない、というのである。ところが、この法条の次に——戦後の刑法改正時に設けられた——二三〇条ノ二というのがあって(このことにつき、本文で後述する)、問題の事実摘示行為が「公共ノ利害ニ関スル事実ニ係リ其目的専ラ公益ヲ図ルニ出テタルモノト認ムルトキハ」、事実が本当であったのかどうかを裁判所は判断し、本当にあったという証明を被告人がおこないえたばあいには、「之ヲ罰セス」と定めている。つまり、名誉毀損にわたるとするメッセージが公然と表現されたばあいであっても、私流のことばを用いれば、それが公共情報であるばあいには、特別な扱いをするというのが、二三〇条ノ二である。本件では、第一審でも第二審でも、——両者理由づけに差があるにしても、ともに——月刊ペンのメッセージは公共情報に当たらずと解し、二三〇条ノ二の特則適用が問題にならなかったのであった。被告人(=上告人)としては、上告審で全力を挙げて、この点、つまり二三〇条ノ二の特則の適用を論点にして、争った。そしてまた、最高裁においてはじめて、その主張が認められ、二三〇条ノ二の適用が命ぜられることになったのである。

(5) 原審裁判所では、記事の書き手(被告人)の主観的な状況および記事の社会的効果など四囲の事情が着目され、その結果、本件摘示事実は「公共ノ利害ニ関スル事実」にあたらない、と判示された。そのゆえ、「公益性」および「真否」についての審理は、なしに済まされた(東京高判一九七九年一二月一二日判時九七八号一三〇頁)。第一審でも、ほぼおなじ手法のもと、「公共ノ利害ニ関スル事実」にあたらない、と判示されている(東京地判一九七八年六月二九日判時九七八号一三二頁)。

(6) もっとも、こうした要約にはいろんな留保がつけられるべきである。たとえば、Riesman, Democracy and Defamation: Control of Group Libel, 42 Col. L. Rev. 727 (1942); do., Democracy and Defamation: Fair Game and Fair Comment II, 42 Col. L. Rev. 1282(1942)は、憲法論そのものではないが、その種の問題意識を十分にうかがわせる作品である(ちなみに、この、第二次大戦中に書かれた、名誉毀損法制に関する批判的考察は、のち『孤独なる群衆』などの名著で知られることになる社会学者ディヴィド・リースマンがまだ単に法律家であったときの業績である)。

(7) 376 U. S. 254 (1964).

(8) この間にあって、刑法上の名誉毀損法にかんする労作、平川宗信『名誉毀損罪と表現の自由』(有斐閣、一九八三年)は、例外を構成する。ここでは、刑法と憲法との解釈における、“interaction”が方法上の特色をなしているといえるからである。本稿での私の問題意識は、平川氏のそれに近い。

(9) さしあたり、東京高判一九五三年二月二一日高刑集六巻四号三六七頁および判時一〇〇〇号二五頁のコメント参照。

二 名誉毀損法制における憲法論の不在――その二

1 刑法二三〇条ノ二における「公共ノ利害ニ関スル事実」概念は、刑法学に固有な法律解釈だけで片付くようにみえて、じつはそうではなく、表現の自由にかんする憲法論が入り込まないわけにはゆくまいというのが、前節で私が述べたところである。ほぼおなじようなことが、もう一つの免責要件として刑法二三〇条ノ二が掲げている「事実ノ真否ヲ判断シ真実ナルコトノ証明アリタルトキ」についてもいえる。そして、この文言にかんしては、旧来のいわゆる「厳格証明」説を斥けて「緩やかな証明」説を導入したさい、最高裁(大法廷)は次のように、ともかくも憲法論を語っているのである。すなわち、最高裁は、一九六九年六月のいわゆる夕刊和歌山時事判決において、「……刑法二三〇条ノ二の規定は、人格権としての個人の名誉の保護と、憲法二一条による正当な言論の保障との調和をはかったものというべきであり、これら両者間の調和と均衡を考慮するならば、たとい刑法二三〇条ノ二第一項にいう事実が真実であることの証明がない場合でも、行為者がその事実を真実であると誤信し、その誤信したことについて、確実な資料、根拠に照らし相当の理由があるときは、犯罪の故意がなく、名誉毀損の罪は成立しないものと解するのが相当である」[10]と判示している部分がそれである。こうして最高裁は、「これと異なり、右のような誤信があったとしても、およそ事実が真実であることの証明がない以上名誉毀損の罪責を免れることがないとした当裁判所の前記判例(略)は、これを変更すべきものと認める」と先例破棄を明言したのであった。

先例を改め新解釈を採用するにいたった原動力は、まさにこの引用にあるように、人格権と表現の自由との「調和と均衡」への配慮であった。ただし、真実の証明という決定的に重要な争点についての判例変更を打ち出すについて――これを正当化するについて――わが最高裁が憲法論上十分に説得力のある説明をしているといえるかどうかとなると、話は別である。[11] 最高裁は、いっさい説明せず、結論だけを示している。どんな表現の自由論が踏まえられているのかは、一向に明らかでない。われわれ国民のほうも、結論がいいということで(あるいは悪くないということで)それ以上のことを最高裁にはもとめない傾向があるように思える。

名誉毀損における摘示事実の証明ということがらにかんしては、アメリカのばあい、周知のようにすでに植民地時代に起きたゼンガー事件[12](一七三五年)以来、コモン・ローの枠組みのなかでそれなりに論議を重ねてきていた。しかし、一九六四年、New York Times v. Sullivan において合衆国最高裁は、コモン・ローとして蓄積されてきた法に一大変革を加えるチャンスをつかんだ。そして、公務にかんする摘示事実にあっては、被害者に「現実の悪意」があるばあいにのみ、事実の真否が問題になると判示した。これは、いい換えれば、「虚偽の事実であることを知っていたか、もしくは虚偽かどうかという点を全くいい加減な態度で無視したか」いずれかのばあいにのみ、「事実ではなかったこと」が意味をもち問題になる、ということである。合衆国最高裁はこの解釈基準を設定するについて、一行や二行による結論だけの極めつけ論で方《かた》をつけるのではなくて、格調高い原理論を踏まえた丁寧な憲法論をもって根拠づけを試みている。「摘示事実」の真否が問題になるばあい、および問題になる程度において、アメリカの New York Times v. Sullivan と日本の夕刊和歌山時事判決では微妙なちがいがある。しかし人格権と表現の自由との調整という基本的な問題のあり場所は、彼此に本質的なちがいがなかったように私には思われる。そうであるだけに、両者における憲法論のありようの質的・量的なちがいがとても目立つのである。

2　それにしても、わが夕刊和歌山時事判決には、ともかくも憲法論が顔を出しているから、まだいいとしよう。けれども、どの程度のものであれともかく憲法論が顔を出しているという点では、この判決は例外なのである。逆に、月刊ペン判決がそうだったように憲法論抜きの、純粋法律解釈論のほうが、この法領域ではノーマルであるようである。

刑法上の名誉毀損のばあいには、法律上ともかくも刑法二三〇条ノ二があり、これを、そして、これのみを操作することによって、十分に適切に報道の自由とのかね合いをはかれるではないか、なにもわざわざ法律外の世界——憲法の世界——までゆかなくてもよかろうではないか、と考えるのがふつうなのだろう。

たしかに刑法典には、一定の要件が具わっているばあい二三〇条を修正して報道の自由とのかね合いをつけるべく、二三〇条ノ二の特例が用意されている。憲法との調整を立法的に済ませた、あとは法律解釈だけの問題だ、という受け止め方になっているらしい[13]。しかしながら、二三〇条ノ二は、憲法的自由論を踏まえ、熟慮した立法的考察を経て制定された法規なのだろうか。それは、外国にみられるある種のモデル準則(Model Penal Code；Restatement)のごとく、文言から演繹的に一定の解釈的な結論をひき出すに値するような、精査度・精密度の高いメッセージであるのだろうか。この点に関連して、刑法二三〇条ノ二の立法過程をすこし調べてみよう。

この規定は、戦後のいわゆる刑法改正(一九四七年法一二四号)により追加されたものであって、そのときの経緯が忘れられるにつれて、この規定をあたかも日本国憲法二一条に合わせ、報道の自由保障のために改正された条項であるがごとく見做す見解・理解が存外一方的にゆきわたっている。しかしそれは実際には、表現の自由を確立するという自覚的意図によるよりも、明治以降この国を支配してきた新聞紙法(一九〇九年法四一号)および出版法(一八九三年法一五号)両法の廃止にともなう補正修復を眼前にしておこなわれた、立法化措置にすぎない。すなわち、かつて新聞紙法(四五条)には「新聞紙ニ掲載シタル事項ニ付名誉ニ対スル罪ノ公訴ヲ提起シタル場合ニ於テ其ノ私行ニ渉ルモノヲ除クノ外裁判所ニ於テ悪意ニ出テス専ラ公益ノ為ニ存スルモノト認ムルトキハ被告人ニ事実ヲ証明スルコトヲ許スコトヲ得其ノ証明ノ確立ヲ得タルトキハ其ノ行為ハ之ヲ罰セス(以下略。ただし後述)」とあり、かつ、出版法(三一条)にもほぼ似たような規定があった。(14) 戦前は、これあるがため、出版物による名誉毀損が問題になるばあい、一定の条件のもとで、一般法としての刑法二三〇条に対する例外措置が講ぜられており、そのかぎりで——こうした「法律ノ範囲内ニ於テ」(旧憲法二九条)——「著作印行……ノ自由」が認められていたのである。新聞紙法・出版法の全廃により、この例外措置をも失くしてしまったら、真実の証明を許さない二三〇条の原則だけが支配することになる。それは困るという法律上の関心(あえていえば、内閣法制局的な問題関心)から、二三〇条ノ二が考案され挿入されたとみるべきである。(15) 立法者はこのことによって、表現の自由にかんし戦前にはなかったなにかを積極的に新しく創設するという意欲をもっていたとは思えない。旧法律規定の積みかえという意識だったと考えられる。

二三〇条ノ二の挿入はそういうものとして受けとめられたから、立法者にも解釈者にも意識のうえで「断絶」はなかったであろう。(16)「断絶」という点でいえば、真実の証明にかんし戦前から首尾一貫して採られてきていた厳格解釈論を破棄し、より緩和された「相当な根拠(理由)」論に切り換えた最高裁の夕刊和歌山時事判決こそ、はじめてこれをなし、はじめて新機軸を出した功績をになうことができるであろう——ただ、それにしては、やっぱり憲法論が貧困で自覚的に展開していないのが惜しまれるのである。

3　いま紹介したように新聞紙法と出版法の免責条項は、ともかくも刑法典のなかに繰り入れられたから、この繰り入れられた法律規定の法律解釈をすれば、それでなんら欠けるところがなかろうと自足的に考える余地がある、と仮にしておこう。問題は、民事上の不法行為としての名誉毀損についての免責である。じつは、戦前の新聞紙法および出版法には、刑事上の特則ばかりではなくてそれと並んで民事上の特則も定めていたのであった。たとえば新聞紙法(四五条)には、先に引用した文章にすぐつづいて「(其ノ証明ノ確立ヲ得タルトキハ……)損害賠償ノ訴ニ対シテハ其ノ義務ヲ免ル」とあったのである。けれども、戦後民法の改正にあたっては、刑法のそれとちがって、出版行為による名誉毀損についての特則は、法律明文上は全然定められることがなかった。かくて、名誉毀損にかんする民事上の実体法としてあるのは、ただ、民法七〇九・七一〇条の一般条項にすぎないという、戦前と変わるところのない法律状況がそのままつづくことになる。

それでは一体、民事上の名誉毀損には、情報の公共性からくる――したがって、表現の自由にかんする憲法保障の要請による――免責特権というものはありえないのか。この問題に対し一九五〇年代前半いくつかの下級審の裁判例において、民事法領域にあっても――明文の規定がないのに――刑法二三〇条ノ二の規定が適用されるべきであるとする見解が示され、学説の多くもこれを支持した。けれども、なぜ、明文上規定がないのに、そのないはずの規定が適用されるべきであるのか、また、適用できるのかを、学説も裁判例もきちんと説明せずに済ませた観がある。[17] 日をおいて一九六六年六月、最高裁(第一小法廷)がこの問題に一定の解答を与えることになるのであるが、[18] そのときの処理は、次のようなものであった。煩をいとわず該当判示事項をそっくり全文引用する。

民事上の不法行為たる名誉毀損については、その行為が公共の利害に関する事実に係りもっぱら公益を図る目的に出た場合には、摘示された事実が真実であることが証明されたときは、右行為には違法性がなく、不法行為は成立しないものと解するのが相当であり、もし、右事実が真実であることが証明されなくても、その行為者においてその事実を真実と信ずるについて相当の理由があるときには、右行為には故意もしくは過失がなく、結局、不法行為は成立しないものと解するのが相当である(このことは、刑法二三〇条の二の規定の趣旨からも十分窺うことができる)。(括弧書きは原文、傍点のみ引用者による)

この引用文末尾の括弧書きにみえるように、最高裁は、民法七〇九条の世界にそのまま刑法二三〇条ノ二を持ってくるということをしていない。括弧書きに先立って示された本文の「特則」解釈を合理化する手段のひとつとして、刑法二三〇条ノ二を引き合いに出しているにとどまる。この点で最高裁の立場は、先行する下級審裁判例および多説と少しニュアンスを異にしているといえる。けれども、この簡略なる括弧書きをもってだけしては、なぜ民法の世界で刑法法規が解釈上の支柱たりうるのかを理解するのは、余りにも材料不足ではある。その点はさておこう。しかし最高裁は、刑法二三〇条ノ二そのものではないのかもしれないが、この法条の基幹的な部分を結局において民法の世界へ持ち込んでいることは、否定できないのである。最高裁は一体、いかなる理論によってそうしているのだろうか。この——肝心な、と私が思うところの——点については、最高裁はただもっぱら「(こう)解するのが相当である」と判示するにとどめている。それ以外に説示するところがない。日本語で「相当」という語は、相当に含蓄に富むことばではある。が、残念ながらここからは実体は出てこない。ともあれ、ここで意味されるのは、たぶん「正当」という語に近いだろう。これは、評価の結論ではある。しかし、評価の過程やその理由は、判決文からはうかがえないのである。

理由を明らかにせずに、「こう解することが正当である」という結論のみを示すことによって法が展開するのは、控え目にいって、残念なことである。法は、形式的な権威によってのみでなく、論理的な整合性やそれがふまえる中身によって支えられるものであるはずだからである。あえてきついことばでいえば、こうした態度は——のちにもう一度言及するが——反民主的でさえある。[(19)] 判決によって提示される解釈は、市民に対し説得力を持つものでなければならないのに、ここでは説得力の源泉であるはずの理由が示されていないからである。「民法典には明示的なメッセージは全くないが、『名誉』(権)という法概念を専門的、法律学的に考察すれば、いうまでもなく、こういう解釈になるのだ」という、一種特別に esoteric(秘教的)な構えがここにみられるように思う。「民法学その他の法律学の奥義をきわめれば導き出される、法律学上当然の帰結が、すなわちこれである」といわんばかりである。けれども、法律学が釈義・解釈の対象とするところの法律規定というものは、裁判官や法律学者が作るものではなくて、国民代表機関としての立法者が作るものなのであって、裁判官や法律学者がとる釈義・解釈は、単に esoteric な世界で通用すればいいのではなくて、立法者が意図した解釈であるがごとく提示され、かかるものとして説得力を持ち得るものでなければならない、と思う。(20)

4　私の理解によれば、民法七〇九条の世界に――法律明文上の規定が全くないのに――刑法二三〇条ノ二類似の免責特権制度を持ち込む解釈は、単なる法律的な解釈によってできるものではない。それは、きついことばでいえば、法律解釈というものの限界を超えた、ほとんど越権とさえいうべきものである。しからば、民事の名誉毀損法制にあっては――明文規定のない以上――免責特則はいっさい認められないのかというと、そうではないのだと思う。もし、その種の特則を――明文がないという、単に法律レベルの理屈によって――拒否するとしたら、その法解釈は憲法(二一条)違反をおかすことになるはずだと思う。報道の自由、表現の自由という、法律を超えたところにありながら、しかも法規範として、立法者をも裁判官をも、そしてその他の法解釈者をも拘束する法との関係で、端的に民事上のものであるところの名誉毀損法は、ある種の修正を受けないわけにゆかないのである。たしかに、こうした修正がなされるべきことについては、民法典中に明文の定めがない。けれども、民法という規範よりも上位に立つ規範法＝最高法規としての憲法から、この種の修正を導出できるとするならば、あるいは導出しないわけにゆかないとするならば、裁判官が法の解釈としてそうすることは、一向に立法者の権威を傷つけることにならないし、反民主的でもないのである。憲法が「国の最高法規」(憲法九八条)であり、裁判官は「憲法及び法律にのみ拘束される」(同七六条三項)ものとされる以上、むしろそうすべきなのである。

こうした私のような理解によれば、民事の名誉毀損法制におけるなんらかの免責特則は、憲法二一条との関係で正当に解釈上導入しうる。また、憲法二一条との関係を抜きにしては、そうした導入をうまく正当化することはできないのである。

最高裁が「こう解するのが相当である」と結論のみを示したさい、その結論の背後にはそれなりに表現の自由論があったにちがいないのである。それを表に出さずに、「法律の解釈上、こう解するのが相当である」としてしまったのは、日本の法文化の産物ではあろうが、はなはだ問題である。

(10) 最大判一九六九年六月二五日刑集二三巻七号九七五頁(傍点引用者)。

(11) この大法廷判決に対して「(そこでとられた)新解釈が条文の文言と親和せずまことに苦しい説明になっている」といった批評があるが(田宮裕「判例批評」『法学教室』第二期2(一九七三年)一六八頁)、私の関心は、法律解釈としての整合性いかんにはかならずしも置かれていない。

(12) 17 How. St. Tr. 675(1735).

(13) 戦後刑法改正の一環としての二三〇条ノ二の受け取り方については、団藤重光「名誉毀損罪と事実の真実性」警察研究一九巻一号一三頁、二号三頁(一九四八年)、団藤『刑法の近代的展開』(弘文堂、一九四八年)二五一頁以下、中野次郎『逐条改正刑法の研究』(良書普及会、一九四八年)一六一頁以下、牧野英一「名誉毀損と事実証明」警察研究二〇巻一一号(一九四九年)三頁など参照。

(14) 出版法の該当規定は、次のようであった。「文書図画ヲ出版シ因テ誹毀ノ訴ヲ受ケタル場合ニ於テ其ノ私行ニ渉ルモノヲ除クノ外裁判所ニ於テ専ラ公益ノ為ニスルモノト認ムルトキハ被告人ニ事実ノ証明ヲ許スコトヲ得若之ヲ証明シタルトキハ其ノ罪ヲ免ス損害賠償ノ訴ヲ受ケタルトキモ同シ」。なお、ちなみに第五二帝国議会での内閣提出・出版物法案五五条は、新聞紙法と出版法との関係法規を踏襲し一本化している。

(15)　このように、戦後刑法改正作業を過小評価する、私のような物の見方には、いろいろな反論があるにちがいない。機会をあらためて刑法二三〇条ノ二の挿入の意味を、そのとき一緒におこなわれた一七五条(わいせつ文書規制)の罰則強化、一八三条(姦通罪)の削除等を、第一章(皇室に対する諸罪)の廃止ともども、探究してみたい。ともあれ、本文で指摘したごとくごくふつうには、二三〇条ノ二は、新憲法・表現の自由による改革として高く評価されている。たしかに、この規定は、旧両法のそれとちがって、新聞紙その他の定期刊行物その他の文書図画の印刷物によるばあいにかぎらず、どんな媒体によるにしろおよそ公共情報たるものに免責特権を与えていること、旧両法にある「其ノ私行ニ渉ルモノヲ除クノ外」という限定をつけていないこと、新聞紙法にある「悪意ニ出テス」という文言が採用されていないこと、さらに、旧両法にはない新制度(犯罪行為にかんする事実の看做し規定および公務員関係の事実の擬制規定)が二三〇条ノ二第二項・第三項という形で盛り込まれたことなど、刑法典への取り込みのさい付加修正され整備された面があることを無視するのは、早とちりというものであろう。しかし、こうした立法改良が表現の自由の憲法保障を受けてはじめて実現した、画期的な政策と称さなければならないものなのだろうか。私はむしろここで、小野清一郎がこう述べているのに注意を喚起したい。「昭和二二年法律一二四号による刑法の一部改正は、日本国憲法の施行に伴ひそれに抵触するとおもはれる規定を改めることが、主な動機であったが、必ずしもそれに限局されてゐない。たとえば名誉毀損の罪に関する事実の証明のごとき、新憲法と直接の関係はないといへる」、「さういふ意味で、真実の証明を言論出版の自由といふ面から見るに止まる者は、未だ法理の深層を見ないものである。刑法二三〇条ノ二も、その基本的な第一項は実は戦前の改正仮案四一二条そのままであり、第二項、第三項だけが新しいものである」(小野清一郎『名誉と法律』法学理論篇第一五巻(日本評論社、一九五二年)六頁および七頁、傍点引用者)。

(16)　管見に属するかぎり、二三〇条ノ二のどの点がどのように画期的、憲法改革所産的な意義を有するのかを明瞭に摘示する論述がない。

(17)　たとえば、比較的初期の裁判例において福岡高裁は、こう説示している。「民事上の不法行為としての名誉毀損についても、刑法第二百三十条ノ二の規定に則って真実なることの証明があったときは、特に人を害する目的で名誉を毀損するような事実を公表した場合の外は、不法行為上の責任はないものと解すべきであ」る、と(福岡高判一九五三年一月一六日高民六巻一号一頁)。けれども、いかなる理由で民法典に明文上存在しないところで、刑法の規定に則るべしと解するのかという説明は、見あたらない。下級審の同趣裁判例については、奈良次郎「公共の利害に関する事実の摘示と名誉毀損の成否」法曹時報一八巻九号(一九六六年)一四四九、一四五一頁が挙示しているものを参照。一連の裁判例のなかに、次の広島高裁の判決がある(広島高判一九五四年一〇月一四日高民七巻一一号八八五頁)。原審では免責の特別扱いなど考慮されず、ストレートに名誉毀損が認定され被告新聞社に慰謝料支払が命じられたのを、控訴審・広島高裁は取消す判決をくだした。そう判決するにつき、ここでもなんら法律上の根拠法条を示すことなく、ただ以下のように述べているにとどまる。「元来公選による公務員(前示のように被控訴人は当時市会議員であった)の犯罪性を帯びた行為の如きは民主主義社会において報道機関はこれを公衆の批判に訴える責務があるものであるから該事実が真実であると信ずるにつき相当の理由がある場合はたとい結果的に観て真実に符合しなかったとしてもこれに掲載することは当然許されるべきである」。これは、刑法二三〇条ノ二を全然借りることなしに民事上の名誉毀損法制に「真実の証明」特則を持ってきた事例である。裁判所は、この法解釈を導出するにつきいきなり「民主主義」を語るという珍しいことをやっているのであるが、これを新解釈を裏付ける憲法論と称するにしては、残念ながらあまりにも底が浅い。

(18) 最一小判一九六六年六月二三日民集二〇巻五号一一一八頁。

(19) 後述するように、ここで裁判官たちは、解釈の名において新しい法を創設しつつあったわけである。この司法立法を、本来の立法者の権限と抵触することなく、いかにおこなえるのかがここで問われているのである。この点を上手に説明しえないばあいには、反民主的というそしりを逃れえないはずである。

(20) 立法者との折り合いという民主主義との関係を別にしても、こうした説明抜きの、理由が示されずにおこなわれる解釈変更から導き出された結論だけを述べる判決は、ことばの正当な意味で、法解釈と呼べるのだろうかという深刻な疑いを、私はもつ。私は、ガダマールなどによるヘルメノイティックス(解釈学)の流れを汲むドゥウォーキンあるいはエスクリッジの「法解釈」論に同調を禁じえないのであるが、その私からみれば、注(17)で指摘し、本文でその中枢部分を引用したところの最高裁

(第一小法廷)判決は、「法解釈」たる実体、少なくもインテグリティとしての法(law as integrity, 完結態としての法)を構成する営為としての「法解釈」たる資質を具えているとは、なかなかいえないように思うからである。ちなみに、ドウォーキンの法解釈論の真髄は――よかれあしかれ――「鎖小説モデル」にうかがうことができる。裁判官がおこなう制定法解釈というものは、いく人かの作家が各章を分担して一つのまとまりのある小説を作りあげてゆく作業に準えられるという。このばあい各作家は、自分担当の一章を書きあげるにあたって、単にその部分を最善のものたらしめるよう努めるだけでなく、前章につなげ後章へと橋渡しをするうえで最良の配慮を払い、そして総体としての小説がインテグリティを保った最高傑作になるように書きあげてゆく義務がある、とするのである。R. Dworkin, Law's Empire, Harvard Univ. Press, Cambridge (1986) pp. 228-232参照。先例を尊重しながら、しかももっともよく先例を克服しなければならない。目前のケースをみごとに解釈するだけでなく、それこそが全体としての法の最良の展開に資するのでなければならない。これが、ドウォーキンの法解釈論である。このかれの立論に批判がないわけではない。しかし私は――ここでは詳述できないが――ドウォーキンの考えは大綱において正当だと思う。名誉毀損法制における真実の証明にかんする法を――民事・刑事を横断して――インテグリティを保持したものと想定しよう。この法は、これまで歴史的に発展してきた。そして、これからの展開もやむなくあるだろう。そのような全体の脈絡のなかで、注(17)掲記の判決が書かれることになる。この判決は、先例とつながり、しかしさらなる発展につなげる見透しのもとに、最良の一章でなければならないのだが、「かく解するのが相当である」という結論としてのメッセージがあるだけで、理由がなく、したがってストーリー性も持っていない。とうてい最良の一章というわけにはゆくまい。これは、さまざまな意味合いにおいて、ドウォーキンの「法解釈」基準に充たないというほかない。他方、エスクリッジのは「動態的な制定法解釈論」と呼ばれるものである(Eskridge, Dynamic Statutory Interpretation, 135 U. Pa. L. Rev. 1479 (1987))。彼は、解釈というものを、解釈者とテクストとの各々の視界(地平線、horizon)が収束(一つところへ集中すること、converge)してゆく営為と捉える。さて、注(17)のような種類の判決文は、そもそも一体、解釈者の地平が奈辺にあり、最高裁が引き合いに出すテクストはなんであって、そのテクストの地平はどこにある、といっていることになるのだろうか。私は、この判決文はエスクリッジの「動態的な制定法解釈論」とも、相当に異質なもののように思う。ガダマール流の思考のありようをよしとする私のごとき者にとっては、わが最高裁判決のありようには残念ながらきわめて不満である。

三　憲法論的構成を回避した、その他の事例

1　憲法論(憲法論的説明)が出てきてしかるべきところにそれが出てこなかったもう一つの例として、一九七一年のいわゆる個人タクシー免許申請拒否処分取消訴訟における最高裁(第一小法廷)判決[21]を挙げようと思う。日本国憲法は、制定関係者による特殊な配慮が絡んで、いわゆる〝マッカーサー草案〟の段階から、"due process of law"条項を継承することがなかった。[22]そんなこともあって行政過程における告知・聴聞手続は憲法上要求されるものではないとする解釈が、比較的長いあいだ支配した。こうして一九六三年九月、東京地方裁判所は、告知・聴聞手続を欠いてなされた、陸運局のタクシー事業免許申請拒否処分を違法とみて取消すむね判決[23]したさいには、その解釈的な根拠をどこにもとめるかにおおいに苦慮しなければならなかった。事業免許行政にかかわる関係法規たる道路運送法のどこにも、免許申請の審査・決定における告知・聴聞手続を要求する定めはなかった。そして当時の判例・学説によれば、このように法律上手続規定の指定がないばあいには、どのような手続を採用するかは、処分権限を持つ行政庁の裁量に属する、と考えられていた。[24]東京地裁は正当にも、告知・聴聞の機会を与えることなしに申請を拒否した処分を違法と判示するためには、道路運送法によってではなくて、それを超えたところ、すなわち憲法からその拠り所を持って来なければならないと考えたようである。そこで東京地裁は、憲法一三条と三一条との両方をひき合いに出すとともに国民主権の原則および公務員の全体の奉仕者性を語る一五条などをも総動員したうえで、手続的な保障を欠いた本件処分は違憲・違法だと判定したのである。東京高裁は概していって、原審のこうした解釈構成をある程度踏襲し

たうえで取消判決を支持した。(25) 興味があるのは、一九七一年一〇月の最高裁第一小法廷判決である。最高裁もまた、免許申請者たる市民に告知・聴聞のチャンスを全く与えずに、免許申請拒否をした陸運局の不利益処分は、違法であり取消されるべきであると解し、一、二審の取消判決を支持した。けれども、ここ最高裁判決にあっては、かく解するにつき、憲法論の展開はほとんどない。かろうじて「(道路運送)法による個人タクシー事業の免許の許否は個人の職業選択の自由にかかわりを有するものであり……」とする言及があるにすぎない。判決にあって特徴的なのは、憲法三一条なり一三条なりにもとづく憲法解釈によってではなくて、道路運送法という法律の解釈として、こういう種類の行政には明文規定がなくても「事実の認定につき行政庁の独断を疑うことが客観的にもっともと認められるような不公正な手続をとってはならないものと解せられる」と説示している点にある。そしてこのように法律解釈するにあたって、最高裁は「本件のように、多数の者のうちから少数特定の者を、具体的個別的事実関係に基づき選択して免許を決しようとする」行政の特殊性に強い力点をおいている。(26) 道路運送法関係法規の解釈という体裁をとっているのではあるが、文言解釈ではまったくなくて、事物の本性(Natur der Sache)とでも言うべきことがらにより多く依存しているように思える。最高裁は一、二審と同じ結論をとるものの、その根拠を憲法論にもとめることを避け、当該行政の特質にもとづく当然の法律解釈という外観を取りつくろうのに腐心しているようである。(27)

最高裁はなぜこのように、憲法論を語ることを極力避け、法律解釈だけでことを片付けようと努めたのかという点の詮索はのちにゆずる。けれども、最高裁のこうした努力にもかかわらず、もし告知・聴聞にかんする手続的要件という“due process”的な憲法観念がまったくはたらく余地のない法世界に(明治憲法的な世界がこれにあたる)われわれがいるのだとすれば、いかに「職業選択の自由」という実体的価値に言及しようと、また、多数競願者からの少数適格者の選抜という行政の特質を強調しようと、最高裁が説示するような道路運送法解釈は出てくる余地がないはずなのである。すなわち、"due process" 的な憲法観念がはたらくことによってはじめて、最高裁は「申請人に対し、その主張と証拠の提出の機会を与えなければならないというべきである」というふうな法律解釈を採ることになったのである。こうした法律解釈は、道路運送法という法律に内在していたものではなくて、"due process" にかんする憲法上の要請に合わせて解釈上創設されたものにほかならない。

2　個人タクシー事業免許判決のばあいには、最高裁は、争点たる聴聞手続にかんし憲法論を一言も述べずに、しかし憲法上の適正手続要件によってのみ導出しうる告知・聴聞手続に肯定的な立場をとることで具体的な正義を追求しようとした。最高裁はみずからの立場の基礎に憲法論をなるべく置きたくない、憲法解釈論ではなくてなるべく法律解釈論の体裁をとりたいと考え、そうすることが法律家的で玄人らしく望ましいポスチャーなのだと見做しているふしがある。憲法論に争点解決のための出番をなるべく与えないようにしようという配慮は、最高裁には恒常的にはたらいているようである。これは一面において、ブランダイスが説諭する司法審査自制論に対応するところがあり[28]、そういうものとして無碍に斥けてはいけないのではあるが、日本のばあいどうも特殊に消極主義的で、独特に閉塞的な印象を与えているようである。そのことを、一九八九年三月の法廷傍聴人のメモ禁止を違法とした大法廷判決[29]を例にとって、考察してみたい。

周知のようにこの事件の原告・控訴人・上告人であったアメリカ・ワシントン州の弁護士レペタ氏に対する、刑事公判におけるメモ採取禁止措置は、日本の裁判官にとっては空気みたいに自然なことであった。したがってこれを争った第一審および第二審の裁判所は、ほとんど心を患わすことなく、裁判長の法廷警察権における裁量を理由にして、なんら違法ではない、と判示した[30]。しかるに最高裁大法廷は、損害賠償請求にかかるレペタ氏の上告そのものは棄却したものの、本件措置がそうであったように、特段に「公正かつ円滑な訴訟の運営の妨げとなるおそれ」がないのにメモ禁止を命ずることは、「合理的根拠を欠いた法廷警察権の行使である」と判示した。この大法廷判決は、すぐのちにみるようにある種の憲法論を展開しているが、判旨の力点は、裁判長の法廷警察権の限界ということに置かれている。最高裁は、一方で「裁判長の判断」が「最大限に尊重されなければならない」と語りながらも、他方、司法行政の最高機関としての立場から、みずからの内部事項のありように指揮権を発動したものでもあるという面が、その意味でいわば自分たちの身内の世界で、自分たちの事務にかんして、決着をつけた観が、相伴うのである。

なるほど大法廷は、情報収集の自由は憲法二一条から派生して「当然に導かれるところである」といい、「筆記行為の自由は、憲法二一条一項の規定の精神に照らして尊重されるべきである」ともいう。また、法廷内でのメモ採取は、裁判の公開性(憲法八二条一項)を前提とすれば、「尊重に値し、故なく妨げられてはならないものというべきである」とも説示した。

しかしながら最高裁は、市民の側=傍聴人が法廷に参加する憲法上の権利があることや法廷において記録をとる自由が憲法上保障されているといった示唆を与えないように努めているふしがある。[31] 最高裁は、憲法がもたらすある種の事実上の利益を語るにとどめようとしているようにみえる。一方における憲法上の権利自由、他方における法廷秩序の維持という対抗関係的な構図をとることを、極力避けている気配があるのである。そういう構図によってではなくて、既述のように、自足的な制度であるところの法廷警察権の限定というポスチャーによって、事態の解決・具体的な正義をもたらそうとしたのであった。[32]

(21) 最一小判一九七一年一〇月二八日民集二五巻七号一〇三七頁。
(22) さしあたり、Okudaira, Forty Years of the Constitution and Its Various Influences: Japanese, American, and Europe, 53

Law & Cont. Prob., Winter 17, 30-32 (1990) を参照。

(23) 東京地判一九六三年九月一八日行裁例集一四巻九号一六六六頁。

(24) この間の事情につき、さしあたり奥平康弘「行政における適正手続要件の形成」判例評論二〇一号(判時七八九号、一九七五年)参照。

(25) 東京高判一九六五年九月一六日行裁例集一九巻九号一五八五頁。ここではしかし、憲法的構成が弱められている。

(26) もちろん、このような多数競願者から少数適格者を選抜する行政過程において、なんらかの適正な手続がなければならないという考えは、第一審判決でもとられている。東京地裁は、この考えを、もう一つプッシュするために、憲法論的構成をとっているのである。これに反し、最高裁は、ひたすら法律解釈という構成にとどまっているのが特徴的である。

(27) いまここでは私は、適正手続そのものを究明することを意図してはいないので、個人タクシー事業免許事件ときびすを接して展開した群馬中央バス事件(最一小判一九七五年五月二九日民集二九巻五号六六二頁)にはふれない。しかし、憲法論的構成の回避という主題との関係では、この判決も考える素材を提供してくれる。

(28) たとえば、Brandeis, J. concurring in Ashwander v. T. V. A., 297 U. S. 288, 346-348 (1936) を参照。

(29) 最大判一九八九年三月八日民集四三巻二号八九頁。

(30) 東京地判一九八七年二月一二日判時一二二二号二八頁、東京高判一九八七年一二月二五日判時一二六二号三〇頁。

(31) この事件の原告レペタ氏は、Repeta, Why We Sued the Judges, 22 Law in Japan 49, 50-51 (1989) において、最高裁判決を「非常にごちゃごちゃしている」と評しながら、ある種の興味ある分析を加えている。

(32) 事案が違うといえば違うが、私はこの法廷メモ事件最高裁判決と対比して想起するのは、一九八〇年の合衆国最高裁リッチモンド新聞判決(Richmond Newspapers v. Virginia, 448 U. S. 555 (1980))その他それから派生する一連の判決である。リッチモンド新聞で争われたのは、市民の法廷へのアクセス権であったが、最高裁は、この問題について存分に憲法論を論じている。これと前後する類似領域の裁判でも、憲法論が中枢におかれている(この周辺については、奥平康弘『なぜ「表現の自由」か』(東京大学出版会、一九八八年)二六〇—二六四、三〇九—三一六頁参照)。

四 私法における憲法無関係論

1 意識してかどうか別として、結果的に憲法の出番を少なくする効果をもつのが、私人間の法律関係における基本権規定の適用排除理論である。この問題について通説・判例は間接適用説、すなわち私人間には基本権規定は直接には適用がなく、当該社会関係に適用される法律規定を媒介として間接的にのみ適用されるという説をとっている、といわれている。この間接適用説は、すぐのちに言及するいわゆる無関係説とちがって、基本権規定がともかくも間接的に適用されることを容認しているがゆえに、私人間に憲法の出番が全くないわけではないのだが、この関係に憲法が直接に適用される可能性を全く排除してはいるわけだから、そのかぎりで、憲法が出てくることはないのである。この説によれば、この関係、この舞台のうえで演ずるのはいつも、かならず法律であり、ときに基本権規定がある種の役割分担をすることがあるとしても、それはあくまでも舞台の直下あるいは舞台の袖や裏側にあって、プロンプター(演劇、オペラなどで俳優や歌手に、必要なせりふを蔭でささやいて教える係の者)に似たはたらきをするにすぎない。

いまいったように、ふつう、判例も間接適用説をとっているといわれるのだが、そう分類するのがほんとうに正しいのかに、多少の疑問がある。というのは、最高裁がこの問題で比較的にまとまった見解を披瀝した、三菱樹脂・高野事件の大法廷判決(33)は、間接適用説をとっていると一般に理解されているが、判決の読み方いかんによっては、これはむしろ無関係説をとっていると解しえないではないからである。大法廷判決は「(基本権諸規定は)国または公共団体の統治行動に対して個人の基本的な自由と平等を保障する目的に出たもので、もっぱら国または公共団体と個人との関係を規律するものであり、私人相互の関係を直接規律することを予定するものではない」と説示し、その理由をいま少し敷衍《ふえん》して述べている。「直接規律する……ものではない」といっていることのうらには、「間接」になら規律することを承認しているように読みたくなるかもしれないが、そういう読み方はもとよりなんの根拠もない。では、判決文の他のどこに「間接適用」をにおわせるメッセージがあるだろうか。恰好のものがないのである。なるほど民法九〇条や不法行為にかんする規定の適用を語っている部分があるが、それは次のごとくであって、憲法規定の「間接適用」性はおよそ示唆されていない。いわく、「(私的支配関係が)社会的に許容しうる限度を超えるときは、これに対する立法措置によってその是正を図ることが可能であるし、また、場合によっては、私的自治に対する一般的制限規定である民法一条、九〇条や不法行為に関する諸規定等の適切な運用によって、一面で私的自治の原則を尊重しながら、他面で社会的許容性の限度を超える侵害に対し基本的な自由や平等の利益を保護し、その間の適切な調整を図る方途も存在するのである」。

憲法の「間接適用」性の語られることが乏しいのに反して、大法廷判決には逆に無関係説らしく響く箇所が一、二にとどまらなく在る。たとえば、先に引用した文章中で傍点を付しておいた「もっぱら」の断定、統治(権力)関係と事実上の社会的支配関係とのあいだには「画然たる性質上の区別が存する」という言明などなどである。最高裁は、憲法が適用される統治関係と、憲法が支配するかわりに原則として私的自治が支配し、例外的に法律――多数決により議会が制定する立法――の適用をみるところの社会関係とは、領域を異にするという考え方に近い、と思われる。領域を異にするということの考えは、学説上いわゆる無関係説にほかならない。

2　一九七三年の三菱樹脂事件の最高裁(大法廷)と、一九八九年の航空自衛隊の百里基地の合憲性を争った訴訟の最高裁第三小法廷判決[34]とを、首尾一貫したものとしてつなげて捉えるのには、唐突の譏りがあるかもしれない。しかしながら、もし前者において無関係説がとられたと理解すれば、後者における憲法不適用論も無関係説を表明したものとして、両者辻褄が合うのである。ちなみに百里基地判決にあっては、「憲法九条は、その憲法規範として有する性格上、私法上の行為の効力を直接規律することを目的とした規定ではなく、……直接適用されるものではないと解するのが相当であ」る、とある。これだけとれば、「憲法規定は直接適用されない、けれども間接に適用されることがある」余地をのこしているみたいである。しかし、これは判決文がただ単に「適用されない」と書くべきところ、思わせぶりたっぷりに「直接適用されない」と書いた文言にとらわれ、まどわされた誤読である。百里基地事件での一方の当事者は国(統治機関)であった。しかし最高裁は、次のように判示することによって、この法律関係に——直接にも間接にも、およそ——憲法が入り込む可能性を封じている。いわく「国が一方当事者として関与した行為であっても……国が行政の主体としてではなく私人と対等の立場に立って、私人との間で個々的に締結する私法上の契約は……憲法九条の直接適用を受けず、私人間の利害関係の公平な調整を目的とする私法の適用を受けるにすぎない」。ここで最高裁は、当該法律関係を支配する民事上の法規をつうじて憲法九条が間接的に適用されるかどうかを、およそ全く吟味してはいない。頭から、憲法の適用を排除しているのである。これは、私法形式によって成立する法律関係の世界にあっては——直接にも間接にも——憲法は入り込まないという、境域二区分の考え方が、いわゆる無関係説の考え方がとられているからだと見做すとわかり易い。

以上私は、最高裁判例がこの問題領域において間接適用説ではなく無関係説をとっているとみる余地がないかと示唆してきたのであるが、じつをいえば、私は、こうした解釈論の分類にほとんど全く興味がない。それに私は、間接適用説のいう「間接適用」とはなにを意味するのか、それと関係するが、間接適用説と無関係説とのあいだにどんな根本的なちがいがあるのか、など疑問とするところが多い。実際のところ、この両説に対立して直接適用説なるものがあることになっているのだが、この「直接適用」というレッテルにも、腑に落ちないものを感ずる。(35)

3 この間の事情は、学説上も判例上もかなりいい加減なものがあるという印象を持たされる。(36) 最高裁が少なくも「直接適用」を排除していることは、先のいくつかの引用文においてはっきりとしている。しかし、その最高裁にして直接適用説を思わしめる説示をしている例が、見受けられるのである。たとえば、肝心かなめの三菱樹脂判決では「憲法は……二二条、二九条等において、財産権の行使、営業その他広く経済活動の自由をも基本的人権として保障している。それゆえ、企業者は、かような経済活動の一環としてする契約締結の自由を有し、自己の営業のために労働者を雇傭するにあたり、いかなる者を雇い入れるか、いかなる条件でこれを雇うかについて、法律その他による特別の制限がない限り、原則として自由にこれを決定することができるのであって、企業者が特定の思想、信条を有する者をそのゆえをもって雇い入れることを拒んでも、それを当然に違法とすることはできないのである」(傍点引用者)とある。最高裁は、ここで企業者側につき語られている契約締結の自由、雇い入れ拒否の自由をベースにして、労働者に対する思想・信条調査活動が許容されるゆえんを説いてゆくことになるのは、周知のとおりである。ところで、そのいうところの企業者側の契約締結の自由、雇い入れ拒否の自由は、引用判決文に明らかなごとく、憲法諸規定に根拠を置いて構成されているのであって、これは、そのかぎりにおいて憲法規定の支配力(適用可能性)を認めているのでなければ、いえないことである。なんらかの法律規定を媒介にしてかく語っているのではない。憲法規定を直接名指して、そう言っているのである。しかもここでは、企業者の、国との統治関係がではなくて、労働者との社会関係において、契約締結の自由、雇い入れ拒否の自由が肯定されているのである。

たとえばいまひとつ、直接適用説のニュアンスのあるメッセージを、最高裁(大法廷)の八幡製鉄献金判決のなかに見出すことができる。すなわち「憲法第三章に定める国民の権利および義務の各条項は、性質上可能なかぎり、内国の法人にも適用されるものと解すべきであるから、会社は、自然人たる国民と同様、国や政党の特定の政策を支持、推進し、または反対するなどの政治的行為をなす自由を有するのである。政治資金の寄附もまさにその自由の一環であ[37]」る、と。会社にも政治活動の自由、政治献金の自由があるといい、それは憲法関係法条の適用によってしかるのである、と語られている。第一に、会社に憲法が適用されるのは、なんらかの法律規定を媒介にして間接的におこなわれるという示唆はない。直接にそうなると論じているとみるほかない。第二に、ここで語られている政治活動の自由、政治献金の自由は、もっぱら統治関係との文脈において捉えられているわけではない。会社と株主とのあいだの社会関係において意味あるものとして、これらの自由が語られているのである。そうしてみると、八幡製鉄献金判決は、無関係説や間接適用説に拠っているというよりも、より多く直接適用説に寄っている、と解されてしかるべきであろう。

非常に意地悪い見方でいえば、最高裁は、市民一般の市民的な自由とはちがって、会社関係の企業活動や企業的利益とつながる政治活動にあっては、憲法保障を語るのに大らかで、勢い直接適用説に近い発言をしてきている。総体として、私人間と憲法にかかわる領域では、ひとはイデオロギー的に思考する傾向があるのであろうか。

4　このように最高裁は、若干の動揺をみせはしたが、しかしこの法領域で基本的には、無関係説(および／または間接適用説)にのっとって領域二分説をとっているとみるべきである。憲法が支配する領域と法律以下的な規範が支配する領域とは、デマケーション・ラインによって区分されているという考えである。

先に私は、民事上の名誉毀損の免責特則に関連して、名誉に対抗する報道の自由をめぐる憲法論が出てこないことを批判的に指摘した。しかし、いま述べた最高裁的な領域二分説からすれば、私的自治が支配するこの私法的な法秩序において、憲法の、報道の自由の、といった別世界の法概念がしゃしゃり出てくることはありえてならないこと、論理的に成立しないことなのである。私の批判は、とんだ的《まと》はずれということになる。民事上の名誉毀損問題はすべて、法律問題なのであって、法律解釈のみが展開すべきなのである(この点は、憲法と民法とは無関係だとする無関係説のみならず、憲法は民法を媒介として間接的にのみ適用されるとする間接適用説でもおなじである。後者の説に拠っても、すべてが民法の不法行為諸規定のなかに化体し体現されているはずなのであって、基本権規定は直接のみならず、じつは間接的にさえも現れる余地も必要もないのである)。

憲法・私法境域二分説は、百里基地最高裁(第三小法廷)判決が典型的に自己表現しているように、その淵源において、戦前法律学の伝統である公法・私法論に根ざしている。統治関係を中軸にすえた行政法関係においては公法(憲法も含む)が支配する。これと境界を異にして対等な者どうしの私的自治を前提とした私法的な秩序が対峙する。両法は体系的にちがうのだという思考が、私法の世界に憲法という名の公法が入り込むことを拒否する。そして、この思考方法がそのままの形で私人間の法律問題に貫徹するのが、無関係説であり、間接というクッションを置くことによりレトリックのうえで一応は修正させてみせるのが、間接適用説であるもののようである。

(33) 最大判一九七三年一二月一二日民集二七巻一一号一五三六頁。
(34) 最三小判一九八九年六月二〇日民集四三巻六号三八五頁。
(35) 私人間における基本権規定適用問題については、非常にたくさんの論説がある。ここでは、比較的最近の労作に属する棟居快行「私人間適用問題の複眼的考察」神戸法学雑誌三八巻三号五五九頁、四〇巻三号六九七頁、四一巻二号四五頁(一九九一年)をとても刺激的で興味あるものとしてあげるにとどめる。

(36)　この論点にかんし、私は、別の箇所(奥平康弘『憲法Ⅲ　憲法が保障する権利』(有斐閣、一九九三年)第四章)でも、論じた。

(37)　最大判一九七〇年六月二四日民集二四巻六号六二五頁(傍点引用者)。

五　憲法・実定法境界二分論

1　以上、私人間の憲法適用問題を扱うなかで憲法・私法境域二分説およびその裏にある公法・私法論を考察した。私には、これあるがために裁判や法律解釈論に憲法論的な考察が入りにくくなっているのだと思えるのだが、憲法論議が出てこない、あるいは重んぜられないのは、なにも私法の世界、私人間においてだけではないのは、すでに先に指摘したとおりである。刑事法(例、刑法二三〇条、二三〇条ノ二)や行政法(例、個人タクシー業免許行政)においても、憲法論議・憲法解釈が出てこないような力がはたらいているのは否定できない。これは、公法・私法二元論では説明不能な現象である。私にはどうも、公法・私法二元論とクロスした形ではあるが、もう一つ別箇独立の論理が、ここではたらいているように思えるのである。それを、ここでは憲法・実定法(法律以下的な実定法規一般)境界二分説と名づけておく。この境界二分思考は、公法・私法二元論が一九世紀以来の伝統に由来するのとおなじように、比較的に長い、そして強い歴史に支えられている。その核心は、「法律の優位」を前面に押し出した「立法権優位」の観念から割り出された、次のような「憲法」観のなかに、見出すことができる。すなわち、憲法規範なるものは、特殊な法、客観法であって、国家機関を、そして国家機関のみを、一方的に拘束し義務づける。憲法規範は、国家機関に向けられたものであって、けっして市民に対して向けられたものではなく、市民はしたがって、この特殊規範から権利を賦与されもしないかわりに、義務も課せられない。すなわち、憲法は、市民とは無関係にある！　市民は、憲法の授権と拘束とを受けて立法権を行使する国家機関＝議会の「法律」によってはじめて、主観的に意味のある権利義務を受けとり、これによってはじめて、市民の日常生活が規律されるのだ、とする考えである。いまみたように憲法は客観法である。客観法であるから、憲法の指定する国家機関がこれをブレイク・ダウンするまでは抽象的なままにとどまる。指定された国家機関がブレイク・ダウンしてはじめて、憲法規範は具体化される。それが実定法である。実定法のなかに憲法規範は呑み尽くされている。よし呑みのこしがあるとしてもそれは抽象的なものなのであって、とくに市民との関係では、不存在同然である。いっさいが実定法のなかに体現されている。肝心なのは実定法の世界である。ここがロドスだ、ここで翔べ！　というわけである。

　憲法・実定法境界二分論と称したものは、要するに法律学にいまなお抜くべからざる勢いをもつ実定法主義・ポジィティヴィズムの現れの一つである。

　憲法は抽象的な客観法であり、市民に対して権利を賦与するものとして作られているわけではないという考えが直截に表現されたのは、どちらかというと現行憲法制定直後のことである。たとえば、国家の賠償責任を定める憲法一七条をめぐって争われた解釈論のなかに次のように現れている。同条は「何人も……法律の定めるところにより国……に、その賠償を求めることができる」とあるが、この関係の法律が未制定の段階にあるかぎりは、国家には具体的な賠償責任は生じない、なぜなら憲法はこうしたことを直接には何も定めていないからである、と。[38]　そうこうするうちに国家賠償法（一九四七年法一二五号）が成立施行されたので、万事実定法待ちと解してきた有力学説は実際上の意味を失った。しかし、理論的に斥けられたわけではないのである。実定法主義はなお、たとえば憲法二五条一項、二六条一項、四七条などの解釈論において形を変えて生きのびている。(39)

たしかに、もはや裸の実定法主義がそのままの形で通用する世の中ではない。しかしながら、憲法というものは抽象的なもので、具体的な法律関係に直截に登場するにふさわしくないもの、具体的な法律関係の決め手になるのは実定法でしかないという考え方として、それはなお生きつづけている。法は実定法によって自己完結するのであって、この点においてあえて憲法が出る幕はない、というわけである。

2　こうした考え方に特徴的なのは、いまもいったように憲法というものは所詮抽象的なものでしかないという観念である。この観念がまた、別の形で憲法規範の役割分担を軽んぜしめる司法審査とつながりをもっている。法律の合憲性判断を、裁判所がきわめて抽象度の高いところで、すなわち浅いメスさばきでおこなう傾向を生んでいる。

チャタレー裁判は、現憲法下最初に、文学作品と目されるものに国家権力が真正面から挑戦し、かつ嚇々たる戦果をおさめた重要な事件である。こうした事件として、わいせつ文書販売罪を定める刑法一七五条の合憲性がわが国史上はじめて深刻に論議されねばならなかったのである。けれども、最高裁(大法廷)の憲法論は、いちじるしい程度に抽象的であった。最高裁の説示する合憲実体論は、わずかに次のようなものでしかない。いわく「出版その他表現の自由……は極めて重要なものではあるが、しかしやはり公共の福祉によって制限されるものと認めなければならない。そして性的秩序を守り、最小限度の性道徳を維持することが公共の福祉の内容をなすことについて疑問の余地がないのであるから、本件訳書を猥褻文書と認めその出版を公共の福祉に違反するものとなした原判決は正当であ(40)」る、と。

ここでは、法規そのものの合憲性問題とその法規の本件訳書への適用にかんする合憲性問題とがごっちゃにされていて、それだけでもお粗末というほかないが、「公共の福祉」のレッテルはりがオートマチックにすぎ、いちじるしくひとりよがりである。けれどもしかし、もし憲法二一条の定めている表現の自由はその内容において抽象的なものであり、それは、所詮立法者が判定する「公共の福祉」となんらかの折り合いをつけるなかで決まるものであるという「憲法」観を前提にすれば、最高裁チャタレー判決について文句をつけるところは、どこにもないのである。

もっとも、最高裁判決はいま引用した文章にとどまらず、他にいろいろと法律論議を展開しているのだから、私のようなきめつけは公平を失した偏頗な考察、と非難されるかもしれない。たしかに最高裁は、刑法一七五条のわいせつの定義、わいせつ性判断の性質、その判断の基準などを、適用法条の合憲性審査に先立って論じている。けれども、はっきりしているのは、これら諸点の検討は、表現の自由の観点からの憲法論としてではなくて、ひたすら刑法一七五条についての法律解釈論＝法律構成論としてなのである。私の理解によれば、わいせつの定義、わいせつ性判断の性質、その判断基準などは、どれ一つとってもすべてそれぞれに、刑法一七五条の合憲性評価にとって決定的に重要な審査項目ではある。これらが憲法論上検討されてはじめて、現に——一定の目的・対象・範囲＝限界をもって——在るものとしての刑法一七五条が明らかになり、そうなってはじめて、われわれの日常生活に現に機能している、あるいは機能することになる、わいせつ規制法が憲法に適合するかしないかの審査が可能になるのである。[41] けれども、最高裁は、こうした審査項目をすべて法律論としてのみ分析し、刑法一七五条とはそういうものだと提示するのである。そして次は、局面を変えて、こうしたものとしての刑法一七五条が拠ってもって立脚するところの根拠を、「性的秩序を守り、最小限度の性道徳を維持すること」＝「公共の福祉」という極度に抽象的な文言で示すことによって、一気呵成、合憲への結論を導出している。

最高裁のこうした手法は、第一に、憲法というものは、ことほど左様に抽象的、表面的な程度においてしか規範性

（国家機関とりわけ立法者を拘束する力、裁判所が事後審査する範囲）を持たないという考え方の現れである。第二に、そうだから、ある法規が――抽象的、表面的なレベルで――合憲とされれば、そのあとは、当該法規の具体的な内容をどう解釈充足し、どう適用するかという問題、総じて当該法規をどう構築するかは、あげてこれ憲法外的な世界に属することがらとなる。われわれの現実生活にかかわる法規の具体的な中身をきめるのは、もはや憲法規範の拘束を受けることのない、立法者、法運用者、そして裁判官であるというわけである。

3　チャタレー判決は一九五七年の産物であって、あれから何十年も経過する過程でわいせつ法をめぐる憲法処理の仕方は大きく変化したのであって、私の観察はいまではもはや時代遅れだという批判を受けるかもしれない。そうした批判が正当であれば、私としてはいうことはないのである。遺憾ながらしかし、チャタレー判決（およびそのようなやり方による憲法処理）は、いまなお生きている。そのことは、最高裁自体がチャタレー判決を権威ある先例としてなんどもなんども明示的に引用してきているという、表面的な現象によっていえるだけではない。たとえば、最高裁はそれから二十有余年ののち、いわゆる「四畳半襖の下張」[42]事件で、わいせつ性の判断方法を問題にし直す機会があったが、これは結局のところ、チャタレー判決の該当法律論をパラフレーズしているにすぎない。該当法律論を表現の自由の観点から再検討を加えるといった手法にはなっていないのである。実際、チャタレー判決によって刑法一七五条は丸ごと合憲の祝福を受けているのであって、これある以上、あとの裁判所が同法条の構成要素にあらためて憲法審査を加えることはありえてならないこと、あるいは、そうすることは少なくもたいへんやりにくいこと、であるにちがいないのである。

(38)　たとえば『註解日本国憲法』第一巻（有斐閣、一九五三年）三八七頁、参照。

(39) 憲法の出る幕を押える実定法中心主義は、たとえば、以下のような解釈論を展開する。まず憲法二五条一項である。これは「健康で文化的な生活を営む権利」を語っているが、これによっては、「具体的な権利」は成立しない、法律が制定されてはじめて「権利」が出てくるのであるという解釈になる。憲法二六条一項にあっては、「その能力に応じて、ひとしく教育を受ける権利を有する」とうたっているものの、その前に「法律の定めるところにより」とある以上は、「法律の定め」が無ければ、「教育を受ける権利」はありえないという立場が示される。そしてさいごに、憲法四七条を例にとろう。この条文は「選挙区、投票の方法その他両議院の議員に関する事項は、法律でこれを定める」とあるから、たとえば、市民の選挙運動をどう制限するかは、「法律」の定め次第であり、立法裁量に属するという考え方になる(こうして、公職選挙法における戸別訪問禁止規定その他文書言論活動の諸制限は、すべて立法裁量の域内に取りこまれ、容易なことでは裁判所は司法審査のメスを入れるわけにはゆかないのだ、と語られることになる)。

(40) 最大判一九五七年三月一三日刑集一一巻三号九九七頁。憲法論はこれしかないと断定するのは不正確であり、判決文には、これにつづいてわいせつ文書刑事規制が憲法二一条二項の「検閲」にあたるかいなかにかんし、若干の言及があるのはたしかである。しかし、この事件の肝心なポイントは、刑法一七五条そのものの合憲性問題であったはずである。

(41) かつて、いまを去るほぼ三〇年ほど前、こういった視角から、チャタレー判決を考察し、それはある法規を合憲と——有権的に——宣言するものとしては適切でないのではあるまいか、と批判したことがある(奥平康弘「『わいせつ文書頒布販売罪』について」『表現の自由 Ⅱ』(有斐閣、一九八四年)第一章。これは、もと『(名古屋大学)法政論集』二〇号(一九六二年)のために書かれた)。しかし、そのときも、いまも、私のような物の見方は裁判所では受けいれられないだけではなくて、学界でも無視されている。この種の体験が、私をして本稿を書かしめつつあるのである。

(42) 最二小判一九八〇年一一月二八日刑集三四巻六号四三三頁。

六　煽動罪をめぐる若干の論議

1　チャタレー判決的な手法がいまでもなお厳然と命脈を保っている証拠を、われわれは一九九〇年九月の最高裁(第二小法廷)の破壊活動防止法煽動罪規定合憲判決(43)にみることができる。周知のように、このいわゆる沖縄返還反対闘争にからんで生じた破防法四〇条適用事件においては、同法条の憲法適合性が裁判上はじめて問題になったのであった。最高裁は、以下に引用する判決文によって、同法条が合憲であるむねをいとも簡単に宣言した。そして、この結論を権威づけるべく一九四七年からはじまる七つの大法廷判決を先例として挙示しているのであるが、そこで依拠されている一つが、チャタレー判決であったのである。刑法一七五条の合憲判決が破防法四〇条の合憲性問題とどこでどう関連し、前者はどんな意味合いにおいて後者の先例的な権威たりうるのかを、私はいぶかしく思うのだが、裁判所の頭からすれば、不思議でもなんでもない、ごく自然のことのようなのである。つまり、表現の自由の憲法保障はごく浅い意義しかもたず、このごく浅い意義においては、表現の自由は、わいせつ規制によって損われないと同様に、煽動罪規制によっても傷つかない、と考えられているのである。破防法煽動罪にかんする第二小法廷判決の合憲性にかんする部分を――幸か不幸か大して長いものではないので――原文で約八行の先例典拠分を除き、そのまま転記する。

同第二点は、破壊活動防止法四〇条は表現活動を処罰するものであり、憲法二一条一項に違反すると主張する。①確かに、破壊活動防止法四〇条のせん動は、政治目的をもって〔ママ〕、同条所定の犯罪を実行させる目的をもって〔ママ〕、文書若しくは図画又は言動により、人に対し、その犯罪行為を実行する決意を生ぜしめ又は既に生じている決意を助長させるような勢いのある刺激を与える行為をすることであるから(同法四条二項参照)、表現活動としての性質を有している。②しかしながら、表現活動といえども、絶対無制限に許容されるものではなく、公共の福祉に反し、表現の自由の限界を逸脱するときには、制限を受けるのはやむを得ないものであるところ、③右のようなせん動は、公共の安全を脅かす騒擾罪等の重大犯罪をひき起こす可能性のある社会的に危険な行為であるから、公共の福祉に反し、表現の自由の保護を受けるに値しないものとして、制限を受けるのはやむを得ないものというべきであり、④右のようなせん動を処罰することが憲法二一条一項に違反するものでないことは、当裁判所大法廷の判例(引用略)の趣旨に徴し明らかであり、所論は理由がない。(整理番号①②③④——引用者付す)

判決文を右のように四つに分節することについては、そう大きな異論がなかろうことを希望する。[44] ①は、破防法四条二項所定の文言を提示することによって、同法の煽動罪の定義を紹介するという、ただそれだけの法律紹介である。憲法論ではなくて、そのための素材の提示でしかない。②は、憲法論といえばいえないことはないが、表現の自由も絶対無制限とはいえず、限界があるという、おそろしく抽象的な一般論が語られているにすぎない。限界を画するものとして「公共の福祉」概念が用いられているが、その実体は示されていない。ちなみに、この手の「公共の福祉」的憲法論が、一九六〇年代以降法律学界でのみならず司法界にあってもすでに超克されたものと受けとる向きがあったが、この破防法煽動罪判決によって、その健在ぶりが確認された。その意義は遺憾ながら小さくない。③においてようやく煽動が問題になるが、それは即刻「公共の安全を脅かす……社会的に危険な行為」というレッテルをはられ、その評価レベルで、いっさいの憲法保障から見放されることになる。④は、ここでの憲法処理とそこから出た結論(合憲という結論)を正当化する先例的な権威のかずかずを誇示する部分である。既述のように七つ列挙されているが、そのうちには、チャタレー判決があり、これと似たものとしてサド『悪徳の栄え』判決(45)が挙がっている。わいせつ罪が合憲だから破防法煽動罪も合憲だ、という理屈の駄目押しである。もっとも、それとは別に煽動罪関係にかんしては、敗戦直後の食糧緊急措置令による煽動罪規定からはじまり、全農林事件で問題になった国家公務員法のあおり罪にいたるまで、合憲判例は挙げるにこと欠かない程度にあることはある。一九九〇年の破防法判決がこれらを律気に挙げているのはいうまでもない(46)。

2　このうち、最初の食糧緊急措置令煽動罪判決(47)は、単に表現の自由の憲法保障についての観念が未熟な時代の産物であっただけでなく、「現今における貧困なる食糧事情」という客観情勢に押されて出てきたもので、相当の吟味なしには先例性を承認しがたい。最高裁は、これにつなげて、おなじ食糧緊急措置令違反事件(48)でもう一度合憲性の再確認をしている。そして、それがまた、破防法煽動罪判決で権威的に依拠されているのである。二番目の食糧緊急措置令判決では「国民として負担する法律上の重要な義務の不履行を慫慂」することは「公共の福祉を害するもの」というふうに、大きな風呂敷を広げる態のものとなった。このメッセージともども、食糧緊急措置令判決は、いまにおいてなお、権威あるものとしてわれわれに尊重を迫るのだが、それの先例的権威という点では、いずれ劣らずたいへん疑問である。

　私の理解によれば、裁判所がある法規の憲法審査をするさいには、ただ単に文言としての法条を対象にし、そのごく一般的な成立根拠の合理性をさぐればそれでいいのではなくて、適用されるものとして実体をそなえた法条(それは、現に係争中の事件で適用されたものとしての法条をもふくむ)の憲法適合性に立ち向かわなければならない。そうでなければ、事件性を要求したうえで司法裁判所が憲法審査する意味はないのである(49)。

そうした観点からみたばあい、この二つの食糧緊急措置令違反事件において煽動メッセージそのものおよびその四囲の状況がどれだけ注意深く十分に審理されたかが疑問になる。ある法規の適用により有罪とされた、その法規の合憲性を問うとき、それが適用された結果有罪とされたその事実(そのなかにおいてはじめて当該法規がはたらくことになるのである!)を抜きにして、判断ができるものではないのであるまいか。私のようにそのように考える者からすると、食糧緊急措置令の合憲の二判決は、いちじるしく先例的価値が乏しいと感ぜざるをえない。この二判決はさておこう。

3　もっと深刻な疑問が生ずるのは、例えば、おなじように破防法煽動罪判決で権威ある先例として引用されている地方税法違反事件の大法廷判決(50)である。ここでは特別徴収による遊興飲食税の不納入など実行行為とは別に、この税を悪税と称して納付しないことを煽動した行為が有罪と認定されているが、果たしてこうした税の徴収・納付の不作為の煽動を罪とする地方税法二一条一項は、憲法二一条一項に照らして合憲かいなかが問われた。租税行政の具体的事情のなかで、不納付など実行行為を規律するだけではとうてい効果的でなく、当該税種に対する正当な政治批判と紙一重であるような不納付の煽動をも禁止しないわけにはゆかない状況にあるのかどうか。また、有罪とされた当該〝煽動〟行為は、具体的な状況のなかでどんなふうに、どんな危険発生可能性をはらんでいたのか。いま、叙述の都合上二点しか挙げないが、この種の判断要素は、煽動罪の合憲性評価にとって決定的に重要である。なるほどあるいは、そもそも煽動罪は具体的危険犯か抽象的危険犯かという、刑法学に特有な本質論も大事かもしれない(51)。しかし、この刑法論議は、当該煽動罪規定が合憲であるという結論のうえにのみ成り立つのである。当該事件において全く危険発生余地が感知できないにもかかわらず、当該メッセージを煽動と評価し処罰すべきことを命ずる法規は、少なくも当該事件において適用されるべきではない。適用されるとすれば、なんら危険性のない、そのゆえに自由でなければならない、そしてきわめてしばしば有意義な悪税批判・政府の政策批判でさえありうる言論を、法律の型にはまっているという一事において、禁圧することになるからである。こういうばあい、法律の定型に当該行為をはめたのが悪いのか、そうでなければ、当該行為をはめることを余儀なくする、当該定型規定が悪いのか、そのどちらかでなければならない。

しかるに、地方税法違反事件を扱った大法廷は、煽動罪規定にかんする憲法論としては、まずどんな言論も絶対無制限ではないという具合に絶対命題を語ったのち、ただちに次のように判示するのである。「そして納税義務者又は特別徴収義務者のなすべき税金の徴収若しくは納付しないこと、又は納入金の納付をしないことなどを煽動することは、地方団体の住民の負担する納税の義務の不履行を慫慂するものであって、公共の福祉を害し、憲法の保障する言論の自由の範囲を逸脱するものであるから、これを処罰する旨を定めた地方税法二一条一項は憲法二一条一項に反するものではない。それ故、所論は採用できない」。これは地方税法二一条一項の実体に即した審理とはいえず、こういった審理方法で煽動罪を合憲と結論したとしても、その結論は、なにか意味のある先例として、他事件に援用しうる憲法論的な価値に欠けていると思う[52]。

4　公務員の怠業・争議行為のそそのかし罪を合憲とする大法廷諸判決は、破防法煽動罪判決において当然のごとく権威的にひき合いに出されている。私もまた、公務員の争議行為等の煽動罪にかんしていえば、公務員のある種の争議行為は違法であるということを今かりに前提にすると、労働組合やその連合組織という特別な組織内部で醸成され、貫徹される勢いをもって上部からくだされたスト指令あるいはその類のメッセージは——その状況のしだいによっては——違法行為の煽動に当たるとして禁止しても、かならずしもただちに憲法違反とはいえないかもしれない、と思っている。そのかぎりでは、国家公務員法一一〇条一七号、地方公務員法六一条四号それ自体は、無碍に斥けられないものをもっていると思う。このことはしかし、たとえば、かつて一九五二年、ある福島県民が地域の警察署職員に「全国の警察官幹部諸君に訴う」とするガリ版ずりアジビラを配付したゆえに煽動罪にあたるとして有罪になった、そのときの地方公務員法六一条四号が——最高裁(第三小法廷)のそうしたごとく[53]——簡単に合憲視されていい、と示唆するものでは全くない。あの状況のなかで回付された「全国の警察官幹部諸君に訴う」は、よかれあしかれ、所詮単なるアジビラでしかなかった。そのような内容の、そのような効果しかもたないビラ配りが同法条の「そそのかし」罪にあたると解釈するほかないとしたら、そのような法条は、広義にすぎ包括的であって違憲のそしりをまぬかれがたい。さもないとしても、同法条は当該事件には適用されるべきではなかった、と思う。この種のビラ配りと、労働争議に関連してなされる組合の指令伝達とは、ひとしく煽動として一色にぬられてしまいがちだが、行為の社会的な性格・効果、したがっておのおのの実体において異なるものがある。「異なるものを異なって扱う」ことは、「等しいものを等しく扱う」のと同様に、ひとを尊重し、自由に敬意を表するうえできわめて大事なことなのである。

以上、少しく煽動罪にかんする諸判決に深入りしすぎた気味がある。が、率直にいって私には、煽動罪についての憲法学による本格的に批判的な考察は皆無に近いようにみえる。あるのは、単発の判決評釈かそれに類するものでしかないという印象をもつ[54]。憲法学界の圧倒的な傾向は、煽動罪をわいせつ罪と同様、表現内容規制の典型とみなしながらも、「範疇化テスト」によって合格済みであり、あとは法律解釈によるあてはめだけがのこされているとするにとどめる。このさい、「範疇化テスト」のモデルとして Brandenburg v. Ohio[55] の判断基準が極端に定型化された形で語られるのがつねであるが、それを破防法煽動罪判決をはじめとした、あれやこれやの煽動罪諸判決にあてはめたら、どんなところに、どんな問題が出てきて、どうなるのかを、きちんと分析し検討する作業はほとんど展開されていない。最高裁判決における憲法論の抽象性は、こうした学界の潮流と期せずして呼応しているのを残念ながら認めざるをえない。すなわち、憲法を軽量に扱うという本稿のテーマとの関係では、単に裁判所だけではなくて、法学研究者も、かなりの程度において責任を負っているように思えるのである。

(43)　最二小判一九九〇年九月二八日刑集四四巻六号四六三頁。
(44)　権威ある判決文にあえて整理番号をつけるという――見方によっては――たいへん不遜なことをあえてしたが、その理由の一つは、そうすることが私の叙述目的に都合がいいからである。第二にしかし、同時に、判決文に対する文章構成論的な批判をもこめている。②ないし④は、段落なしの一つの文章になっている。これは、刑事判決ではむしろ一般の現象だが、それぞれ異なった対象を、異なったレベルで論じているのだから――市民に分かり易くという意味においてだけではなくて、判決を書く当の裁判官の頭を明晰に保つうえでも、文章に切れ目をつけるべきだと思う(この点について同じ批判的な感想を一再ならず私は書いてきたが、これはどうも犬の遠吠えというもののようである。最近では、当の最高裁が下級裁判所に向かって判決の書き方・文章論を説諭しているらしく、そのことが耳目を集めているが、正直なところ、隗より始めよ、といいたくならないこともない)。
(45)　最大判一九五九年一〇月一五日刑集一三巻一〇号一二三九頁。
(46)　一九九〇年破防法判決についての、最高裁調査官(吉本徹也氏)による解説にしたがえば、同判決が権威的な先例として挙示している七つの判決は、「表明される意見がもたらす弊害を防止するためにその意見の表明を制約するもの」にかんし合憲と判定した点で共通であり、これらはかかるものとしてなお権威をもって支配している、と理解されている。
(47)　最大判一九四九年五月一八日刑集三巻六号八三九頁。
(48)　最大判一九五二年一月九日刑集六巻一号四頁。
(49)　注(20)で告白したように、私は、法の解釈(憲法の解釈も含む、念のため)にかんしてガダマールらのヘルメノイティックスの考えに強い親密感を覚える(もちろん、解釈にともなう「投企」において、どんなふうに伝統的なるものが有効たりうるかといった、ガダマールとハーバーマスの論争をどう評価するかといった細部にわたるところまで全面的にガダマールにコミットするわけではない)。ヘルメノイティックスは、テクストと解釈者との緊張関係を十分に認識したうえで、テクストの解釈が導き出されるメカニズムを考察する。が、このさい、解釈は、抽象的な文言としてのテクストから抽象的に引き出されるのではもちろんない。解釈は、つねに市民の日常生活と不可離なのであって、その意味では、解釈は「適用」とふかく結びついている。適用を念頭におくことなしに、テクストの文言処理で片付けること、つまり、解釈と適用とは別物だという考えは、日本国に根強い。しかし、憲法の解釈という点では、これが憲法論の展開を抑止する一要因になっているように思う(アメリカのばあい、フェデラリズムのもと、州裁判所の法解釈を合衆国裁判所は尊重しなければならないので、適用違憲というプラクシスを発展させている。つまり、法の適用の段階まで憲法法規は支配するのが当然なのである)。

(50) 最大判一九六二年二月二一日刑集一六巻二号一〇七頁。

(51) 周知のように破防法煽動罪事件の第二審判決は、煽動罪は具体的危険犯なりや抽象的危険犯なりやの法律論を比較的に詳しく展開し、これを具体的危険犯と解釈した。しかし、この解釈論は、当該法規が合憲だと断定されたのちに出てくること、したがって憲法論的な構成はとられていないこと、が指摘されうる。いずれにせよ、しかし、最高裁は、危険発生の可能性・蓋然性に全く意を用いるところがない。法規における煽動罪の定義(破防法四条二項)のなかに、合憲たらしめるすべてが入っている、と解しているようである。

(52) 地方税法二一条一項の煽動罪規定は、戦後ある時期まで、ポツダム諸政令やその他の治安立法とともに、明らかに言論抑制的な効果をもって適用された。それにもかかわらず、他の治安立法とともに一度も違憲の評価を受けることがなかった。地方税法の治安立法的な適用という、私のいい方に疑問のある人は、本文で摘示した一九六二年最高裁判決が扱った事件を、一・二審で明らかにされている事実関係に即して、虚心坦懐に、読んでいただきたい。そしてそれでもまだ腑に落ちなければ、最大判一九五五年一一月三〇日刑集九巻一二号二五二九頁が対象とした地方税法二一条一項適用事件の事案を、札幌地裁岩見沢支部・札幌高裁をふくめ三審とおしで読んでみてほしい。

(53) 最三小判一九五四年四月二七日刑集八巻四号五五五頁。

(54) こういう不遜ないい方をするについて私は、たとえば、ほかの国の、Greenawalt, Speech and Crime, 1980 American

Foundation Research Journal 647 のような立派な業績とわれわれの側を対比するのである。もっとも以下のように優れた本件最高裁判例評釈を無視するつもりはない。山下威士・判例セレクト90(一九九一年)一二頁、右崎正博・平成二年度重要判例解説(一九九一年)二二頁、曽根威彦・判例評論三九一号(一九九一年)五六頁、松井幸雄・法学セミナー三六巻六号(一九九一年)一二六頁、毛利晴光・法律のひろば四四巻三号(一九九一年)五六頁、君塚正臣・阪大法学四一巻四号(一九九二年)四一頁。

(55) 395 U. S. 447 (1969).

まとめにかえて

1 以上、若干の判例を素材にして、法の解釈や裁判において、いかに憲法規範が過小な役割しか割り当てられず、後景に押しやられているかを指摘した。たぶんこれは、通常、日本司法審査制の特色であると称されている司法消極主義なるものの、ひとつの現れなのだろうと思う。司法消極主義というのは、ふつう、裁判所が固有独自の立場、すなわち法の解釈および適用における自己の見解を、あえて前面に押し出さず、むしろ政治機関(立法部および内閣)の立場を尊重するがごとく振る舞うこと、その結果とくに立法部との関係では、立法者の行為所産=法律を精一杯尊重し、めったなことではその違憲無効を宣言しないこと、などを意味する。(56) このばあい、司法部が自制するところの固有独自の立場というのは、結局のところその支えどころを憲法規範に置くのであるから、司法消極主義は要するに、憲法規範の——法解釈や裁判での局面での——役割を控え目に押えることを意味する。本稿がこれまで叙述してきた司法の傾向が、違憲立法審査権の行使を押える性向を意味する司法消極主義と、軌を一にしているのがわかるであろう。実際、一般に憲法規範の出番が少なければ少ないほど、この規範との抵触が発見され指摘され宣言される度合いは少ないのであって、必然的に司法消極主義の様相を呈することになるのである。

私は、頭から一概に、司法消極主義が悪くて司法積極主義が好いといった式の主張に与するつもりは全くない。最近はむしろ私は、好し悪しとは別にして、現に拭うべからざる勢いで日本司法にまといついていると思われる消極主義を、それをそれとして受けとめ、その実情を把握し、その根因をさぐり、それにどう対応することが望ましいのかを考察することのほうに、自己の興味をつなげている。(57)

じつをいえば、本稿は、ある意味では、司法消極主義についてのそのような興味の派生物である。

さて、司法消極主義については、これを肯定的に評価する考え方が厳然としてある。非代表的な機関たる司法部は、国家意思の決定をできるだけ多く、代表機関たる立法部(アメリカのような体制にあっては執行部もふくみうる)にまかせるのが民主主義の本筋であり、理に適っているという。こうした種類の民主主義理解によって果して、司法消極主義を必要にして十分に弁明しえたことになるのかは疑問ではあるが、いまはそれを措こう。けれどもこれと同じ論理レベルで、裁判所が法解釈・裁判において憲法規範の役割を極力押えることが正当だ、といえるだろうか。

例をとろう。法律明文上なんら告知・聴聞手続規定が存在していないある特定行政過程において、従来の法実践に反し、(58)ある種の告知・聴聞手続要件を裁判所が要求するとき、この新要件導入をあたかも法律規定の解釈が当然にもとめているものであるかのように説示することのほうが、憲法三一条なり一三条なりあるいはその他の憲法構造からシステム的に割り出した「適正手続」要件を関係法律規定のうえに乗せて読み込ませるよりも、民主主義とか「立法権の優位」原則の尊重とか等々の理屈からいって、正当であるといえるだろうか。もう一つ、民事の名誉毀損法制における免責特則の例をひき合いに出そう。民法の世界に刑法の世界から刑法二三〇条ノ二を借りてきて、その適用だか類推適用だか準用だかその種の適当な言辞を弄することによって、[59] 法律解釈手続で免責特権を認めることのほうが、上位規範たる憲法で保障されている表現の自由・報道の自由と折り合いをつけながら、率直に司法的に新しい法を創造するやり方よりもより民主主義的で優れているといえるだろうか。私にはどうしてもそうは思えない。

個人タクシー業の免許行政における告知・聴聞手続問題についていえば、最高裁判所は、最後まで憲法規範を登場させずに、道路運送事業における免許行政という特定個別の行政領域の特質に焦点を合わせ、ここにおいてのみ、告知・聴聞手続要件をかぶせるにとどめようと努めた。このばあい、最高裁は、道路運送事業法のひとつうえにある憲法が要請するものとしての適正手続要件を持ってくることは、やろうと思えばもちろんできた。しかし、そうしなかったのは——すなわち憲法に出番を与えなかったのは——この手法をとれば、他の種別の行政分野にも告知・聴聞手続を保障することになりかねないという一般的効果を蔵しているとみたからにちがいない。憲法を語ることは、原則を語ることである。憲法に出番を与えることは、原則に出番を与えることになる。最高裁は、これを極力避けるべきだと考えた。ここはなんとかして、一回かぎりの門戸開放にとどめておかなければならない。ケース・バイ・ケースの事態解決でゆくべきである。かくして最高裁は、個人タクシー事業免許事件判決では、終始法律解釈の世界にのみ沈潜する方法を選択した、とみられる。裁判所に幸いであったのは、そうでありながらも、しかし、この訴訟にあっては結論(メリット)において具体的な正義にはかなったことである。

2 個人タクシー事業免許行政事件において最高裁が実際におこなったことは、法律解釈の名における新しい法の創造であった。単に法律の明文規定にないばかりでなく、当該法規や類似法規の解釈においてかつて要求されたこともない手続要件を導入したのであって、これはまさしく法の創造である。もっとも私の理解では、これは法律解釈の世界だけにとどまっているかぎり、法の創造といえるが、じつはこれは憲法システムが構築する適正手続要件の関係法律領域への出現・具体化なのであって、全き意味で法の創造であるのではない。そしてそのゆえにのみ、裁判所はそうすることが許されるのである。そうではなくて、憲法から助力を受けることなしに、法律の世界にとどまっていながら新しい法の創造に従事するとなると、裁判所としてはそうすることの権力を、正当性を、どこかから持ってこなければならないはずなのである。そうすることがかえって立法部の意思を尊重したことになり、民主主義の精神により適合するのだということを、特殊的に説明しないわけにゆかないのである。私にはしかし、司法部によるこんなふうな法の創造は、「立法権の尊重」というよりはむしろ司法による「立法権の占奪」であり、三権分立の原則に合致するというよりはこの原則に背反するものであるだろうと思える。

3　しかしまた、こうした法律解釈手法は、なにごともしかるべく「法律ノ範囲内デ」決着をつけるべく専門的、技術的な法曹エリートの知識と経験にまかせ、その英知に期待するという esoteric(密教的)な状況を作り出す。これは民主主義の逆行であるというべきなのではあるまいか。

法律の欠陥(歴史上生じた現実世界とのギャップ)を法曹エリートとしての裁判官が、法律解釈のテクニックで補正するというこの手法は、いろんな意味でコストがかからずに済み、日本社会において珍重されることになっている。しかし、この手法のもとでは、目先の利害を超えたより高い価値を踏まえる、より高い法=憲法から照射を浴びる機会は到来することなく、したがって原則を欠いたケース・バイ・ケースの解決に、いつまでたっても終始することになってしまう。あるいはまた、より高い法からの刺激を受けることがないので、立法部は目線を高いところにおいてその方面の法の発展に注意をうながされることがないという付随現象をも生んでいるように思う。

4　法律の足らざるところを法律解釈(という顔つき)で取り繕ろうのではなく、それを憲法規範の導入によって補正することが、もっとありえていいのではないかというのが、本稿において私の主張したいところなのであるが、この主張に対してかならずや次のような反論が出てこよう。法律の足らざるところを法律解釈で補ってなぜ悪いのか、要するに正義が達成されればそれでいいのであって、そのほうが社会的コストが安くすみ、日本国には適合的ではないか、と。これに対して、一つだけ答えておきたい。刑法二三〇条ノ二の真実の証明にかんするゆるやかな解釈にしろ、同法条を民法七〇九条のなかに取り込むという解釈にしろ、それぞれのばあい、あるいは当面の辻褄が合い妥当性を有するというべきかもしれない。しかし、そこで提示されている法が、単に法律解釈の所産であるにとどまり、法律を超え憲法で保障されている表現の自由との折り合いによるものでないばあいには、つまり憲法的な価値を踏まえた法として提示されるものでないかぎりは、法律改正という手段によって当該解釈内容を明文のうえで否認されてしまえば、解釈によって創られたその法は、あえなく消失してしまわざるをえないのである。すなわち、単に法律解釈の手法により存立している法は、いうならば立法部の黙認・不作為によって、その命脈を保っているにすぎないのである。ということは、名誉毀損法制にあって表現の自由はかくかくしかじかという形で司法的に一応その保障内容が確定してあるけれども、そこには憲法上の基礎づけがない以上、これを立法部がどう左右するかは立法裁量に属するのであって、法のゆくすえは全く未知数の世界にあるということなのである。こういう結論を、われわれは甘受しなければならないのだろうか(60)。

5　憲法規範がどんなに軽視されているかを、裁判例を素材に論じてきたために、勢い裁判所あるいは法曹エリートを批判の対象とすることになってしまった。これは、裁判所あるいは裁判官が、法の解釈適用（それによる紛争の有権的な解決）という仕事の関係で置かれている制度上の位置からして、ある程度やむをえないことである。だが、法解釈において憲法の役割分担が乏しいという点に絞っていえば、その責任は、裁判所・裁判官だけが負うべきなのではなくて、憲法研究者もふくめた法律学者一般も負わなければならない。そのことはすでにこれまで述べてきた行間のはしはしで示唆してきたところである。この点では司法部も日本法学界も同罪であって、両者あいまって、この主義を形成し維持しているのだと私は思う。

憲法研究者を例にとろう。先にも指摘したようにわいせつ出版規制、名誉毀損、煽動罪など、それぞれに内容においてふくらみがあり論議の余地ある言論犯罪は、わが憲法学界では「範疇化テスト」に合格したという理解により憲法分析が終ったことになっている気配がある。抽象度の高いところで、学説上合憲のお墨付きをえている。けれどもしかし、例えば煽動罪一つとってみても、戦前の治安維持法その他の治安立法に導入された煽動罪がどんな言論統制をもたらしたかという歴史的な考察のうえに、戦後占領期・秩序混乱期において同犯罪の解釈運用がどうかわったのかかわらなかったのかを見究める作業をおこない、さらにその後の法展開のなかで各種の煽動罪（あおり、そそのかしの罪）がどのようなはたらきをしたかという観察をつなげ、そうしたうえで、定義上一様におなじ煽動罪（あおり、そそのかし罪）とされながらも、それぞれが対象とするコミュニケーション過程において憲法上の評価がちがってしかるべきなのかいなかと、きちんと見届けるべきである。(61) こうした作業の成果が憲法学界に内在していないから、例えば、一九九〇年九月の破防法煽動罪合憲判決に対して有効な批判を提示しえず、ただ拱手傍観することになっているのである。

刑法学の世界での煽動罪は、極言すれば、たかだか抽象的危険犯か具体的危険犯かといった解釈問題を論ずればよいのである。そしてこれは、他の刑法理論と同じように部外者の容易な立ち入りを許さない様相の、深刻にして抽象的な概念操作のなかにあるようにみえる。これあるがため、憲法研究者は、煽動罪の分析一般、この罪の解釈一般に介入するのを躊躇しているように思う。けれども正しくはまず、憲法理論により、一定の社会関係において、一定の状況・基準により煽動罪の成立が認容され、しかるのち、かく憲法上認容されえた煽動罪が、刑法一般理論から推して、抽象的危険犯とか具体的危険犯などをふくめ、そもそもいかなる性格のものかが論ぜられることになるべきなのである。

刑法学からみれば、たとえば、名誉毀損の特則として現にある刑法二三〇条ノ二がそもそもどんな憲法論上の根拠に根ざしているのかは、さしあたってどうでもいい問題であるだろう。それよりはむしろ、真実の証明があったことによって違法性が阻却されたことになるのか、処罰阻却事由があったことになるのか、故意はどうする、錯誤はどうだといった種類の問題のほうがより強い関心をひくとしても、驚くにあたらない。刑法学にとっては、この種の解釈問題を、刑法一般理論としての犯罪論・故意論・責任論その他の体系とどのようにうまく折り合いをつけるかが、重要だからである。問題はしかし、こうした一般理論の体系と上手に合わせることが至上命令になってしまい、法解釈のなかに辛うじて潜り込んでいた表現の自由への価値配慮がそのために犠牲に供せられることがないとは断言しえないところにある。そうならないためには、刑法理論よりも先に憲法理論においてまず、公共的な情報を確保するうえで憲法上要請される真実の証明はいかなるものかを確定し、それを刑法学の面前に据え置くことだろうと思う(そのことは、刑法学者によってではなく憲法学者によってなされるべきだと示唆するものでは全くない。法のレベルの問題であって、研究者の分類の問題ではないのである)。

現状にあっては、刑法と民法との両世界に分断されている名誉毀損法を統合的に把握して、名誉にかんする人格権と表現の自由との対立と調和とを総合して考察しようとする意欲がなかなか醸成されない。勢い、刑法における名誉毀損法制と私法のそれとの二本立てになっていることの意味を明らかにし、そのおのおのの機能を識別することも、したがって、また、刑法的世界に秘められている治安維持的な要素(seditious libel の性格)を批判的に剔抉するといった作業[62]も、期待薄である。

6　司法審査のみちをはじめて切り開いたアメリカ合衆国の Marbury v. Madison[63] は、司法審査についてのみならず、およそ最高法規性を謳う成文憲法について考えるさいの、いろいろな手掛りを供給する。周知のようにこの判決のポイントのひとつは、憲法も法規範である以上、他の法規範と同様、司法裁判所により解釈され——特定事件をつうじて——適用されねばならないということにある。つまり、憲法は、他の法規範と性質を異にした特殊な法であるという考えをとらない。法あるところ、憲法は浸透し、法の中身を規定し充足する。憲法は、法律の合憲性判断にさいし用いられるのみならず、法律の解釈・適用を合憲ならしめるためにもはたらく。憲法自体に明文上の限定がない以上、およそいかなる法領域にもまたがって支配していると考えられている。私法の世界には憲法は入り込まないといったような、憲法を超えた超法的な理論は、ここではたらく余地はない[64]。

もちろん、アメリカはアメリカ、日本は日本、ではある。そうではあるが、日本のばあい、憲法という法を特別視しすぎ、そのゆえ、そこから十分な存在意義をひき出せないでいるうらみがあるように、思えるのである。

(56)　司法消極主義(および司法積極主義)の語は、やや恣意的に用いられる傾向があるが——アメリカでの用語法も踏まえ——本来は、司法審査の機会(窓口)・司法審査の範囲等を狭めることにより、司法審査を消極的に行使することをもってよしとする点にこの語の眼目はあるだろう。その結果、勢い違憲判決が出てくる余地が少なくなるが、違憲判決が少ないから司法消極的であるのではない。また、逆に、そのことの結果、合憲判決が出てきて、立法が司法により積極的に承認されるからといって、これを司法積極主義と解するのは、単に用語法の混乱を招くのみならず、このような効果は、司法が司法審査権を積極的に行使したための産物ではちっともなく、むしろ司法審査を手控えたために、他の国家機関の憲法判断が承認されたことになるにすぎない点で、用語法的にも正当でないはずである。

(57)　本書第三章「司法審査の日本的特殊性」は、不十分ながら、そうした興味の発露した作品である。

(58)　個人タクシー事業免許拒否事件のばあい、拒否処分の取消しを宣言した一審・二審の判決に対して、被告・官側は、これを机上の空論、実務を知らぬ書生論といったふうに、口をきわめて非難したのを、私は簡単に忘れてしまうわけにゆかない。第一審判決に対しては、たとえば、S・H・E・判例紹介『時の法令』四八二号四頁および五〇二号四八頁、青木康「行政手続と公正原理」民事研修八一号三一頁、青木「行政機関の審理はいかにあるべきか」民事研修八四号二五頁。第二審判決には、たとえば、S・H・E・判例紹介『時の法令』五六九号五三頁、上野国夫「行政審査手続と公正の原則」法律のひろば一九巻六号四七頁がある。これとは対蹠的に、個人タクシー免許取消判決と全くちがって、伝統的な立場から原審を破棄した群馬中央バス事件の第二審判決・東京高判一九六七年七月二五日行裁例集一八巻七号一〇一四頁のほうは、S・H・E・判例紹介『時の法令』六三八号五〇頁、高橋正「群馬中央バス事件の控訴審について」法律のひろば二〇巻一二号四五頁等において、官側から大いに歓迎されたのであった。

(59)　この機会に触れておきたいことに、憲法における適用・類推適用・準用の用語法がある。まずはじめに、「準用」とは、ある法条を、それが本来想定している規律対象とはちがった対象に対しても準えて用いることを、法律明文上定めることによって生ずる。準用規定がなければ、準用は生じないのである。したがって、憲法解釈論にあっては、「準用」を語りうる契機はほとんどない。次に適用と類推適用とは、少なくも憲法解釈論にあっては、区別すべき標識が明らかでなく、区別すべき実益もない、と私はあえて考える。

(60)　先に本文で、すべてを法律解釈のレベルで片付けようとする方法は、目線を高くおいて憲法的原理をつなげて法の発展を見透す努力を、放棄させているのではないか、と示唆した。これは、司法についていえるだけでなく、学問についてもいえると思う。民事および刑事に分断された形で名誉毀損法制、刑事のわいせつ罪・煽動罪、民事のプライバシー法制の研究があるが、単におのおのの法制の憲法学的分析が少ないだけではなくて、各法制を横断する研究も、ありていにいって、きわめて乏しい。以下に挙げるポウストの論文は、共同体主義(コミュニタリアニズム)という特定の思考方法を打ち出すことをねらったものといえるが、日本にはあまり見受けられない横断的考察の所産であって、たいへん刺激的である。Post, The Social Foundations of Defamation Law: Reputation and the Constitution, 74 Calif. L. Rev. 691 (1986); do., Cultural Heterogeneity and Law: Pornography, Blasphemy, and the First Amendment, 76 Calif. L. Rev. 297 (1988); do., The Social Foundations of Privacy: Community and Self in the Common Law Tort, 77 Calif. L. Rev. 957 (1989); do., The Constitutional Concept of Public Discourse: Outrageous Opinion, Democratic Deliberation and *Husler Magazine v. Falwell*, 103 Harv. L. Rev. 601 (1990).

(61) 本書第五章「煽動罪と日本国憲法」は、そのような意図のもとに、煽動罪合憲判決の問題性を、その歴史的な背景において明らかにしようと努めた。

(62) この点にかんし、たとえば、Post, The Social Foundations of Defamation Law: Reputation and the Constitution, 74 Calif. L. Rev. 736 (1986) を参照。

(63) 5 U. S. (1 Cranch) 137 (1803).

(64) アメリカの州行為(state action)の理論は日本の私人間における間接適用説もしくは無関係説と同じものと理解されている傾向が強いが、両者はかなりちがう。アメリカの理論は、憲法明文にも反映しているところのフェデラリズムから来ているのであって、憲法はおよそ私人間には入り込まないといった実体的な内容をともなう境界区分論にもとづくものではない。

［補論］告知・聴聞を受ける権利
——日本における "Due Process of Law"——

一　最高裁の消極的・警戒的な構え

先に、一九七一年のいわゆる個人タクシー免許申請拒否処分にかんする最高裁（第一小法廷）判決を取りあげた。この判決は——とくに第一審判決とちがって——告知・聴聞手続要件にかんする憲法論的な構成を避け、しかしながら当該法律（道路運送法）の関係法規の解釈論という方法をとって、一審・二審と同様、告知・聴聞手続なしにおこなわれた拒否処分は違法であり取消しをまぬかれない、と判示したものであることが指摘された。ここにみられるように、最高裁は、日本国憲法が行政の相手方（＝市民）に対して——一定の要件をふまえたばあい——告知・聴聞を受ける権利（right to notice and hearings）を保障しているという解釈をとるのに、非常に消極的であるのが特徴的である。

告知・聴聞手続要件についての消極的、警戒的な構えは、一九九二年のいわゆる成田新法（「新東京国際空港の安全確保に関する緊急措置法」）にかんする最高裁大法廷判決においても、依然としてうかがえる。この裁判の争点の一つは、成田新法が相手方に聴聞の機会を与えることなしに工作物等の使用禁止命令を発しうる仕組み（法三条一項）になっていることが、憲法三一条に違反しないかどうかという問題であった。最高裁は「憲法三一条の定める法定手続の保障は、直接には刑事手続に関するものであるが、行政手続については、それが刑事手続ではないとの理由のみで、そのすべてが当然に同条による保障の枠外にあると判断することは相当でない」と述べることによって、刑事手続か行政手続かの二分法の機械的適用で運命を分けへだてる手法をしりぞけたものの、結局はしかし、行政手続と刑事手続とはその性質がちがうから、行政手続にはつねにかならず告知・聴聞の機会を与えることを必要としないという立場を確認している。この立場にもとづき、告知・聴聞なしに使用禁止処分を課することにしている成田新法(三条一項)は憲法三一条に違反しない、と最高裁は結論している(この大法廷意見に対し、園部逸夫、可部恒雄両裁判官はそれぞれ、行政手続にも憲法三一条は適用されるべしとする「意見」を表明した。しかし両裁判官とも成田新法にかぎっては手続保障を欠いているからといって、それだけで違憲だとはいえないとする)。

この判決のあったころ、その制定が取沙汰されていたところの行政手続法が、一九九三年にようやく成立し、ある種の行政領域では告知・聴聞手続が法定化された。こうして、法律が出てきて手続が整備され問題が片付いたのだから、憲法(三一条)はますます出る幕はなくなった、と考える傾向がある。「やはり日本は、法律準拠主義ですよ」という言い方がまかりとおり、「すべて結局は〝法律待ち〟」の国柄である、と確認されつつある。

二　憲法三一条をめぐる成立事情

一般に市民的自由・権利保障において、憲法を旗印に押し出すのを嫌い、法律レベルにおいてことを決しようとする傾向は、再三述べてきているように、日本の法文化の特質に属するのであって、これはけっして、憲法三一条(＝適正手続、公正手続)の解釈適用領域にかぎったことではない。それにしてもしかし、憲法三一条の不活発性、その等閑視のされ方には、それ特有に独自の、ある種の特殊背景があるのも、見過しえないところである。どういうことかというと、日本国憲法、あるいは憲法三一条は、明文をもって——アメリカ合衆国憲法修正第五条もしくは第一四条に定められている形の——“due process” clause を持っていたならば、この間の事情は、あるいはすこし、ちがっていた可能性がある、ということである。

文言《テクスト》という点では、憲法三一条は明らかに“due process” clause ではない。この法条は、「何人も、法律の定める手続によらなければ、その生命若しくは自由を奪はれ、又はその他の刑罰を科せられない」とある。これは、確かに、アメリカ流の「何人も……法の適正な手続(due process of law)によらなければ、生命、自由または財産を奪われることはない」(修正第五条)とも、「いかなる州も、法の適正な手続(due process of law)によらなければ、何人からも生命、自由または財産を奪ってはならない」(修正第一四条一項)とも、ちがう。そして、この文言のちがいは、憲法制定関係者(と、私がここでいうのは、いわゆるマッカーサー草案の直接の起草者であった、Ｃ・ケイディス大佐ら総司令部民生局(ＧＨＱ・ＧＳ)のスタフのことを指す)らが意識してつけたものであった。なぜ、かれら起草者は、日本国憲法への“due process” clause を意識して避けたのであろうか。

ここで、私が先に本書第三章「司法審査の日本的特殊性」で究明しようと試みた論点の一つに、次のことがあったのを想起していただきたい。すなわち、いま問題にしているおなじマッカーサー草案起草者のなかには——ケイディス大佐が典型であるように——日本へのアメリカ型司法審査の導入にかなり懐疑的、消極的な考えの持ち主がいたという事実、これである。ＧＳスタフのあいだに支配的であったニューディーラー的な感覚(一九三〇年代アメリカ合衆国Ｆ・Ｄ・ルーズヴェルト大統領のもとで展開した社会・経済・労働・福祉政策としてのニューディールを積極的に推進しようとする、多かれ少なかれ社会民主主義的な人たちの感覚)には、今世紀初頭から三〇年代中葉にいたるまでの合衆国最高裁判所の積極的な司法審査のありよう(その結果としての司法によるニューディール政策の否認)に対する忌わしい記憶は、なお顕著なるものがあった。かれらのうちには、今世紀初期の Lochner v. New York (198 U. S. 45 (1905)) 以来、一つの大きな流れとなって反ニューディール諸判決へとつながってきているアメリカ型司法審査そのものに懐疑的、否定的な者がいたとしても、そんなに不思議ではない。すくなくとも、この東洋の国、日本に、民主主義的、近代的憲法の中枢に位する制度として、アメリカ型司法審査を移植するのには、熱心になれないものがあったであろうことは、容易に想像し得るところである。

民政局スタフのあいだに、アメリカ型司法審査の日本への導入に、ある種の狐疑逡巡があったという事情は、以上の指摘で理解して貰えただろうと思う。さて、これと全くおなじ事情が、ほとんどそのまま、"due process" clause の不採択へとつながってゆくのであって、次にこのことを説明する。

反動的な程度に保守的、経済自由主義な哲学にもとづいて展開することになる合衆国最高裁判所の司法審査は、その顕著なはしりであり象徴であったところの、前引 Lochner v. New York (1905) がそうであったように、国(=州)の社会・労働政策を体現した立法を、憲法修正第一四条一項の "due process of law" に違反するがゆえに、違憲無効であると宣言するパターンをとった。"due process" clause は、福祉国家的な立法を否認し、保守的、反動的な社会経済のありようを防衛するための、明文上の根拠、そうした論理を展開するレトリック上の道具として、用いられたのであった。

三 "due process" 条項の意識的な排除

悪しき司法積極主義への忌わしい記憶は、マッカーサー草案の起草者たちニューディーラーにとっては、即《そく》、"due process" clause のこうした特殊的な性格づけに対する悪しき評価と、密接不可分に結びついていたのである。"due process" clause は、かれらからみれば、誤った司法積極主義の実体的な根拠規定であり、かかるものとしてそれは、けっして再生日本で継承してはならないものであった。

日本側起草関係者との折衝も含めたいろいろな討議の結果、アメリカ型憲法体系、とりわけその権利保障体系にとって本質的、機軸的な仕組みになってきているところの、司法審査制そのものは、構想として、日本国憲法草案のなかにのこることになった。まさにそうだから、そのことと関連して、継受された司法審査が、先般までの合衆国最高裁判所(いわゆる "Old Nine Men"[1])がそうしたように、誤った司法積極主義、保守的司法の横暴に走らないためには、予め牙を抜いておかねばならなかった。ここで牙とは、もちろん、"due process" clause のことである。

こうして、GSの起草者らは、"due process" コンセプトを、むしろ刑事手続に重心を置いた手続的な正義という狭い領域へと絞り込む手法をとって、現に日本国憲法三一条にある形姿、すなわち、"without due process of law" の代わりに「法律の定める手続によらなければ」("except according to procedure established by law"[2])とし、かつ、「生命、自由または財産を奪ってはならない」というのではなくて、「生命若しくは自由を奪はれ、又はその他の刑罰を科せられない」とする形姿を、採用したのであった。

このようにＧＨＱ・ＧＳの面々がなしたことは、アメリカ法曹界のすくなくとも有力な一角では、比較的によく知られたことがらであったらしい。再言すれば、この連中は、日本国憲法のドラフト起草するにあたって、一方でアメリカ型司法審査制度の導入をはかりながらも、他方 "due process" clause を意図して外すことによって、アメリカが落ち込んだ轍にはまり込まない用心もなされたという話は、アメリカ本土にも伝えられ、それはそれとして評価されもしたもののようである。これに関連して、合衆国最高裁裁判官Ｆ・フランクファータ (Frankfurter, Felix) を発信地とする、次のようなエピソードを挙げることができる。

フランクファータは、最高裁入りのまえ、ハーヴァード・ロー・スクールにおいて憲法・行政法・連邦法の専門家として長く教授職にあり、合衆国で最も権威のある憲法研究者のひとりであった。そのかれのところへ、イギリスからの独立をようやくかちとり、やがて制定されるべき自国自前の憲法典を判定すべくその取調べのためインド憲法制定会議から派遣されてアメリカへやって来た憲法担当特別顧問Ｂ・Ｎ・ラウ (Rau B. N.) が訪ねてきたのだそうである。そのラウに、フランクファータは、インド憲法典にはけっして "due process" clause を入れてはならない、と助言した。フランクファータによれば、「〝デュー・プロセス〟条項のなかに包摂されている司法審査権なるものは、非民主的であるばかりではなく、裁判所に対して不当な負担を課するものである」から、こんなものはやめた方がいい、という意見だったという。[3] フランクファータの勧告だけの効果ではなかろうが、出来上がったインド憲法には、"due process" clause は採用されていない。その代わりにどうしたか。日本国憲法三一条の文言、「法律の定める手続によらなければ」(except according to procedure established by law) がそのままそっくり受け継がれ、[4] 次のようなコンテクストのなかでインド憲法二一条に活かされているのである。「いかなる市民も、法律の定める手続によらなければ、その personal liberty を奪われない」[5] というのである。

以上の叙述に明らかなように、戦後憲法の制定に当たって、日本とインドは、アメリカでは歴史的に現実の出来事であった司法積極主義の出現を防止するために、司法積極主義の実体的な根拠規定としてアメリカでははたらいた“due process” clause を、意識して根こそぎ外したのである。

新憲法が判定されてからずっと長い間、日本では、憲法三一条(「法律の定める手続によらなければ」条項)は、アメリカ流の“due process”コンセプトを採用したものではないという解釈が通説として支配してきた。この通説的理解は、いま述べてきたことからみて、まことに、まことに、もっともなものがある。アメリカの“due process”の研究者であり、かつ、日本国憲法成立過程の専門家であったところの、田中英夫教授がその論文「憲法三一条(いわゆる適法手続条項)について」[6]において、憲法三一条はアメリカの“due process” clause とは無関係であると論じて、この点の通説的な解釈を正当化したのにも、誰も異を立てることはできない。

(1) これについては、いまなお、Fred Rodell, Nine Men : A Political History of the Supreme Court from 1790-1955 (1955, reprinted 1988) が参考されるべきである。

(2) だが、次のことに注意されたい。現行憲法のこの文言(“except according to procedure established by law”)は、いわゆるマッカーサー憲法草案にあっては、“except according to procedures established by the Diet”という、表現方法がとられていた。言うまでもなく、草案の方が、より実定法主義、国会中心主義、あるいはより制度的である。

(3) B. Shiva Rao, The Framing of India's Constitution : A Study 255 (1968), *quoted in* Lester, The Overseas Trade in the American Bill of Rights, 88 Colum. L. Rev. 537, 544 (1988).

(4) バス「基本権の制限」憲法調査会資料(一九六九年)一〇、七一頁。

(5) この条項でいう、“personal liberty”は、「個人の自由」とも「身体の自由」とも訳し得るので、インド憲法に無知な私は、この間の二者択一を試みることなく、英語のままで出すことにした。

(6) 『日本国憲法体系』第八巻(宮沢俊義先生還暦記念、有斐閣、一九六五年)一六五頁以下。

四　憲法三一条におけるオリジナル・ポジション

日本国憲法三一条は、アメリカ流“due process”と縁もゆかりもないものとして成立した——これが、三一条にかんするオリジナル・ポジション(始源的な立場、あるいは、そもそもの出発点)である。

さてそこから日本国憲法の展開がはじまるのであるが、このオリジナル・ポジションを取らしめた直接的な契機、すなわち、Lochner v. New York のようなアグレッシヴな司法審査の展開を押えるという目論見は、その後の憲法裁判の軌跡からいえば、すなわち結果論をいうことになるが、あらずもがなの評価をのがれ得ない。GHQ・GSの面々は、ゆえなく強力な司法積極主義の跳梁を惧れたのだが、それは——“due process” clause という実体的支柱を欠いたからではなくて——別な諸力のはたらきによって、全く杞憂に終った。日本司法審査は、たとえば憲法二〇条(信教の自由、政教分離)、二一条(表現の自由)のような歴とした明文の権限規定がある領域でも、いちじるしく慎重で手固く、他のどんな領域においても、またいかなる意味でも、司法横暴の批判を誘発したことがない。いずれにせよ、オリジナル・ポジションの意義は、その後の経緯において、ほぼ消滅したと言える。

憲法のその後の展開との関連で問題になるのは、オリジナル・ポジションにおいてはほとんど考慮の外におかれていたことがらである。それはなにか。行政処分その他の行政的な行動について、憲法はなんら手続的な拘束を命ずるところがないのか、という問題である。その典型的な例は、本章やそれ以外のところでなん度も触れられてきた個人タクシー免許申請手続にみることができる。自己に不利益な処分が課せられても、事前の通知も聴聞もなかった。当局は、そんな要件は法律になんにも定めていない以上、処分権限を持つ行政庁は、勝手に権限を行使していいのだ、と主張してゆずらない。そういうばあい、処分に不服のある市民は、憲法にもとづいて手続的な公正を訴えるほかない。憲法のどの条項においてかというと、もっとも近似的に手続の適正性・公正性を語っているらしくみえる憲法三一条に依拠することになる。すなわち、憲法三一条を、アメリカ流“due process”コンセプトの、もう一つ別の側面、不利益な権力行使を受けようとする市民には、通告を受け聴聞の機会が与えられなければならないとする手続的要件を意味する“due process of law”を体現したものとして構成し、それに依拠しようとするのである。

この構成に対して、学界も含めた法曹界はオリジナル・ポジションを盾に、拒否反応を示したのであった。憲法三一条は、アメリカ流“due process”clause を採ったのではないから、それは行政手続に適用される余地はないのだ、という応対になる。

その後の、この点をめぐる学説史はよく知られている。まず少数説として、憲法三一条は、アメリカ流の“due process”の手続要件を内包しているのであって、かかるものとして憲法三一条は刑事手続にのみならず、行政手続にも及ぶとする、いわゆる“*procedural* due process”論が登場し、それは徐々に支持者を増やしつつ、今日にいたっている。

五　「適正手続」のための失地回復

“due process”コンセプトの母国、アメリカにおいては、本来、この法コンセプトは、おおよそ三つの、多かれ少なかれ区別された意味内容を包摂する混合複合観念である。第一は、“*substantive* due process”コンセプトであって、これこそLochner v. New York以来、合衆国最高裁がその積極主義の弾薬庫としてきたものであり、これあるがために、GHQのニューディーラーたちは日本の新憲法に“due process”clauseを入れるのを嫌った、当のコンセプトである。けれども、本国では、これが“due process”のすべてではなかったのである。それは第二に、“*procedural* due process”コンセプトを内包していた。通告・聴聞手続を中核とする、権力行使におけるフェア・プレーの手続要件を意味する。さらにもう一つ第三に、ここで便宜上“*formal* due process”と呼んでおく側面がある。市民の権利自由にかかわる法規は明確なことばで綴られておらねばならず、選択される制裁(=規制)は鎮圧されるべき害悪に照らし均衡がとれていなければならないといった、規制の様式にある種の拘束を要請する法原則である。

日本国憲法三一条は、そのオリジナル・ポジションにおいて、ひたすらオリジナリストたちの念頭にあり、もっぱら目の敵にしていた“due process”コンセプトは、この三つのうちの第一のものであった。第二、第三は、彼らの考慮の外にあったのである。

それがどうであれ、オリジナリストたちは、第一のコンセプトとの関係で、日本国憲法のなかにそもそも“due process”clauseを入れることを拒んだのであって、その結果として、第二の“due process”コンセプトも、第三のそれも、ともに、日本国憲法のなかに移植され生長発達するきっかけを持つことができなかったのである。歴史に「もし」は禁物ではあるが、「もし」日本国憲法のなかに、あのようにドラスティックな形で全面拒否をするのではなく、もうすこし示唆的、好意的に“due process”コンセプトの受け皿を作っていてくれたならば、日本における〝行政法改革〟は随分ちがったものになっていた可能性がある。事実は、そうでなくて、ごく少数の憲法学者だけが、憲法三一条を行政に向けた「適正手続」条項であると主張し、そう主張するについて、いちじるしいエネルギーを費消せざるを得なかったのである。そしてまた、この説が、学説上、ある程度の市民権を得るようになるのには、少なからざる時の流れを要したのである。(7)

圧倒的多くのオリジナリストたちに囲まれて、ほんの少数の憲法学者は、憲法三一条を手掛かりに行政に向けて「適正手続」要件の構築を試みつつあったが、この試みはかなり苦戦を強いられているのを目の当たりにして、いわゆる京都学派の公法学者は、おなじ手続的な要請を、憲法三一条によってではなくて、憲法一三条によって構成する方途を選んだのは、周知のとおりである。オリジナリストたちのオリジナル・ポジション執着度があまりにもつよいため、まだ手垢のついていない憲法一三条を引き合いに出し、これに新しい魂を吹き込んで、みずからの立論の基礎としたのである。オリジナル・ポジションとの対抗関係においてとられた迂回策である。

法文《テクスト》の拘泥主義者(=テクスチュアリスト)でないかぎりは、行政に向けて「適正手続」要件を踏まえることをもとめるのに、憲法三一条によるか憲法一三条によるかは、非常に重要ではない。肝心なのは、法律がではなくて、憲法が、ある種の行政活動に対して、「適正手続」を踏まえることを命じており、行政がその要請に応えていないばあいには、行政としての効力は否認される、という立場の確立である。

行政を含め、およそ権力一般に向けて要請される「適正手続」要件は、私の理解では、日本国憲法の権利保障体系が織り成す構造それ自体から出てくると言えるようなもので、これは、本書第六章「「無名の権利」の保障」で紹介するC・ブラックのタームを借りれば、憲法全体の「構造と連関」("Structure and Relationship in Constitutional Law")が押し出してくる法の要請である。オリジナル・ポジションが一方的に支配していたから、憲法中に明示的根拠をもつことはできなかったけれども、新憲法が施行されてほぼ半世紀、そのなかで憲法が保障する権利体系のそれなりの実績、同体系が培ってきた市民の権利意識・憲法感覚、そういったものを背景として、日本市民が、行政に向けられた「適正手続」要件を法として、徐々にみずからが作ってきたのだと思う。

(7) 旧日本には、行政がなんらかの手続的要件に服すべしとする法も法理もなかった。アメリカ流の"due process"コンセプトを借りてこなければ、これを行政に要求できなかったのである。このゆえに、原因がなんであれ"due process" clauseが明文上導入されなかった結果、日本の憲法研究者は、この法領域で、たいへん苦戦を強いられたのである。このことを、私は、一九九三年春、ケイディス大佐らとの会談の席上で、一種の苦情として、大佐に述べざるを得なかった。大佐は、私の、こうした苦言をおよそ予想していなかったであろう。ただ、苦笑するのみであった。

六 "due process"ではなく、「法治国」原理?

この間にあって最高裁判所は、なおいまだ態度不明確であり、オリジナル・ポジションから全面的に解放されていない。学説のうえでは、最高裁がそうであるように、憲法はけっしてかならずしも行政に対し「適正手続」要件を命じているわけではないとする、立法政策論が一つある。これに対し、これを憲法上の命じているところであると論ずる立場に、憲法三一条論と憲法一三条論との二つがあるわけである。(8) もう一つ最近、有力に唱えられている学説がある。「手続的法治国」説というのがそれである。この説は、三一条とか一三条とかいった憲法中の個別特定の条文によるのでなく、「日本国憲法における法治国の原理の手続法的理解の下に、国民の権利・利益の手続的保障が憲法上の要請である」(9) むねを主張するのである。察するに、この説は、日本が伝統としてきたドイツ的「法治国」原理(=法律に基づく行政の原理)に適合的に接木できる形で、行政手続の整備をおこなうべきことが憲法上の要請である、というのであるらしい。憲法学がこれまで、この問題領域では、アメリカ流"due process"コンセプトに囚われてきているることに反省をせまり、実体法と手続法とを統一的に理解してきている「法治国」観念の優位を説いているもののようである。この学説の検討のためには、ドイツ型「法治国」と英米型「法の支配」との対立をどう評価するかという、[10] 深淵を臨むたいへんな議論が必要である。きっと、尽きることのない、そして広い範囲にわたる議論のやりとりがつづくだろうと思う。そこへゆく手前でとりあえず私としては、この学説にある種の評価を加えてみたい。

行政に向けた「適正手続」要請は、憲法の特定個別の条文から引き出されるものでなく、もっと原理的総合的なものから出てくるのだという理解は、私も賛成である。けれどもしかし、憲法論としては「手続的法治国」という観念・原理で締めくくるわけにはゆかないのである。早い話、この点をめぐる具体的な訴訟において、裁判所は、「手続的法治国」に抵触するから憲法違反だとか、「手続的法治国」に抵触していないから憲法違反でないとかを語るわけにゆかない。個々の条文から出発するのではないが、裁判規範としては、よかれあしかれ、個々の条文に錨をおろさないわけにはゆかないのである。その、さいごの拠り所として戻る条文は、なにがいちばん適切かという問題に、憲法論は答えねばならない。

このことにもうかがえるように、私のみるところ、「手続的法治国」説は、その「手続的法治国」観念なるものが裁判規範としてはたらくことをほとんど想定していない。それは、全法秩序を構成する客観法的な要請であり、あるべき法の原則、あるいは法理(＝条理法)ではあるが、第一に、司法によって執行されるものであるよりは、行政を客観的に拘束する規範であるようである。第二にしたがって、この説は、「手続的法治国」観念により個々の市民に権利(＝主観的法)を保障することを第一義的なものとは、考えていないように思う。[11]

そもそも「法治国」観念は、市民が「国家」に先行してなんらかの権利を持っているのであるという考え方をとらない。これと無関係ではないが、アンパイヤーとしての司法が、法の運用において特別に独特な役割を果たし、かかるものとして法の世界にあって司法は中枢的な位置を占めるという考え方もとらない。この二つの点でそれは、アングロ・アメリカンの「法の支配」観念と決定的に袂を分かつ。「法治国」の延長線上にある「手続的法治国」も、いま見たような二つの特徴によって刻印づけられているらしいのである。

そうしてみると「手続的法治国」説が、「適正手続」は「憲法上の要請」であるといっているにしても、その要請は行政に向けられた——市民の権利を媒介としない——客観的な、対立する当事者不在という意味で一方的な、法の要請という色彩がつよい。したがってこの説は結局において、行政との関係では、「適正手続」を踏まえることを法の解釈原理あるいは運用の根本原理として要請することを、また、立法との関係では、「手続的法治国」観念を体現した立法の促進方を、推奨し勧告することをもって主要内容とすることになってしまうように思う。そうだとすれば、「憲法上の要請」といっても、実際には、オリジナリストの「適正手続」否定説または最高裁的に判断をまかせる立場とそんなに違わないことになる。万事を「法律待ち」とする法律準拠主義を容認する線に連なる。

(8) この外に、個人タクシー免許訴訟の東京地裁がそうしたように、憲法三一条、一三条の併用・両用説とでも呼ぶべきものを、強いて分類してあげることができるが、こういう分類法にかまけるのは、あまりいい趣味ではないという感想を私は持つ。

(9) 塩野宏『行政法 I』第二版(有斐閣、一九九四年)二二五頁。

(10) 一九九二年一一月、折から東京に滞在中のフランス憲法学者トロペル(Troper, Michael)の報告「今日における法治国」("L'Etat de droit aujourd'hui")は、まさにこの対立を扱い、結論において、イギリス「法の支配」に好意的であった。この報告にすこしく触れた、奥平康弘「『法治主義』と『法の支配』をめぐって」時の法令一四四二号(一九九三年)五四頁以下(奥平康弘『法ってなんだ』(大蔵省印刷局、一九九五年)二二七頁以下に収録)を参照されたい。

(11) 「法治国」は、「法律にもとづく行政の原理」と別称されることで知れるように、それは基本的に「行政」の法原則樹立を問題とする。けれども、日本国憲法が要請する「適正手続」は、けっして単に行政だけではなく、刑事はもちろん、立法府

（例、国政調査権の発動による聴聞手続）も含めた公権力一般に向けられたものとして構想されねばならないのである。

七　市民の権利としての「適正手続」

「手続的法治国」説にかんして私がいちばん懸念するのは、「市民の権利」という視点が中核に置かれていないのではないかという点にある。実際、本来のところ「法治国」(*Rechtsstaat*)原理は、国家のあるべき姿を追求することを眼目とし、本質的に客観的、全体的な法秩序を問題対象とする思想体系である。個人の権利は――もし、あるとしても――全体としての法秩序から派生して出て来る第二次的な法徴と見做される運命にある。ところが、日本国憲法が拠っているであろうと私が信ずるところの、英米的な「法の支配」、あるいはその手続法的側面に力点を置いたものとしてのアメリカ的な“due process”コンセプトにあっては、個人の権利を保障する体系が中心課題でありつづけるのである。もちろん、この思想体系およびそれが構築する法制体系にあっても、個と全体、コスト・アンド・ベネフィットなど価値の相剋がないわけにはゆかず、その結果、権利（と当事者が観念し主張するところの利益）が犠牲に供されることはある（あって、当たり前である）。けれども、個人の存在、個人の尊厳、したがって個人の自由と平等が発想の出発点にあり、これが第一次的な価値を持つことにかわりないのである。

こうして、“due process”コンセプトにとって手続保障が不可欠なのは、行政その他の国家意思形成の過程（＝途中）に参加し、自分の運命決定にあずかることが、当該個人にとって心理的に重要であると考えられるからである。(12)あるいは、もうすこし「内在的」(intrinsic)にいえば、「政府とのあいだの対話を推進」する地位にあるということに込められている、人間としての尊厳に対する配慮が大事だから、手続保障をしないわけにゆかない[13]、ということになる。

憲法のなかに組み入れられ、かつ、司法審査をつうじてバック・アップされるものとしての「適正手続」要件は、こうした"due process"コンセプトと結合したものでしかあるほかなかろうと私は思う。

(12) Michelman, Formal and Associational Aims in Procedural Due Process, in NOMOS: Due Process, J. R. Pennock & J. Chapman, eds. 1977, pp. 126.

(13) Lawrence H. Tribe, American Constitution, The Foundation Press, N. Y. 1978, pp. 510.

むすび

さてさいごに、では一体、権力一般に向けられる「憲法上の要請」としての「適正手続」は、憲法のどの条文にもとづいて構築したらよろしいか、という問題がのこる。この問題は私の理解では、実体的価値を実現するに当たって、いかなるレトリックが有効かという、多かれ少なかれ手段選択にかかわる[14]。憲法施行ほぼ五〇年、この実績を踏まえていえば、なおオリジナル・ポジションの残響がついて回っているものの、憲法三一条が最適だと思う。その理由を縷々述べる余裕はないが、三一条は、すくなくも刑事手続領域では、"procedural due process"についての総則規定と見做されている。また、この条文は特殊的に――関税法による第三者所有物没収判決に明確に示されているように――告知・聴聞を受ける権利を体現したものと司法的に確認されている。そして、この条文は、法文は明確に書かれておらねばならず、かつ、権力規制と害悪とのあいだには均衡が保たれていなければならないとすることを要請する"*formal* due process"のはたらきをしている。このように三一条が"*procedural* or formal due process"の根拠法としてはたらいてきている実績を踏まえていえば、これを措いて、あえて憲法一三条に乗り移るべき必要はなかろうと思う。(15)一三条論は、三一条につきオリジナル・ポジションが強力に、かつ一元的に支配していた歴史段階にあって、ゆきがかり上、実《じつ》(＝実体的価値)をとるために選択した迂回戦術にほかならなかったからである。

(14) こうした私の理解に対する批判、およびそれに対する応答にかんしては、杉村敏正「行政処分における適正手続の保障」上田勝美・杉村敏正・武久征治ほか『効果的な権利保護と憲法秩序』(法律文化社、一九九〇年)二七頁以下、および奥平康弘「手続的デュー・プロセス保障のもつ意味」法時六五巻六号(一九九三年)四二、四六頁、参照。

(15) なお、奥平康弘『憲法Ⅲ 憲法が保障する権利』(有斐閣、一九九三年)第七章を参照されたい。

五　煽動罪と日本国憲法

「権力にたいする人間の闘いとは、忘却にたいする記憶の闘いにほかならない」
ミラン・クンデラ

一　本稿の課題

実行行為を煽動した者を処罰する法規は、よく引き合いに出される破壊活動防止法(一九五二年法二四〇号、三八条、三九条、四〇条)、国税犯則取締法(一九〇〇年法六七号、二二条)、地方税法(一九五〇年法二二六号、二一条)、国家公務員法(一九四七年法一二〇号、一一〇条、一一一条)、地方公務員法(一九五〇年法二六一号、三七条、六一条)をはじめ、各種の公務員その他これと類似の身分にかんする諸法、公職選挙法(一九五〇年法一〇〇号、二三四条、二五五条)、義務教育諸学校における教育の政治的中立の確保に関する臨時措置法(一九五四年法一五七号、三条)、日米相互防衛援助協定等に伴う秘密保護法(一九五四年法一六六号、五条)などに、これを見出す。比較的最近の立法例としては、「麻薬及び向精神薬取締法等の特例等に関する法律」(一九九一年法九四号、二二条)という長い名前のものを挙げることができる。これらをもって、多いと見るか、少ないと見るかは、見る者の基準によって違ってくるが、煽動罪という犯罪類型は、存外にコンヴェンショナルな存在であるとは、言えそうである。もしこの犯罪類型に問題があるとすれば、その問題は、非常に例外的な現象であるという理由によっては、無視または軽視するわけにゆくまい。

総じて、煽動罪は——のちにおいおい考察するように——他人に対するメッセージの伝達ということを本質的な要素とし、その意味でまぎれもない表現活動に属する人間行為を規制するものであるので、表現の自由に関連して、憲法上問題をはらんでいる、と私には思われる。けれども、この方面の問題性には、判例上も学説上も私から見てそれにふさわしい程度の注意が払われてきていない。なぜそうなのであろうかということを、少しく批判的に検討してみようというのが、本稿の目標である。

(1) 本稿では、「煽動」(=「せん動」)のうちに「あおり」「そそのかし」を含める(「そそのかし」の定義につき、最三小判一九五四年四月二七日刑集八巻四号五五五頁参照)。「あおり」と「そそのかし」とは、慫慂の対象=相手が特定・不特定、多数・少数かなどを決め手にして区別されるらしいが、この方面のちがい吟味は、本稿の主要課題とかならずしも関係しないからである。

二　歴史のなかに置く意味

周知のように、煽動罪という犯罪類型は戦前のものをずっと引き摺りながら生きている。じつは、本稿執筆に先立ち、なにほどか明治以降の歴史的な勉強を積む計画であった。しかし、いまはその願いが叶わぬうちに一応執筆に着手してみることにする。まず後日の補完を期して目につく立法例をまず挙げると――それが歴史的に第何番目に位するのか今は定かではないが――一八八四年の太政官布告たる爆発物取締罰則(布告三二号、四条)、一九〇〇年制定の治安警察法(法三六号、九条二項)、一九〇九年の新聞紙法(法四一号、二一条、三七条)、一九一七年の請願令(勅三七号、一七条)がある。そして、一九二五年、よく知られているように続きの法律番号で成立する治安維持法(法四六号、四条)

と衆議院議員選挙法（法四七号、一二五条）とのなかに、仲良く、それぞれ出てくる。翌年の労働争議調停法（一九二六年法五七号、一九条）での登場は、大正期治安立法の最後の例である。本稿では、こうした立法例の羅列に終始するほかないが、ここに登場する法律は、ほとんどすべて治安立法＝高等警察立法にほかならないのであって（選挙法も、少なくもその一部分は、政治警察＝高等警察に仕えるものと見做されてきたのは、顕著な事実である）、これをもってすれば、煽動罪というものが、戦前日本における治安立法＝高等警察立法のなかにいかに深く、伝統的なるものとして根を下ろしたものであったかを推測いただけるだろうと思う。

この明治・大正期に日本社会に確立した伝統のうえに、今度は、戦時体制下に入って、煽動罪がやたらに愛用されることになる。この事実を認知しているひと、あるいは、この事実の認識が現行法としての煽動罪の理解になんらかの意味のあるつながりをもっているかもしれないと考え得るひとは、おそらくほとんどいまい、と思う。それだけに、ここにあえて立法例の若干を並べてみる。まず、一九三七年の軍機保護法（法七二号、一六条二項、一七条）があり、一九四一年の国防保安法（一九四一年法四九号、一二条二項および同条四項）、改正治安維持法（一九四一年法五四号、五条、一〇条、一二条）、およびその翌年の戦時刑事特別法（一九四二年法六四号、七条一項および同条五項）などへとつながってゆく。戦時下日本では、煽動罪は花盛りであった、といっても過言ではない。煽動罪は、こうして日常化したとさえ、言える。この間にあって、法律として成立はしなかったものの改正刑法仮案における煽動罪の一般刑法化が試みられたのも無視できない。(2)

このような戦前の立法例などに言及することに、どれほどの理論的な意義があるのかと、現今の憲法学者たちから嗤われるのは、先刻覚悟のうえである。憲法上表現の自由の保障が全くなかった戦前日本の立法例は、それをいくら挙げても、今では無意味であると言われそうだからである。

ところが、かならずしもそう容易には、無意味なことだとして打ち棄てるわけにはゆかない事情があるというのが、本稿において私が衝きたい点の一つである。それはどういうことか。

戦時中に――あえて言って――流行気味の犯罪類型であった煽動罪は、(3)敗戦にともなう法改革で、治安警察法・治安維持法・国防保安法などなどの種類の高等警察法の廃止により、立法上の基礎を多く失った。しかし、国税犯則取締法の規定は生き残るし、それと平仄を合わせた格好で地方税法に近似規定が入ってくる。衆議院議員選挙法の煽動罪は公選法(二三四条、二五五条)に滑り込む。なによりも、敗戦後まもなく、当時の憲法八条に基づく緊急勅令として制定された食糧緊急措置令(一九四六年勅令八六号、一一条)の中に登場する。公務員スト禁止を自明の措置として、この関係でのあおり、そそのかしの禁止規定が、国家公務員法・地方公務員法に出現するという具合に、戦後は戦後なりに、煽動罪は量的には多少減じたものの、それを除けば、基本的には大した損失を蒙ることもなしに完全なる市民権を保持したままでいられたのであった。別言すれば、煽動罪立法史的に見れば、戦前・戦後、旧憲法・新憲法を画期とする断絶は、ないのである。立法者(官僚および代議士ら)は、その人格的構成において連続があったし、なによりも法律的思惟・感覚において革命がなかったのでもある。そうだから、煽動罪規定を執行する者に対して、戦前・戦後、旧憲法・新憲法の違いから来る見直しを期待するのは、無理というものであっただろう。問題は、各種煽動罪規定違反被告事件において、これを審査する司法過程である。ここでどれだけ、表現の自由の保障が全くなかった戦前の煽動罪の解釈適用と、ともかくも表現の自由が明文をもって保障されるにいたった新憲法下のそれとのあいだに、有意味な峻別がなされ得たか、である。このことを検討してみたいというのが、本稿のいま一つの目標である。私の観察によれば、少なくとも最高裁判所判例でうかがうかぎりは、戦前治安維持法における煽動罪定義をほぼそのまま継承する仕方に象徴されるように、ごくすんなりと戦前が生き残った。この間にあって、戦後煽動罪関係のリーディング・ケースとなった一九四九年の食糧緊急措置令違反事件の大法廷判決については、当時の極度に悪化した食糧事情に対処しなければならなかったという「特殊事情」のゆえに大目に見るべきだと、かりにしておこう。けれども、この大法廷判決がまさにリーディング・ケースとなって生き残り支配するようになったことに示されるごとく、それ以来、一九九〇年の破防法違反被告事件の第二小法廷判決にいたるまで、つまり大雑把にいって、現在にいたるまで、戦前が生きつづけているのである。この間にあって決定的に重要なのは、一九五〇年代前半の判例である。この時期に、現時点からみて臨時措置的な繋《つな》ぎの役割を果たしたに過ぎないとみられがちな四九年食糧緊急措置令・煽動罪合憲大法廷判決は、それがそうしたのと同じように、なんでも好きなように説明し得る「公共の福祉」概念を弄する後発の諸判決によって、つぎつぎに先例的権威を付加され、確固とした法となって再建されるにいたるのである。

法を作る者(立法)も、その法を執行する者(治安当局)も、そうして法執行の具合をチェックする者(司法)も、すべて、新憲法が成立し、それが施行されはじめたある時期のあいだは、戦前の法に慣れている者によって占められていた以上、こうした流れになるのは、ある意味で当然であったと言うべきであるだろう。

日本国憲法的な物の見方にしたがって最高裁判所を最上位に価値づけて言えば、こうした戦前法の、戦後における〝居直り〟にかんして、いちばん責任があるのは、最高裁であるということになるであろう。最高裁は、旧法を新憲法に適合的に整序する権力とそうする責任を有していたはずだからである。けれども他方、理論責任といったようなものがもしあるとすれば、この〝居直り〟の理論責任は、憲法学界および刑法学界が負わねばならない。刑法学界については、今はまだ、なにほどのことをも言う資格は私にはない。けれども、刑法学者は、戦時中すなわち敗戦の直前まで、自分たちが熱心に議論した教唆・煽動罪等がからむ共犯論がなんであったのか、なかんずくそこでは議論の視角から落ちていた表現の自由という新しい観点を加味したら、どんな新しい——新憲法適合的な——共犯論が組み立てられるべきかを再検討すべきであった。そしてその検討成果を、敗戦後の四〇年代から五〇年代に続出する煽動罪判決の批評に反映すべきであった。管見に属するかぎり、そういったうごきは、少なくとも顕著な形では、刑法学界からうかがえないのである。

(2) 煽動罪の一般刑法化あるいは日常化ということで私がなにを意味するかを示すために、改正刑法仮案の一カ条を引用しておく。「二四一条①公然犯罪ヲ奨励又ハ煽動シタル者ハ五年以下ノ懲役若ハ禁錮又ハ千円以下ノ罰金ニ処ス ②公然兵役義務又ハ納税義務ノ拒否ヲ奨励又ハ煽動シタル者亦前項ニ同シ」(傍点引用者)。

(3) 「煽動誘惑」は単に立法的に流行気味であったのではない。そうしたうごきに対して、たとえば、牧野英一などの刑法学者らがこういったうごきを熱心に支持した(さしあたり、牧野英一・刑法研究第九巻(一九四〇年)、第一一巻(一九四七年)所収の諸論文参照)。牧野の教唆未遂論・教唆独立論につながる煽動罪論は、戦時下に書かれたものでありながら、それらを収録した論文集(第一一巻)は、戦後(一九四七年)、「新しき国家理念の文化的意義如何に関して、わが学界は、なほ重ねて考へてしかるべきであらう」(同書「はしがきの二」)という自負のもとに公刊されていることに、注意を喚起したい。

三 煽動罪と憲法学

それではいったい、憲法学界はどうであったろうか。この点の本格的な観察もまた後日にゆずらざるを得ないが、結論的に言えば、このようなレベルの争点(特定の争点に絡む実定法規の解釈適用にかんする論点)に応対し得る受け皿を、当時点の憲法学界は有していなかった。この種の領域で憲法研究者が問題と認識したのは、「基本的人権は『公共の福祉』により制限し得るか」といった式の、きわめて抽象度の高いレベルの論点であった(4)。結果として、立法・警察・司法がおこなった戦前煽動罪の〝居直り〟を批判的に指摘しこれに抵抗する理論作業をなすことなしに終った。きついことばで言えば、学界もまた、〝居直り〟に――消極的ながら――一役買ったわけである。

憲法学界が、戦前の煽動罪を居直らせた判例に向かってある種の批評をするようになったのは、すでに五〇年代中葉を経て判例がすっかり確立したのちのことであった。五〇年代の終りから六〇年代にかけて、アメリカの「明白にして現存する危険」法理を手掛かりに、ようやく、リーディング・ケースとしての食糧緊急措置令大法廷判決に若干の物申す文章が現われはじめた。しかし、そうであるにしても、そのさいの雰囲気は、「敗戦直後の『特殊事情』からすれば、煽動行為を規律すべき、それなりの『危険』があったとするのも無理からぬものがあろう、しかし今後は、この『明白にして現在の危険』法理がはたらくことを期待する」、といった論調のようなものであったと言える。すなわち、本質的、本格的な判例批評は出なかったのであって、これを別言すれば、学説は基本判例に反対ではなかったという意味において、黙認的にこれを肯定した、ということになるのである。

六〇年代以降は、戦前の治安立法的な系譜を継いだ煽動罪規定の適用事件は減少し、それにともない理論的な検討作業のほうもほとんどおこなわれた気配がない。この間にあって、公務員ストの「あおり・そそのかし」や公務員守秘義務違反の「そそのかし」のような、煽動罪類似の起訴事件が生じ、それはそれで理論的対応を要求するものではあった。そしてまた、この種の「あおり・そそのかし」には、私の理解では別途考察すべき特殊な側面があり、その憲法適合性もこれと絡んで特殊に考察するに値すると思う。しかしながら、さしずめ公務員ストの「あおり・そそのかし」についていえば、論争主題はむしろスト禁止の是非という労働政策・労働法の実体問題のほうに重点が移り、表現の自由とかかわる煽動罪にかんする実体論とはつながらないままに終始したのであった(5)。ともあれ、これらの事件と先例としての煽動罪事件とをつなげて議論してみるということを、憲法学界では試みられたふしがない。こうして一時、煽動罪適用事例には、空白期があったと言える。そしてやがて、一九六九年四・二八沖縄奪還闘争、一九七一年一一月沖縄返還協定批准阻止闘争にからんで二度にわたる破防法煽動罪適用事件があって、あらためてようやく、煽動罪の憲法適合性を議論する司法の場が設定された。けれども結局、最終的には最高裁は、小法廷によってこれをごく簡単に片付けたのであった。これについては再言する。

これに対し、憲法学界のなかには、今度は、アメリカのブランデンバーグ法理[6]と称するものを規準にして、日本の最高裁判決は、この規準に合格しているとかいないとかいったレベルの批評がいくつか出てきた。学界の状況は、四九年食糧緊急措置令大法廷判決その他五〇年代の合憲判決を迎えたときと、だいぶ違う。しかし、ブランデンバーグ法理とはなんなのだろうか。それがそもそも拠って立つ「明白にして現存する危険」法理は、真に有効な、真に依拠するに足るものなのだろうか[7]。それよりもなによりも、こうしたアメリカの法理をただ直截に日本の最高裁の煽動罪論にぶつけることが、十分に意味のある内在的批判になり得ただろうか、なり得るであろうか。この点の本格的な批判的な考察をおこなうことは、後日にゆずらざるを得ない。ただ、本稿ではこうした批判的検討をおこなう足掛かりだけは得たい、と期している。

(4) 当時代の憲法学の関心レベルを示す典型例として、山本桂一「判決批評」判例研究二巻七号八六頁(一九四八年度)を挙げることが許されよう(これは、本文でしばしば触れる食糧緊急措置令違反事件の高裁判決への批評である)。
(5) こののち、一九七八年最高裁が当面することになった、国家公務員の守秘義務違反の「そそのかし」罪(法一〇九条一二号)適用事件(最一小決一九七八年五月三一日刑集三二巻三号四五七頁)は、本稿の主要課題とはもうひとつ別の表現の自由問題を包蔵する。
(6) Brandenburg v. Ohio, 395 U. S. 444 (1969) を定式化したテスト。
(7) 日本の研究者、裁判官(調査官を含む)は、どれだけアメリカ憲法の実態に即して(とりわけコモン・ロー上の "seditious

libel" とのあいだの長きにわたる法理論的な葛藤を踏まえたうえで)そのいわゆるブランデンバーグ法理に肉薄しているだろうか。たとえば、Linde, "Clear and Present Danger" Reexamined : Dissonance in the Brandenburg Concerto, 22 Stanf. L. Rev. 1163(1970)の問題提起に応える準備があるだろうか(これについてはたとえば、萩原重夫「表現規制の限界――"Clear and Present Danger" Test の現在(1)」愛知県立大学紀要二三号(一九九四年)三頁、参照)。わが憲法研究者のあいだには、ブランデンバーグ法理なるものを、具体的危険犯・対・抽象的危険犯という二項対立――私は、これは侵害犯か危殆犯かという、特殊刑法学的な問題発想に淵源する、刑法総論的な解釈論であり、そういうものとして、単に立法者意思の解釈・整理にかかわる概念操作であって、それ自体としては、表現の自由にかんする憲法論にとっては、irrelevant だと思うが(そして、この点については、別稿で詳述するつもりであるが)――のうちの前者を指すものと理解し、「煽動罪」をこのように具体的危険犯的に構成するかぎりにおいて、合憲なりとする傾向が見受けられる。

四　煽動罪への期待

憲法学界の大勢のみならず、日本の社会では、煽動罪規定は相当に広く深く受容されているもののようである。それが証拠には、進歩的な革新政党と自他ともに許してきた日本社会党が、かつて一九六一年春、折から党書記長・浅沼稲次郎が右翼分子により公然刺殺された事件をきっかけに、いわゆる政治テロ行為処罰法案なるものを作成し、そのなかに次の形で煽動罪創設を企図したことがある。すなわち、その第五条に「自己の政治上の主義と相容れないことのゆえをもって、人を殺すことを教唆し、又はせん動をした者は、無期又は十年以上の懲役に処する」とする規定を配したのである。(8) 社会党はもちろん、こうした煽動処罰規定を設けることに憲法上の疑義があるとは思わなかったに違いないのである。ブルータス、お前もか、と言いたいところである。

ところが最近もう一つ、煽動罪ということに憲法感覚的な抵抗がいかに少ないか、別言すれば、この犯罪類型がいかに深く、疑われざるものとして市民のあいだに受容されているかを知らしめる事例に接した。事例というのは、新進気鋭の「進歩的」憲法学者らによる座談会「『差別的表現』は法的に規制すべきか」において、「差別的な取扱いを『煽動』する表現」を禁止する法があるべきことを熱心に主張する言説があったという事実である。(9) 憲法学者にとっても、煽動罪は当然利用可能な合憲的な規制手段であるとして受容されているのである。私は、そうであることの基礎をさぐってみたい。本稿のねらいも一つにはそこにある。

(8) 朝日新聞一九六一年三月二二日。この法案は一九六一年三月二三日、衆議院に提出されている(同紙、三月二三日)。

(9) 江橋崇ほか「『差別的表現』は法的に規制すべきか」法時六四巻九号(一九九二年)一六頁。

五　一九九〇年の最高裁(二小)破防法合憲判決

一九九〇年の破防法(第二小法廷)判決(10)はすでに前章(一九三頁以下)で取扱われているが、これを素材に論を進めるのが便利なので、ここでもこの判決からはじめる。

最高裁はこの裁判ではじめて破防法三九条および四〇条の憲法適合性を審査した。裁判所はまず、問題の法条でいう「せん動」は同法四条二項の与える定義上、「表現活動としての性質を有している」と解釈する。「しかしながら」とつづいて「表現活動といえども、……公共の福祉に反し、表現の自由の限界を逸脱するときには、制限を受けるのはやむを得ない」と展開する。そして「右のようなせん動は、公共の安全を脅かす……重大犯罪をひき起こす可能性のある社会的に危険な行為であるから、公共の福祉に反し、表現の自由の保護を受けるに値しないものとして、制限を受けるのはやむを得ない」と結論づける。これは、基本的人権保障一般に対抗して五〇年代に確立した三段論法的「公共の福祉」手法の、九〇年代における再確認にほかならない。三段論法という形式論理でことを処理しているということは、実体的な分析検討は不要だということである。

最高裁が前提としている実体は、まず煽動の定義である。それは法律規定上こうある。「この法律で『せん動』とは、特定の行為を実行させる目的をもつて、文書若しくは図画又は言動により、人に対し、その行為を実行する決意を生ぜしめ又は既に生じている決意を助長させるような勢のある刺激を与えることをいう」。広く知られているように、この定義は、本質的に言って、改正前治安維持法四条についての一九三〇年の大審院判決が与えたそれ（「煽動とは他人に対し中正の判断を失して実行の決意を創造せしめ又は既存の決意を助長せしむべき勢を有する刺戟を与えることを指称[11]」する）に由来する。ちなみに、この大審院判決では、この定義につづいて、それが論理的に内包する意味合いを、次の形で付け加えている。いわく「其の煽動罪は煽動行為あるに依り成立し必ずしも其の結果を惹起するを必要せざるものとす」と。

(10)　最二小判一九九〇年九月二八日刑集四四巻六号四六三頁。

(11)　大審院第四刑事部判決一九三〇年一一月四日新聞三二一〇号一三頁。なお、治安警察法一七条との関係における、大審院第一刑事部判決一九二一年六月六日刑集一号三三三頁、参照。

六　煽動罪の定義が意味するもの

最高裁が所与のものとして前提とする、この旧日本で下された定義の中核は、特定のメッセージによってある種の勢いのある刺激を与えるという点にある。別言すれば、メッセージの予測される効果が、ここでは問題なのである。[12]メッセージの効果はメッセージの内容に多くを依存する。なるほど、ときには内容はそれほど効果的ではないが、伝達の仕方(例、雄弁なしゃべり)によって効果が出てくるということはある。しかし、「煽動」は定義上明らかなように、口頭によってだけではなくて文書若しくは図画によってもなし得るように出来ている。文書や図画の効果は、その書き方・描き方(これもまた、文書・図画の内容であるに違いないのだが)そのものから出てくるのであって、伝達の仕方はほとんど無関係である。いや、そればかりではなくて実際のところ、文書による煽動の場合には、一九五四年、最高裁(第一小法廷)が確認しているとおり、[13]「被告人の行為が問題の文書を(他人の)閲覧され得るような状態に置いたもの」であれば、「煽動罪の成立するものであることはいうまでもない」(傍点引用者)ということになっている。文書が他人によって現実に認識また了解される状態にいたらなくても、他人によって閲覧され得るような状態に置かれれば、それで煽動罪が成立するというのだから、煽動のポイントは、メッセージの内容それ自体にあり、それ以外のなにものでもないことがわかるはずである。この理、つまりメッセージの内容がポイントだということは、メッセージが文書・図画による場合であろうと、言動による場合であろうと、同じでなければならない。

多くの憲法研究者は、メッセージの内容ではなくて、その伝達がひき起こす現実の具体的な社会的実害(危険)発生と結びつけて煽動罪を位置づけるよう期待しているが、これは公認の「煽動」概念との関係では、明らかにないものねだりである。もし少しでも現実の具体的な危険性と結びつけて、「煽動」概念を発想しようとする契機があったとすれば、アジ演説を典型とするような「言動」を別にして、文書・図画によるそれを煽動犯として取り込むことには躊躇を覚えねばならないはずなのである。文書・図画は、それ自体として現実に具体的な危険をひき起こすということは、まずほとんどあり得ないからである。ましていわんや、それは、相手方に到達せず、したがって読みもせず見もしないが、「閲覧され得るような状態」に置かれただけで、現実に具体的危険の発生があるなどといえるような性質のものではないのである。

むかしから、そして今の最高裁も、「煽動」ということを考えるとき、それがもたらす現実の具体的な危険性の有無のごときはおよそ念頭にない。メッセージ＝テクストが内包するところの――それが表現されるコンテクストと別箇独立の――それ自体としての効果（勢いの強さ）を予め定形化し抽象したうえで、その危険性を問題にしているのである。

(12)　「実行する決意を生ぜしめ……るような勢のある刺激を与える」という言い方のうちに、単なるメッセージではなく、それ自体危険なメッセージという特殊化・具体化の契機が内包しているがごとき、semantics（語義論）上の陥穽が仕掛けられているのは、注目に値する。

(13)　最一小判一九五四年五月二〇日刑集八巻五号六九二頁。これについて本文で後述する。

七　煽動罪の発想——大き目の取締まり

ある秩序を維持するために国家は、その秩序を破壊する行為の禁止を命じ、この禁止命令にもかかわらず秩序を破壊した者は処罰する、とまず、そう威嚇する。秩序維持のためにはこれでは足らずと見る場合は、秩序を破壊しようとする行為の未遂、その予備などの共同行為をも禁止し処罰するむねを、警告する規定が設けられることになる。これとの関係で教唆までは、一般に禁止すべき行為対象に入れてきているのが刑法のたてまえであろう。ただし、教唆については、刑法六一条一項の通説的な解釈が指し示しているとおり、実行行為が成立したときはじめて、すなわち、正犯が成立したときそれに付随従属してのみ罪となるとされる。つまり、そのかぎりで教唆罪の存在が許されるというのであって、ここまでが実行行為にいたらない行為の禁止処罰の限度と考えられてきている。ただ戦前にあっては、重要な基本秩序(高等警察的秩序)にかんしては、これを万全確保するために、秩序破壊行為を「煽動」する行為を教唆のように実行行為に従属してというのでなく、それと独立に、その行為自体にふくまれる主観(内面的な思想、およびそれをメッセージとして外に向かって発現させようとする意欲)に危険性を認め、これを禁止・処罰することを選択的におこなったのである。こうして、いわゆる高等警察的な秩序を維持する関係から、特別刑法の形で煽動罪をあちらこちらに設定したのであった。この場合、「煽動」は、秩序破壊を発生させる、多かれ少なかれ現実・具体的な危険のゆえではなく、基本秩序を破壊しようとする者の主観が包蔵する観念上の危険のゆえに、禁止・処罰に値すると考えられていたのである。大事な秩序を維持するためには、そうした行為を放っておくのはよろしくないという考えである。そうすることは、本当の危険発生と結びつかない行為を未然に禁止することにもなるのだから、取締まりとしては大き目の(over-inclusive or overbroad)ものということになる。また、ここで取り締まられる行為とは、メッセージ伝達行為にほかならないのだから、これは当然に、表現の自由ひいては思想の自由の制限としてはたらく。戦前にあってはしかし、大き目の量の権力の設定であろうと、権力の質が思想・表現の自由の制限にわたるものであろうと、憲法上はすべて問題なく許された。それに、なんといっても、基本秩序(天皇制的な国家秩序)の維持こそ、なにものにもまして優先されねばならないという考え方が、最後には物を言ったのである。

「煽動」にかかるメッセージの内容のうちに、あるいはこうしたメッセージを外部(＝社会)に表出しようとする者の主観のうちに「危険」を読みとり、その危険性のゆえに禁止・処罰しようとするのが、戦前の煽動罪のポイントであった[14]。こうした戦前の煽動罪に本質的に纏《まと》いつく特性が、ではいったい、戦後の立法・司法過程で、なんらかの顕在的な形で洗い直されて装いを新たにしたかというと、私の観察によれば、そういった企図も所作も所産も見うけることができないのである。かえって、先に引用した治安維持法にかんする大審院判例中の「煽動」定義が今日なお歴然と命脈を保っている事実が示唆するように、戦前煽動罪の特性はなに一つ失うところがなく、またいかなる実質的な修正をも蒙ることなしに、生きつづけているらしい[15]。そのことを別の角度から少しく考察してみようと思う。

(14)　結果の発生いかんを問わず、結果への「煽動」「誘惑」それ自体のうちに処罰に値する悪性＝危険性を見ることを、本稿では便宜上「主観的な危険」と称する。私の問題関心はもっぱら表現の自由にあるのであって、ふつう刑法学の危険犯で問題になる法律解釈論的な意味合いをもつ「主観的危険」概念(たとえば、荘子邦雄『刑法総論』(青林書院新社、一九六九年)六一七頁)とは、さしあたり関連性をもたない。

(15)　破防法にかんする一九九〇年の第二小法廷判決には「右のようなせん動は……重大犯罪をひき起こす可能性のある社会的に危険な行為である」と説示している部分がある。この説示に基づき、「およそ被せん動者が犯罪の実行行為にでる危険性のないことが明らかである場合には、……せん動罪の構成要件該当性そのものが否定されるのではないかと考えられる」とする解説がある(判時一三七〇号四二頁)。この解説者は「危険性のないことが明らかである場合」とは、「せん動の内容が荒唐無稽なものである場合、せん動の対象行為がさし迫っていない遠い将来に向けられたものなどが考えられよう」と述べている。しかし、第一、これらの場合、多くは、問題のメッセージは「決意を生ぜしめ……るような勢」がない場合に当たり、定義自体にあてはまらない。第二、この解説は、期せずして、逆に「内容が荒唐無稽なものでないかぎり」、また「遠い将来ではなくて――いつか知らないが――近い将来に向けられたものであるかぎり」、煽動罪の構成要件を充足することを認めている。どちらにしても、最高裁は――本文で後述するように――「危険」文書を喫茶店のテーブルの下に置いて、いつか、誰かがこれを読む状態にしさえすれば、煽動罪は成立するということを判例にしているのだから、この解説者がありがたがって語るところの「犯罪の実行行為にでる危険性」というのは、非常に抽象的なものでしかないのである、残念ながら。

八　リーディング・ケースの性格づけ

一九九〇年の破防法第二小法廷判決は、みずからの判旨を正当化し権威づけるために、七箇にわたる最高裁判例を先例として挙示している。そのうち最初に挙げているのが、一九四九年の食糧緊急措置令煽動罪にかんする大法廷判決[16]である。以下、まずこれを素材として考察をすすめる。

この事件では、北海道上川郡のある村で開かれた農民大会における、日本農民組合組織の常任書記である被告人がおこなった発言が、「主要食糧ノ政府ニ対スル売渡ヲ為サザルコトヲ煽動シタ」(食糧緊急措置令一一条)行為に該当するかどうかが、当該法規の憲法適合性とともに、問題になったのであった。以下に、煩をいとわず事実関係のなかへ踏み入ってみようと思う。抽象的な概念あてはめ作業（ひとは、これを法理論というのであろうが）に終始することによって、法が真に正義に適ったものになり得ているのかという本質的なことがらに肉薄せずに終るのは、裁判官にとっても法学研究者にとってもほとんど職務怠慢といえると思う。そして、言論犯というものを問題にするばあいには、どうしても犯罪として問われている当の言論（＝メッセージ）の中身、あるいはそれが表出された四囲の状況（＝コンテクスト）を、最小限度の範囲でカウントに入れないわけにゆかず、そのゆえに、ある程度、事実関係に踏み込まなければならない必要性があるのである。言い訳はさておこう。

本件被告人が農民大会で発言しそれが煽動に当たるとされたメッセージは、控訴審（旭川地裁）で認定したところによれば、こうである。(17)「大体供出割当の字句さえ不合理である。俺達百姓が自分で作って取れた米を政府が一方的行為によって価格を決定し、それを供出せよなどとは虫がよい。今までの百姓のようなおとなしい気持ではだめだ。百姓は今まで騙されてきたのだから供出の必要も糞もない」、あるいはまた「今の政府は資本家や財閥にはいかなることをしても強権発動をしたことがない。それに反してわれわれ百姓には取締に名を藉りて、あらゆる弾圧をしているではないか。供出米も月割供米にして政府が再生産必需物資をよこさぬかぎり、米は出さぬことに決議しようではないか。今頃陳情とか請願とかいうようではだめだ」といった趣旨の内容であったようである。

旭川地裁は、被告人が右のような趣旨の演説をしたという事実を、問題の会場である農民大会に臨席の警察官を含む幾人もの証人の証言を挙げて認定するのに全力を傾注し、判決文末尾で「判示事実を認定する」と結論するや、あとは一気呵成、「法律によると、被告人の判示所為は食糧緊急措置令第十一条に該当するから……被告人を懲役六月に処」す、と有罪を認定し科刑へと急ぐ。法の解釈・適用（＝本件被告人への該当性）についてなんの説明も論述もない。すなわち煽動の定義・本件への当てはめについては、およそ言及するところがないのである。この問答無用判決は、法の文章とはいえないのではなかろうか、と私は思う。

さて、事件が上告審（札幌高裁）にのぼっても結局は、上告は棄却され有罪認定はそのままに終ることになるのだが、法の適用という段において判決が語るところには、いささか微妙な言い回しがある。こうである。「原判決の認定した被告人の所為は令第十一条にいわゆる煽動と断じ得ないわけのものではないのである」と（札幌高判一九四八年七月二〇日高裁刑集一巻二号一八九、一九三頁。傍点引用者）。すなわち、高裁みずからは、「断じ得ないわけのものではない」という二重否定による微妙な言い方をしていて、直截に煽動に当たると断定してはいないのである。それではなぜ一体、札幌高裁は原審判決に異を立てることなく、有罪を支持する結論になったのであろうか。それは、下級審判決において厳格な意味の法解釈や法適用に誤りがなかったという理由によるというよりもむしろ、以下に示すような政策的な配慮の結果であるように思える。すなわち札幌高裁は強調する。「政府としては供出による食糧の蒐集にあらゆる施策を推進すべきであったから供出を阻害する言動を為すような者に対しては断乎対処するの必要のあったのは当然で令第十一条はまさにその趣旨に出たものである」。あるいはいう。「即ち政府としては生産者に対し可能なだけの供出を期待し且これを強制する一方、その供出を阻むような言動をする者に対しては取締の手をいささかも緩めることはできないのである」（傍点引用者）と。

私として注目したいのは、上告審判決にあってもまた、煽動の定義およびその本件対象行為への該当性が全くもって言及されていないことである。なるほど「供出を阻害する言動」あるいは「供出を阻むような言動」という言い方はある。しかし、これらはけっしてそれ自体として「煽動」を構成しないし、「煽動」とも同義ではないのである。判決はしたがって、本件所為を「煽動」であると説明することなしに、「煽動」であると認定している、といわざるを得ない。

私はいま、「供出を阻害する言動」等はそれ自体として――すなわち、もう一つなにかが加わらない以上は――「煽動」を構成しないと言った。私は、この言明は完全に正しいと信ずる。けれども、戦前・戦時、現実の日本では法律学的に正しいこの言明は、ほとんど通用しなかったことも知っている。旧日本では、「煽動」「誘惑」「協議」「宣伝」など言論犯たる行為類型は、厳密に法律学的な限界にわずらわされることなく、なんとなく過激に反政策的、反「国体的」、戦争遂行阻害的、その他――当局からみて――節度を超えた言動に、それらカテゴリーは適用されて怪しまれるところがなかったのである。そういった思考傾向を惰性とする頭脳を持って、本件対象行為に接するならば、「供出を阻害する言動」は、説明する要もなく、「煽動」に該当することになるであろうことは、想像に難くない。本件で札幌高裁や旭川地裁の裁判官諸公は、まさにそれをやったのだと思われる。彼等には、新憲法がこの間に入ってきて、思考の惰性を揺り動かしているという認識はなかったのである。

というわけで、控訴審でも上告審でも、本件言動が「煽動」にあたるという思い込みが裁判官の頭のなかにはじめからあったにちがいないのであるが、これに関連してもう一つ、本件における証拠調べのありようについて指摘すべき点がある。前述のように控訴審では、告発にかかる発言が被告人によってなされたかどうかの事実が争われており、裁判所は証人の陳述から、そういう事実があったと認定している。けれどもおなじ証人たちの証言のなかには、発言が聴き手の側にどんな印象を与えたか、どんな影響を及ぼしたかという、発言効果にかんする陳述も含まれているのに、裁判所は、これらにいかなる関心も払っていない事実に気がつく。定義上「煽動」というのは、「その行為を実行する決意を生ぜしめ又は既に生じている決意を助長させるような勢のある刺激を与える」ものでなければならないのであって、ある言動が「煽動」に当たるといえるためには、そうした勢い、つまり聴き手にある一定のインパクトを与える効果をもつのでなければならない道理である。ところが、本件控訴審判決が紹介する諸証言には、そうした勢いを示唆するものがないばかりでなく、むしろ「これらの言葉は農民指導者として多少行き過ぎであると考えた」「高橋（被告人）は実際農民として感心できぬことをいうており、また実行できぬようなことをいうていると感じた……」「高橋の言葉を聞いて余り良い感じを受けなかった……」「なお高橋のいうことは百姓に都合のよいことばかりであるから、一般は喜んで拍手を送っていたが、反面そんなうまいことをいうても供出せずにすむかというような空気を与えた」などなどの陳述を見出すのである。これらの陳述は、「煽動」が要件とする「勢い」があったことを証明するのでなく、むしろ、逆に、被告人の意図が奈辺にあれ、全然「勢い」を欠いた、その意味で効果のない発言と受けとめられた証拠でさえあるように私には思われる。

さて被告人は以上の経緯のなかで、控訴および上告をともに簡単に一蹴され、ほとんど法が語られることなしに煽動の罪により懲役六カ月の刑を受けることになる。しかし、被告人の言動は本当に煽動に当たったのだろうか。かりに煽動に当たったとして、その言動は懲役六カ月に値するほどに、それほどに悪質危険な内容の、それほど強烈なパンチ力が見えた発言だったのだろうか。私には、きわめて疑わしいものがあるように思えてならない(18)。大した発言ではなかったが、被告人は、「現下の食糧事情」から割り出された高度の秩序維持目的のゆえに、全国の農民（運動）への見せしめとして、起訴され懲役刑に処せられる必要があったのではなかろうかと思う余地がある。被告人は、食糧政策をできるだけ円滑にもってゆくための、政策施行上の犠牲者であったと見る余地が大いにある。

以上のことを背景において、この事件についての再上告審である最高裁大法廷の判断に目を移すことにしよう。控訴審では問題の法規である食糧緊急措置令一一条にかんする憲法審査は無きに等しかった。上告審では憲法判断があるにはあるが、ほんのおざなりのものというほかないものであった。そうであるだけに、最高裁の出方が、ひとしお注目されるところである。さて大法廷判決はまず新憲法の基本的人権にかんする一般的な説示をしている。すなわち、一二条を手掛かりに「言論の自由といえども、……常に公共の福祉によって調整されねばならぬのである」とする、この判決などを契機にたいへんな勢いで発展することになる「公共の福祉」論の母胎が提示される。次に「所論のように、国民が政府の政策を批判し、その失敗を攻撃することは、その方法が公安を害せざる限り、言論その他一切の表現の自由に属するであろう」と言う。「しかしながら」とつづけて、「主要食糧の政府の政策を批判し、その失政を攻撃するに止るものではなく、国民として負担する法律上の重要な義務の不履行を慫慂し、公共の福祉を害するものである。されば、かゝる所為は、……言論の自由の限界を逸脱し、社会生活において道義的に責むべきものであるから、これを犯罪として処罰する法規は新憲法第二一条の条規に反するものではない」という結論になる。判決文をよく読んでいただきたい。それは、当該発言は単なる政策批判に「止るものではな」い、と言っている。それはよいとしよう。次に、それは「国民として負担する法律上の重要な義務の不履行を慫慂し」ているといい、その点において「公共の福祉を害するものである」と説示しているのである。それ以外には読みようがない文章である。もう一度言おう。「公共の福祉を害する」のは、「国民として負担する法律上の重要な義務の不履行を慫慂し」ているからだというのである。この判決文の特徴は、言論がもたらす社会的実害発生の「危険」ということを、具体的にも抽象的にも全く、およそ全く心配していないことである。強いて「危険」の契機をさぐるならば、あえて「法律上の重要な義務の不履行を慫慂」しようとたくらむ主観(人格)のうちにこれを見出せ、という構造になっているのである。[19] 別言すれば、国家が法をもって国民に課した義務の不履行を慫慂(=すすめること、勧誘)することは、けしからんことに決まっているというきめつけがあり、このきめつけがあるがゆえに、論証を要するまでもなく、あるべき憲法論が裁判官の脳裏において予め鎮圧されてしまっているのである。冷静に考えてみればわかるように、第一に「慫慂」は「煽動」と全く同義ではないのであって、「煽動」にわたらない「慫慂」は大いにあり得るのである。第二に、国が法をもって国民に課する義務というのは、文字どおり無数にあるのであって、あらゆる義務の不履行の慫慂は、即、けしからんとはいえないのである。このばあい、最高裁が本件でやっているように、「重要な義務の不履行」と限定してみても、困難はまぬかれない。なにをもって「重要な義務」とするかという別の困難に陥るからである。[20] 要するに、「法律上の重要な義務の不履行を慫慂」するのは、「公共の福祉」を害することになるから、これを制限しても憲法(=表現の自由)に抵触しないという最高裁の立論は、本件が当面する「煽動」罪の合憲性の説明にはなっていないのである。この論理は、「義務の不履行の慫慂」はけしからんことに決まっているという、旧日本に支配的であった常識論のうえにのっかった、見せかけだけの憲法論でしかない、と私は思う。

(16) 最大判一九四九年五月一八日刑集三巻六号八三九頁。

(17) 以下、第二審旭川地裁の認定した事実および判決は、その上告審判決の記録(札幌高判一九四八年七月二〇日高裁刑集一巻二号一八九頁)に付属したものに由来する。事件は、旭川区裁を第一審としてはじまったのであるが、私は目下のところ、いまだなお第一審判決録に接しえていない。

(18) 読者諸賢に、いま一度、先に本文で引用した被告人の発言を読んでみていただきたい。もちろん、当時農民大会でそれが語られたときの状況を、われわれは感得しえない。しかし、どんな状況のものであったかを判決文は挙示せず、これが「煽動」罪として示されているものが、この発言でしかないのだから、これを手掛かりとする正当性がわれわれにはあるのである。この発言は、一体、懲役六カ月に値するような危険度の高いものだった、と諸賢は思われるだろうか。これとは別に、私が懲役六カ月という刑罰の量にこだわる理由がある。それはこうである。この種の「煽動罪」は、戦前の一般状況であったならば、治安警察法九条二項で取締まられることになり、その場合の罰則(二四条)は、「三月以下ノ軽禁錮又ハ十円以上五十円以下ノ罰金」に過ぎないという、戦前との対比が問題だからである。ちなみに、同系統の公安警察的な煽動罪として新聞紙法が採用している罰則(三七条)も、「三月以下ノ禁錮又ハ二百円以下ノ罰金」とある。このように、「煽動」に対する罰則が戦前でさえもけっして重いものではなかったことと、本件被告人の発言がそれほど目にみえて大きな危険性をはらむものでなかったこととにかんがみると、本件の懲役六カ月という刑罰は、いちじるしく均衡を欠いているがゆえに、憲法三六条でいう「残虐な刑罰」に該当すると言えたのではないか、とさえ思う。もっとも戦後に特有な事情がある。すなわち、戦後の煽動罪違反起訴事件の少なからざるものは、本文後述のごとく、占領軍の占領目的有害処罰勅令(一九四六年勅三一一号)または占領目的阻害行為処罰令(一九五〇年政三二五号)違反とオーバラップしたということも原因して、言論犯にしては相当にきびしい刑罰を科するのに、裁判所はけっして遠慮しなかったという事実を指摘しておきたいのである。

(19)　このことと関係するが——のち本文でも少し示唆するように——戦後各種煽動罪違反事件の多くは、日本共産党活動鎮圧にねらいを定めた、高度に政治的意図で運用されるという特徴をもつ(この点については、たとえば、最大判一九五五年一一月三〇日刑集九巻一二号二五四五頁が素材の一つを提供している)。

(20)　現憲法下において、自衛権の名により国民皆兵を前提とする徴兵義務を課する法制度がとられた、と仮定してみよう。さて、このばあい、この「(徴兵)義務の不履行」、即、けしからん、といい、これは「公共の福祉」を害するから鎮圧してしかるべきだといえるだろうか。最高裁流にいえば、この徴兵義務は「重要な義務」の範疇にたぶん属するだろう。しかし「重要だ」というレッテルを貼ることにより、この慫慂の反「公共の福祉」を説明できるとは、私には思えない。徴兵義務負課に対して、あるひとは憲法九条に違反して許されないという理由により、他のひとは良心的兵役拒否の哲学(=パシフィズム)にもとづいて、それぞれ反対し、その議論の過程で、「義務の不履行を慫慂」したとしても、ただそれだけでかかる言動は「公共の福祉を害する」とし、そのゆえに、これを禁止しても、憲法二一条(=表現の自由)に違反しないのである、という論理は成り立たないと言うべきである(徴兵令状を公然と焼却した行為を問題にした、アメリカ合衆国判決 U. S. v. O'Brien, 391 U. S. 368(1968)の処理方式と日本の法理を対比して考察するのは、一興である)。

九　判例のフォロー

食糧緊急措置令の関係では、最高裁大法廷がほぼ三年後ふたたび煽動罪の憲法適合性を問題にしている。[21] われわれの当面の争点について大法廷が語るところは、先の判決文と本質はかわらない。煩をいとわず該当部分を挙げれば、こうである。「……主要食糧の政府に対する売渡を為さざることを煽動するが如き……言動は、国民として負担する法律上の重要な義務の不履行を慫慂し、公共の福祉を害するものであるから、かかる行為は新憲法の保障する言論の自由の限界を逸脱するものであってこれを犯罪として処罰するも、何等憲法二一条に反するものでない」と。ここにおいても、社会的害悪発生の「危険」にはなんらの言及もない。

食糧緊急措置令違反の場合は、「現下の悪化せる食糧事情」があったのだから、「危険」の程度(重大性)やその発生の可能性をあえて語る必要はなかったのだ、つまり、重大な危険発生の可能性が社会にみちみちていたのだ、とひとは抗弁するかもしれない。そこで次に、食糧緊急措置令以外の法領域における煽動罪規定適用事件の展開を垣間見ることにする。

(21)　最大判一九五二年一月九日刑集六巻一号四頁。ちなみにこの大法廷判決は、その後、たとえば、一九七三年のいわゆる全農林警職法闘争事件の大法廷判決(最大判一九七三年四月二五日刑集二七巻四号五四七頁)および一九九〇年の破防法最高裁判決(前掲)にも先例的権威があるものとして確認されている(ちなみに、この事件では、懲役一年、懲役一〇月、懲役八月および懲役六月と——軽い者には執行猶予がついているものの——言論犯に対するものとしては苛酷と言うほかない刑が被告人たちに科せられていることに、私としてはやはり、言及しておきたい)。

一〇 〝危険〟への言及、〝危険〟の問題の仕方

今取り上げた第二の食糧緊急措置令違反被告事件についての大法廷判決があって八カ月後の同じ年、一九五二年、最高裁(第二小法廷)は今度は、地方公務員法三七条一項(怠業行為のそそのかし)の合憲性を問題にする。[22] ここでは、被告人らが室蘭市警察吏に「全室蘭の警察幹部諸君に訴う」と題する文書を配布したことが、法の禁ずる怠業行為の煽動(そそのかし)に当たるとして有罪とされるのは憲法違反である、と主張された。最高裁はいうまでもなく、この主張を斥けた。いわく、「地方警察吏が怠業を行うことは法の禁ずるところであって、かかる行為を慫慂するがごときは、憲法の保障する言論の自由の範囲を逸脱するものであることは前示大法廷の判例(四九年のいちばん最初の食糧緊急措置令にかんするそれ――引用者)の趣旨に徴して明瞭であるといわなければならない」と。これで合憲論は尽きるのである。

ところで、この第二小法廷判決には他に類を見ない特徴がある。というのは、この判決は、次のようにともかくも「危険」へのある種の言及をしているという点である。すなわち、先の引用につづいてこうある。「尤もかかる慫慂によっても、怠業的行為の起る危険が全くないような場合には、犯罪を構成しないといわなければならないが、前記文書によれば警察職員中警備、情報、捜査特務等の特高活動をするもの等に対しては、『これらの一人一人を人民の敵として記憶し、来るべき日において最も峻烈なる人民の処罰を課するであろう』なる脅迫的文言を弄せる箇所等に

かんがみるときは、本件被告人の所為のごとき必しも、その危険性なしとすることはできない」と。この法廷は、こう判断することによって結局、「怠業的行為の起る危険」がなかったとは言えないとして、「そそのかし」罪規定の適用を正当と結論したのであった。こうした、「危険」への言及は、思うに、栗山茂裁判官が付した補足意見に影響されるところが少なくないであろう。栗山裁判官はあとでもう一度、公務員法関係の「そそのかし」事件に関係する大法廷判決でも補足意見を開陳するが、本件でのそれは、最高裁レベルでともかくも「危険」を問題にした最初の言明である。そこでまず、第二小法廷判決の「危険」処理のやり方を瞥見する。先に引用したところから知られるように、この判決は、問題の文書中に「脅迫的文言を弄せる箇所等」があることから、「(怠業的行為の起こる)危険性なしとすることはできない」という認定(しかし、これは、fact-findingという意味の「認定」ではなくて、価値評価的な判断にほかならないことに注意すべきである)をひき出しているのであって、その言うところの「危険」とは、他のなにものでもない——文書の受け手その他四囲の状況とは金輪際関係のない——文書そのものが内在しているところのそれ(文書の作成者および伝達者、総じていわゆる送り手の主観に含まれる「危険性＝悪性」)に、ほかならないのである。この法廷は、当該文書をその内容・効果において「危険性なしとすることはできない」と評価しているのであるが、われわれが今、この評価を正しく評価しようとするならば、じつは「全室蘭の警察幹部諸君に訴う」なる文書そのものを問題にしないわけにゆかない。いや、問題にする権利が、われわれにはあると思う。だが遺憾なことに、原審(札幌高裁)および第一審(札幌地裁)の判決文(最判刑集六巻八号一〇五三、一〇六〇頁以下)のなかには、この文書の再現がないのである。第一審判決にあるのは、次の形の要約記述のみである。「全室蘭の警察幹部諸君に訴うと題し諸君の進むべき道は明らかにただ一つしかない、それは人民と共に自身をも含めてその利益のためにたゝかうということである。そのために諸君は外国帝国主義者や売国政府の命令を直ちに拒否しなければならない。これらをたくみにサボッて民族独立の闘いに積極的に参加することこそ諸君に課せられた当面の任務である云々なる文章を謄写版ずりにした紙片一枚」、とあるのがこれである。

なおまた、次のことを摘示しておきたい。この法廷が対象としたこの文書は、「全室蘭の……」と題されているが、これとほぼ同文のものが「全国の警察官幹部諸君に訴う」とする表題のビラの形で、一九五一年春、全国各地にお いて——あとで、栗山補足意見を検討するさい、もう一度言及するように——当時の日本共産党の対警察工作活動の一環として、そして多くは日本共産党党員の手によって、いろいろな仕方で、流布されていたらしい。この行為が地方公務員法違反(あるいは、幹部警察官への伝達を問題にし得る事件であるかぎりは、国家公務員法違反)の「そそのかし」に当たるとして、おそらく全国にまたがってたくさんの起訴事件があったに違いない。少なくともこれらのうち最高裁にのぼってきたものとして管見に属するのは、三件ある。もちろん最高裁はこの三件すべて、上告を棄却して有罪を確定させたのだが、果たして文書自体がしかく危険な勢いをもつ内容のものであったのだろうかということを批判的に検討するためには、ここは是非とも文書全体を検討したいところであるが、これが叶わないのは残念至極である。文書のなかには、前記引用の判決文が紹介している「脅迫的文言」が確かにある。

さてところで、問題のビラ一片には、前記第二小法廷判決が挙示しているように、「これらの一人一人を人民の敵として記憶し、来るべき日において最も峻烈なる人民の処罰を課するであろう」という、最高裁のいわゆる「脅迫的文言」が「弄」されているらしい(一審、二審の判決いずれにも、この文言の言及はなく、最高裁によってはじめて登場した「文言」である)。一・二審判決を読んで誰も気がつくのは、裁判所は、本件ビラが、なぜ、どのように「煽動」に該当するかをほとんど説明することなく、しかも、被告人の「煽動」罪を認定しているという、決定的な法の不備があったのである(ここにも問答無用の煽動罪裁判の特徴がうかがえるのであるが)。そこで上告審たる最高裁第二小法廷は、この点の不足を補う意図をもって、一審、二審で見過ごした、「脅迫的文言」を新しく引き合いに出し、そのことによって、本件ビラの「危険性」をもう一度あらためて念を押してみせたのだろうと思われるのである。しかしながら、読者諸賢、冷静に、そして虚心胆懐に、考えてもみていただきたい。こうした「脅迫」は、そうでなくても他の公務員以上に――善かれ悪しかれ――ストライキの慫慂に抵抗力の強い、そしていちばん反共精神旺盛なはずの警察官(とりわけ「特高活動」に従事する警察官)に対して怠業的行為をやる気にさせる方向にはたらくと解するのが合理的であるだろうか。それとも、そうではなくてむしろ、警察幹部に対するこうした「脅迫」は、かえって怠業への誘いとしては逆効果しかもたないと解するのが合理的であろうか。これはそれ自体、大いに争いのあるところなのではあるまいか。[23] そこで、このように煽動という点の効果につき疑いの余地のある「脅迫的文言」を離れて、もう一度文書を打ち眺めてみると、そこには「外国帝国主義者や売国政府の命令をただちに拒否しなければならない。これらをたくみにさぼって『民族独立のたたかい』に積極的に参加することこそ諸君に課せられた当面の任務である」といった、もう一つ別な「煽動」的な文言もあるにはあるが、この文言箇所も含めて、この文書全体の論調は、革命間近しの希望的観測のもと、占領体制とそれに隷属する日本政府とを非難攻撃することに重点を置いている。刑事法に触れる煽動文書というよりはより強く政治的アジビラというべき性格のものである。この間にあって、次の事実もそう簡単に見逃すべきではない。すなわち、この同じ文書が他の起訴事件[24]にあっては、公務員諸法の「あおり・そそのかし」違反のみならず、当該文書中の占領体制批判の箇所――本稿では遺憾ながら引用して紹介するいとまがないが――のゆえに、連合国最高司令官の発した覚書(「言論及び新聞の自由」一九四五年九月一〇日)の「連合国に対する虚偽又は破壊的批評及び風説」を「論議すること」に触れるとされ、一九五〇年政令三二五号「占領目的阻害行為処罰令」にも違反すると判定されている事実がこれである。要するに、客観的に見てこの文書は警察官らのストライキを誘発する危険性をはらむからではなくて、不逞不遜な(そのゆえに占領軍の怒りを買う「危険」を包蔵した)けしからん文書であるから、「煽動」規定で引っ掛けたのだという観測の成り立つ余地が大きい。この場合、こうした政治活動が日本共産党によってになわれているという事実が、したがってまた、これを抑制することが日本共産党に対する取締まりになるという政治的な効果が、政治支配体制の計算のうちに入っていただろうと推定をはたらかせても、いちじるしい偏向をおかしたことにはなるまいと思う。

以上要するに、前引第二小法廷が画期的にも文書の「危険性」を問題にしたとは言え、その問題の仕方から見れば、文書関係者の主観のうちに「危険」を認定する戦前からの伝統的なアプローチと本質的に違うところはないという結論になるのである。(25)

(22)　最二小判一九五二年八月二九日刑集六巻八号一〇五三頁。

(23)　第二小法廷は、この「脅迫的文言」をたてにとって、「本件被告人の所為のごとき必しも、その危険性なしとすることはできない」(傍点引用者)と説示しているのであるが、ここであらためて「その危険性」とはなんであったのかを考えてみるも、無意味ではない。前後の文脈からみて、これは「怠業的行為の起る危険」であると読んでしまいそうだが、これは論理の陥穽に陥ったことになるであろう。そうではなくて、裁判官諸賢の考えのなかに潜在していたのは、むしろ、反政府的・反権力的な「思想」の「危険性」にほかならなかったのである。

(24)　最大判一九五五年一一月三〇日刑集九巻一二号二五四五頁。

(25)　ちなみに本件にあっては、被告人二名が、それぞれ各一枚のビラを警察吏員に配付したということのみの罪により、各人懲役六カ月の刑を受け、それが一、二審により支持され確定しているという苛酷なる事実を、私としてはやはり摘示しておきたい。

一一　栗山裁判官の〝危険〟論

では、この第二小法廷判決に一定の影響を及ぼした栗山補足意見の「危険」論はどうであろうか。この外交官出身の栗山茂裁判官は、なんでも説明してしまう「公共の福祉」論が支配している時代にあって、事前予防に名を借りた権力行為から言論の自由を保障するためには「表現された言論が社会に対し実害を与える危険が充分に認められる程度のもの」であるかどうかを、裁判所は「具体的事案において証拠によって判断すべき」であるという見地を打ち出した点に、功績を認められるべきではある。けれども他方、栗山裁判官は、新しい刑事訴訟法下においては裁判所は徒らに「職権による証拠調」をしてはならないという独自の立場に立脚し、上告審としての司法審査をきわめて制限的に理解しているのが特徴的である。それでいながら、彼は「(本件において)怠業的行為を遂行する危険が現存するという点については第一審判決の理由が充分でない違法があるし、これを容認した原判決も法令の違背があると断ぜざるを得ない」(傍点引用者)という、いささかきびしい評価をくだしているのは、注目に値する。また、多数意見のいわゆる「脅迫的文言」についても、「単に文言だけから実害の危険性があると判断するのは証拠によらないで危険性の存在を推断する嫌があることにもなるのである」と正当に批判的である。その栗山裁判官が、しかしながら、結論においては、こうなる。「しかしながら、被告人は前記のように日本共産党員として同党のため諸般の活動に従事しつつあった者であることは本件記録上明らかであり、本件紙片は日本共産党室蘭地区委員会名義のものであり、そこに記載された文言、更には公知の事実とされている諸般の客観的事情を考え合わせれば、原判決は未だ刑訴第四一一条に定めるような判決に影響のある法令違反で著しく正義に反するものと認めることができない。よって結局原判決を容認すべきものとし多数意見に同調したのである」。[26] この文章をどう読むべきであろうか。いろいろな読み方があろうが、一つの無視し得ない読み方として、次のものがあろう。ここには、「更には公知の事実とされている諸般の客観的事情」をも含めて、「日本共産党の警察職員に対する工作」であったということが、同裁判官の結論を導く主要な要因であったということである。このこと、すなわち、ほかならぬ日本共産党の文書活動だから「危険」だと見るのは、不合理とは言えないという考えは、栗山裁判官の、同じ文書を対象とするもう一つ別の事件の補足意見(最大判一九五六年一一月三〇日刑集九巻一二号二五四五、二五五〇頁)にも、表出している。こちらのほうでも、「本件文書の単なる文言だけから実害の危険性があると判断することは、証拠によらないで危険性の存在を推断する嫌があり、違法である」という、それ自体としては的を射た見解を述べたのにつづいて、次のごとき転換がある。「しかしながら、本件紙片は日本共産党の対警察工作の一環として、同党の指示により作成されたもので、本件紙片と同一内容の紙片が全国的に配布された事実は、本件と同一内容の紙片を配付し或は公然貼附したことを内容とする本件と同種の事件が全国各地の裁判所で裁判せられ、それに対する上告事件が多数当裁判所に係属している事実に徴し明らかである。してみれば前記危険性の現存する事実は、これを認め得るのでこの点について本件刑訴四一一条を適用すべきものとは認められない」。栗山裁判官は、全国各地に起訴事件があり多数の上告事件があるという事実を強調している(もっとも判決録でうかがうかぎりは、先に指摘したように上告事件は三件でしかない)。けれども、この事実は、日本共産党の活動だから危険だという「考え」の現れであるだろうが、警察官のストライキを誘発するという「煽動」罪に特殊的な「危険性」の程度を推し測るための標識にはなり得ないであろう。こうした事実摘示も含め、氏の「危険」認定は、「日本共産党＝危険」論という、結局において戦前以来公認の、伝統的な反共イデオロギーといわれるべき物の見方に左右されるところが多く、法律上の真のポイント、警察官ストライキの誘発可能性とほとんど関係するところがない、と見て公平を失しまいと思う。栗山裁判官にあってもなお所詮、メッセージの送り手の主観のうちに「危険性」を読みとるという戦前以来の「煽動罪」論から脱却し得なかったのである。

(26)　たとえ憲法にかかわる事案の場合であっても、上告審の司法審査の範囲を狭く理解する栗山意見は、審査の素材がほかならぬ表現の自由を問題対象とする事件でさえも、同じように狭くあるべしという考えのようである。表現の自由にかんする二重基準のごときは、リップ・サーヴィスのうえでさえも、当時まだ語られることはなかったのである。

一二　煽動罪の展開

煽動罪の性質をもう少しさぐってみるために、税法関係における煽動罪規定の適用例二、三を取り上げる。一九五五年に最高裁大法廷の審判[27]を受けることになる、北海道のある炭鉱町での一九五〇年の出来事を、第一審（一九五一年五月一四日、札幌地裁岩見沢支部）の認定した事実に即して記述すれば、こうである。炭鉱労働組合の臨時大会において町民税納付の為の納税組合設立の議案が緊急動議として提案されたさい、被告人（レッド・パージで退職させられた元鉱外電工夫）が、組合員千余名出席しているなかで「委員長は税金が戦争準備の為に使われていないというが、平衡交付金が減らされた事自体戦争準備の為に使われている証拠だ。現在工事中の観光道路は、アメリカが戦争に備えて戦車を通すために造られているのだ。又警察予備隊は、売国奴吉田によつて戦争に駆りたてられるのは明らかだが、その拳銃は我々の税金でつくられている。このような税金を納めるのには反対だし、従つてそのような税金を納めるための納税組合をつくるのにも反対である」旨発言した。被告人は、この発言のゆえに、①風説を論議した点で、一九四六年勅令三一一号二条、一九五〇年政令三二五号附則三項および、占領軍覚書「言論及び新聞の自由」三項に、そして②納税組合をつくることに反対して地方税を納めないことを煽動した点で、地方税法二一条一項に、それぞれ該当すると判断され、懲役六月に処せられている。被告人は、第二審で事実誤認をもって争うが、札幌高裁(一九五一年八月七日)はこれを一蹴した。そして被告人の行為は、①の点で「わが国民の間に占領軍を含む連合国に対する反抗気運を醸成して占領秩序を攪乱せんとするものであり、占領目的に有害なる行為と断ぜざるを得ない」と判断した。次に②の点では、「(地方税法二一条)に所謂せん動とは、他人に対し積極的に地方税の不納をアジる場合のみに限定されるものではない」とする第一審解釈をそのまま肯定して、「原判示の如き事情の下に、原判示の如き言辞を弄することは税金を納付しないことをせん動した場合に該るものというべきである」と説示した。

被告人の発言は、一方で占領軍への反抗気運を醸成する占領目的阻害行為であるとともに、他方同時に「税金の……納付をしないことを煽動した」行為に当たる、と本件の一・二審裁判所は判断したのであった。これと関連して、次の事実を指摘しておきたい。一個のメッセージ伝達行為(本件では、炭鉱労働組合の臨時大会における納税組合設立反対演説であるが、他の事件では、「全国の警察官幹部諸君に訴う」と題するビラを警察官むけに配付した行為)が、一方において占領目的有害・阻害行為に当たるとともに他方、警察官の怠業を慫慂する煽動罪に該当するとして起訴され、かつ裁判所もまた、二個の罪名を肯定して有罪と認定した事例があるのである。私は、この例をたまたま煽動罪にかんする別の大法廷判決(最大判一九五五年一一月三〇日刑集九巻一二号二五四五頁)で知りえたのであるが、このように「占領目的阻害行為処罰令」(これは、当時の高等警察法規の典型である)と各種「煽動」規定との抱き合わせ刑事事件が下級審レベルにはたくさんあったに違いないと推測される。

刑法学の世界では、このことは、一個の行為にして数個の罪名にふれる場合に当たり、珍しくもなんともない通常のことと見做されるであろう。けれども、刑法学の素養を欠いた私から見れば、この現象はきわめて奇異である。確かに、占領目的有害・阻害行為、なかんずく「風説を流布する」とは、構成要件の厳密さもなにも不要な、占領権力に気に入らない種類の行為はなんでも入る概念である、と解された。だから、とやかく言わない。これに反し、煽動罪というものは、ともかくも、特定実行行為をひき出すという、なんでもかんでもというのでない、もう少し具体的ななにかをターゲットとした法概念なのではなかったのだろうか。

私にはどうも、煽動罪規定は、占領目的有害・阻害行為を処罰する勅令の特別高等警察的な運用と結合し抱き合わせになることによって、その戦前的な性格を温存するのに成功したのだ、と思えてならない。いわゆる超憲法的な効力をもつ占領軍法規と抱き合わせで運用されることによって、煽動罪規定は、新憲法における表現の自由その他の市民的諸自由との真剣な対決なしに、したがって、この犯罪の定義ないし構成概念の再検討なしに、戦後へと滑り込むことができた一面があるように思う。この点で、あえて言えば占領軍は、日本の権力にとって「虎の威」であった。少なくとも、占領秩序は、戦前の煽動罪が戦後もそのまま居直るのにとても好都合な環境であった。

この北海道の炭鉱町の出来事は、やがて最高裁が上告を受けつけて審理することになるが、この時点では平和条約発効にともない勅令三一一号は失効している。したがって最高裁の関心は、前記①に対する刑が廃止されたかどうかに重点が置かれていて、②の煽動罪をめぐる争点はほとんど全く触れられていない。だが、大法廷のこの不作為は、かなり疑問の余地がある。というのは、この点の本件原審判決には、「『せん動』とは……他人に対して積極的に地方税の不納をアジる場合のみに限らないのであって……原判示の如き事情の下に、原判示の如き言辞を弄することは税金を納付しないことをせん動した場合に該るものというべきである」(傍点引用者)とする説示があるからである。煽動についてのこうした理解は、旧憲法下に伝統的な思考においては当然の帰結ではあろうが、新憲法的な表現の自由保障の観点を少しでも加味すれば、まことに穏当ならざる部分を含んだ説示であるということになる。実行行為への慫慂が「煽動」となるのには、他人に対する積極的・明示的な特定実行行為へのアジテーションは不要だというのが、原審判断である。当該慫慂行為は、発表のコンテクストにより、また、それが弄した言辞の言外にこもっている黙示の意味において、「煽動」へと転化する、と原審は理解しているのである。すなわち、文言においてアジテーションでないものが――結局において、当局の――構成により「煽動」となるという。最高裁は、こうした構成に批判的検討を加えなかったことにより、暗黙裡にこれを肯定したとみるほかないであろう。

(27)　最大判一九五五年一一月三〇日刑集九巻一二号二五二九頁。

一三　〝主観的な危険〟犯としての煽動罪

従前から、煽動罪は――私流のことばを用いれば――主観的な危険犯とされてきたから、定義など在って無きがごときものであった。そこへもってきて、戦争中に煽動罪はいたずらにもてはやされることによって、その定義・概念構成などはますますもってどうでもいいものになってしまっていたのである。こうした歴史的な背景からすれば、本件原審のように、明示・積極のアジでなくても、アジはアジだという、市民から見ればつかまえどころのない論理操作が、まかりとおったのである。

私が本件において問題だと思うのは、最高裁大法廷がこうした問題性をはらむ原審判断になんのチェックもはからず、結果において肯定しているという点にある。

この一九五五年大法廷判決と相前後して、税法関係の煽動罪事件で最高裁が扱ったものが——判例集に登載されたかぎりで——二つある。うち一つは、前年、一九五四年の第一小法廷が国税犯則取締法二二条一項の「国税ノ徴収若ハ納付ヲ為サザルコトヲ煽動シタル者」を扱った判決(28)であり、他は、一九六二年の大法廷判決(29)で、このほうは遊興飲食税の特別徴収制度に反対する文書が地方税法二一条一項違反に問われた事件を対象とする。以下この両者を簡略に紹介し、若干の分析を試みてみたい。

一九五四年、国税犯則取締法(煽動罪)違反事件において第一小法廷が争点として選択したのは、文書による煽動罪の成立時期いかんという問題であった。最高裁は、原審の「文書による煽動罪の成立には、その文書を他人において現実に認識又は了解することを必要とせず、他人によって閲覧され得るような状態におくを以て足りる」とした判断を、留保なく「正当である」と支持した。この法解釈によれば、メッセージの名宛人＝読み手・聴き手との関係は、おそろしく抽象化されていることになり、メッセージの受け手の存在はほとんど考慮の外に置かれることになる。このことにさしずめ注意を喚起したい。

この事件においてどんな内容のビラが、どのような仕方で配付されたかをめぐる事実関係をある程度明らかにしたい。第一審(静岡地裁)判決(一九五二年一〇月三日)の認定したところによれば、こうである。被告人は、一九五二年二月のある日、「平和のために再軍備の徴税に反対しよう」というタイトルのビラ千五百枚を、沼津市内の新聞販売店に持ち運んで、朝日、読売両新聞の朝刊に折込み配達をするよう依頼した、そして同ビラは現実に翌朝、同店販売区域の購読者に配達された。また、同じビラはその他いく人かに対し手渡された。さらにもう一つ、本件公訴事実中に「被告人が……浮世小路喫茶店パロマにおいて判示第一に掲げたと同様のビラ(本件ビラ——引用者)五枚を同店内に出入する不特定多数の国税納付義務者に閲覧させる目的で同店内のテーブルの上に頒布して国税の納付を為さないことを煽動した」とする訴因も含まれていて、この行為事実が「煽動」に該当するかどうかが、のちに特殊的に争点になるのである。さて、いまのわれわれの主要関心はさし当たりまず、本件ビラの内容である。それは、次のようなものであったらしい。すなわち「その冒頭に昭和二十七年度の所得税の内示額が税務署から発表されたがその課税率が前年度に比して著しく高いことを述べ、次いで昭和二十七年度の国家予算を批判してその大部分がいわゆる再軍備のための予算であると述べた末尾の項に、『重税に苦しむ業者の皆さん、私達の生活は今破滅の所まで来ている。税金なんか一文も払えない所に来ている。三重県の一部落では竹槍の先に令書をつけて全員で税務署に押しかけて闘った。神奈川県の一漁師町では差押えに来た税務署員をトラックから引きずり下し差押えを出来ない様にしている。沼津でも市民税なんか一文も払わないときめた町がある。十二月にはドブロク問題で朝鮮人が署に押しかけ物品をとりかえしている。皆さん吉田(吉田政府――引用者)の手先税務署に隣近所の人々と手を組んで団結して闘おう。国民生活の改善、戦争のための重税は一文も払うな、一人一人では駄目だ、組合全員で闘え、差押えは実力で紛砕《ママ》しろ、強制徴収絶対反対」と記載し、「最後に日本共産党沼津市委員会と印刷」されていた。そして、それは「半紙半折大の赤色のビラ」であったというのである(最高裁刑集八巻五号六九二、六九八頁)。

　第一審裁判所は、これまでみてきたいかなる裁判所とも一味違って、戦前の煽動罪立法例・裁判における煽動の定義などを考察し、さらに折から論議の的になっていた破壊活動防止法案の煽動罪規定に言及するなどして、慎重な構えをみせていて、その結果、のちに検討するように、煽動罪の成立時期についてきわ立って特異な見解を示すのであるが、肝心のビラの内容およびその配布行為については、ありきたりの考察を加えるにとどめ、たやすく煽動罪を認定してしまっている。いわく、「判示ビラの内容は、暴力をもって国税をも含むすべての税の強制徴収に反対すべきことを煽動したものであって、単なる税制の批判とは解せられない」と認定している。もっとも、裁判所に対し公正を失しないためには、同判決がさらにつづけて、いうならば本件に特殊な事情の指摘を付け加えていることも、引用すべきかもしれない。いわく「(それればかりでなく――引用者)それが頒布せられた時期は恰も昭和二十六年の所得税の確定申告期限の数日前で、税務署から所得税額についていわゆる内示額が発表された当時であって、被告人はその時期を狙って本件犯行に及んだものであることが……認められるから、被告人の行為は公共の福祉を侵害すべき明白にして現在の危険を有したものと言わねばならない」(前掲刑集七〇一頁)。のちに、ある種のCliché(常套句)として人口に膾炙《かいしゃ》することになる「明白にして現在の危険」がここに出てくるのは一興であって、これは判決文に現われてくる最も初期のものと思われる。しかしながら、これをもってして、本件においてビラ配付行為が煽動的性格を帯有していたと十分に説得力をもって示しえたことになっているだろうか。

第二審判決(東京高裁一九五三年六月二五日前掲刑集七〇二頁以下)の力点は、もっぱら、煽動罪は形式犯に属するのであって、「(煽動を表示する文書を)他人によって閲覧され得るような状態におくにおいて、右煽動罪は成立するものと解しなければならない」と判示し、これと異なった見解に立つ第一審判決を否定し破棄する点に置かれていた。高裁にとっては、ビラの内容、その配付行為が煽動罪を構成することは、なんら説明を要せざる自明のことであったのである。同じことは、先述したように、本件上告審である最高裁第一小法廷の処理方式についてもいえる。ここでも、煽動罪の成立は所与の前提で、ただそれがいつ成立したかという時期だけが関心事であった。

けれども私として、本件ビラのような内容の文書が――いかなるとき、いかなる配付方法によろうと――煽動罪に該当するとして違法視されるのには、どうしても疑問を払拭し得ないのである。この伝でいったら、国民的な論議が分かれた消費税に反対するのはいいが、それを支払うなと論ずるのは煽動罪に当たり、一九九〇―一九九一年のころ問題になった多国籍軍のための軍事費支出は違憲だと主張するのは適法だが、この政府支出に反対してこの分の税金は納めないことにしようと慫慂すると処罰をまぬかれがたいおそれがある。政策批判と煽動的言辞との線引きを、裁判所は深刻に考えてきていないまま、煽動罪を肯定しているのである。

もっとも、この点は、けっして本件に関与した諸裁判所の特徴でもなんでもなく、煽動罪にかかわってきた過去から現在までのすべての裁判例に普遍的にみられるところである、と言えないことはない。私が本件において特徴的だと思うのは、じつは別のところにある。それは、すでに示唆したことなのであるが、第一審裁判所が、煽動罪の成立時期について特異な見解を採ったこと、しかしながら、高裁、最高裁は旧日本に伝統的な煽動罪概念に固執することによって、折角の地裁判決を契機に煽動罪の見直し・再構成を試みようとしなかったこと、である。

静岡地裁は、本件ビラを内容上煽動に該当すると易々《やすやす》と認定するとともに、被告人の配付行為も煽動罪を成立させると認定した。しかしながら他方、公訴事実のうちに含まれている喫茶店内のテーブルの下に本件ビラ五枚を置いてきた行為については、いまだ煽動罪は成立しないとしたのであった。地裁の考えの背後には、新憲法下において煽動概念になんらかの限定を加える必要があるという意図が感ぜられる。そしてそれは、「文書による煽動行為が既遂に達するためには、その文書が相手方の閲覧可能の状態に達したことをもって足りるとせず、又相手方がその文書の内容を感覚的に認識したことでも充分ではなく、相手方がその煽動文書を閲覧の上その内容を理解したことが必要であると解する」という考えとなって現れていると思う。地裁は、その考えを敷衍して、次のようにもいっている。「煽動行為とは、上述のとおり、不特定又は多数の相手方に対して、作為又は不作為を惹起させるような思想内容を知らせる行為に外ならないが、知らせる行為という以上、行為者の片面的行為ではなく相手方に何等かの結果を生ぜしめる行為でなければならない。そしてかかる思想内容の告知は、それが相手方に認識理解されて初めて現実に危険を生じ、その告知による煽動罪は既遂に達するのである。……文理解釈から言っても、相手方が認識理解しなければ、刺戟を与えたと言うことはできないであろう」（前掲刑集七〇〇―七〇一頁）。

「煽動」といえるためには、「煽動」にかかるメッセージを伝達する相手方が具体的に居らねばならないし、その相手方がメッセージを受けとってこれを認識しなければなるまい――と、地裁は考えるのである。「煽動」を、一方的な個人の精神活動が秘める危険性のうちに捉えるのではなくて、一方の他方へのメッセージ伝達が他方に及ぼす効果の危険性のうちに捉えるのでなければならないとすると、地裁が考えるように、伝達の相手方がいなければならないし、その相手方が認識し理解するという精神作用をつうじた、ある種の反応がなければならないだろう。

これに反し、本件東京高裁は、この考えを真向うから否認して「この煽動罪たるや、所謂形式犯に属するものであって、右に所謂煽動行為のありたることによって直ちに成立する」と断定していっている。ここでいう「所謂煽動行為」とはなんだろう。それが「直ちに成立」するとはなにを意味するのだろう。前後の脈絡からみれば、「所謂煽動行為」とは、煽動的意思表示をおこなうことであるらしく、「直ちに成立」とは、相手方がいようといまいと、したがって相手方に伝わろうと伝わるまいと、そんなことはいっさいお構いなく、ともかく「成立」する、ということにほかなるまい。荒野で咆哮するのであれ、暗夜にプラカードを掲示するのであれ、なんであれ、「所謂煽動行為のありたることによって成立」するといわんばかりなのである。「いや、われわれは、われわれなりに『社会通念』によって伝達されるべき相手方や相手方のあり得べき反応といったものを、抽象化し定型化して想定しているのです」と答えるにちがいない。けれども、メッセージの相手方の存在・その者に及ぼす効果を定型化し抽象化して措定するということは、じつは、現実に存在も機能もしないものを、主観的に（それは期待・願望その他の主観的意欲が混入するのが逃れようのない過程であるのだが）想定（＝創作）することなのである。この抽象化はまた、捨象化でもあって、相手方の存在およびその効果をおよそ想定しないばあいをも含み得るのである。ともあれ、メッセージ伝達の相手方およびその者の伝達効果を、そんなふうに主観的に扱うことによって、結局、どの部分に強調点が置かれるかというと、帰するところ、メッセージの内容上の危険性およびメッセージ作成者・伝達者の人格において潜む危険性——と、認定権を委ねられている当局が認定するところのもの——そのものなのである。

高裁が解釈するように、本件ビラ五枚が喫茶店パロマのテーブル下に置かれたことで「煽動行為」が完成したとするばあい、そこで想定されている「危険性」というのは、それを読んだ者がみずからの一九五一年度所得税を納付しないという実行行為を犯すおそれでは全くなくて(というのは、この実行行為を着手しようと決意するまえに、不納付から生ずるはずの、じつにさまざまな加重的な不利益を引き受けるための心および金銭の準備などなど、他に決意すべきことが、必然的にはめ込まれているのを、取締り当局は先刻了解しているからなのであるが)、ほとんど専ら、ビラ作成者・伝達者の主観の内なる(政治的)危険性にほかならないのである。

その上告審たる最高裁第一小法廷判決は、括弧書きのなかで、原審が「他人によって閲覧され得るような状態におくを以て足りる旨判断したのは正当である」と述べている。が、それが、なぜ正当なのかの理由は述べておらず、それ以外の説明もない。煽動罪は形式犯であり抽象犯であり、人も背景も事実もなく、「直ちに成立」するという考えを最高裁も共有しているのは、どうも疑う余地がない。

ことは、煽動罪の成立時期いかんという、見た目には一見、単に形式的・様式的な概念構成にのみかかわっているようである。しかし、そうではない。この問題は、「煽動」をどう捉えるか、なかんずく、その中核たる「危険性」をどう捉えるかという、優れて実体的な構成問題にかかわり、かかるものとして人間の精神の自由(思想および表現の自由)の領域設定とかかわり、したがって憲法規範のありようと結びつかざるをえない。くり返すが、ここでの犯罪の成立時期いかんは、けっして単に法解釈上の技術的、中立的な問題なのではなくて、この犯罪をいかに構成するか、とりわけこのうちにいかなる「危険」を想定するかという、「煽動罪」論の基本的、中心的な課題にかかわるのである。

こうしてみたならば、「煽動罪」の成立時期いかんという一局面にかぎってであるが、本件静岡地裁は、人間の意思伝達作用という現実世界のなかで「煽動罪」を考え直すことを試みたものとして、あらためて評価に値する。けれどもまた、まさにそうであったから、東京高裁と最高裁とは——ことばは悪いが、寄ってたかって——地裁のこの部分をつぶしにかかったのだと思う。こうしてつぶしにかかった二つの上級審裁判所は、主観的な危険犯としての煽動の成立にとっては、メッセージが相手方に現実に到着することや、ましていわんや相手方に認識され理解されることは、いっさい不要であると断定し、かく断定することによって、抑制すべき「危険」は、「メッセージを書いた、あるいはこれを伝達しようとしたお前、お前のその考え、その立場」のうちにあると、暗黙のうちに語っているのである。そうであることによって、これらは、伝統的な煽動罪概念に忠実でありつづけているのである。

本件の場合、さらにもう一つ、どうしても指摘したい点がある。それは、本件第一審(静岡地裁一九五二年一〇月三日)判決である。この裁判所は、この時期に全く先駆的なことであるが、煽動罪概念の新憲法適合性ということを真正面に据えて、「明白にして現在の危険」の有無の検討をおこなっている。そうした過程で「煽動行為とは……不特定又は多数の相手方に対して、作為又は不作為を惹起させるような思想内容を知らせる行為に外ならないが、知らせる行為という以上、行為者の片面的行為ではなく相手方に何等かの結果を生ぜしめる行為でなければならない」(傍点引用者)という観点が打ち出されている。裁判所は、この観点に立って、〝煽動〟ビラ五枚を喫茶店のテーブルの下に置いてきたという事実だけでは、煽動罪が成立したとはいえないと判示して、一部無罪を言い渡しているのである。

同時に特記すべきなのは、しかしながら、この第一審判断を東京高裁(一九五三年六月二五日)は、「煽動罪の意思の解釈を誤りたるに基く違法あるもの」として「原判決は到底破棄を免れない」と断じたことである。東京高裁によれば——〃煽動〃ビラが喫茶店のテーブルの下に置かれたならば、それでもって煽動罪が成立するのでなければならない。

もはや多くをくり返し言わない。この東京高裁の解釈は、戦前以来の伝統的な煽動罪概念にとっては論理必然な帰結である。主観的な危険犯としての煽動罪の成立にとっては、メッセージが相手方に現実に到着することや、ましていわんや相手方に理解されたり肯定されたりすることは、いっさい不要である。危険なのは、「メッセージを書き、これを他人に伝達しようとするお前、お前のその立場だ」、というにあるからである。本件上告審たる最高裁第一小法廷がまことにすんなりと東京高裁の解釈にお墨付きを与え、そのことによって、ここでもまた伝統的な煽動罪概念が、伝統的なまま生き残り得た。このことの意味を検討するのは、後日を待つほかない。

(28)　最一小判一九五四年五月二〇日刑集八巻五号六九二頁。
(29)　最大判一九六二年二月二一日刑集一六巻二号一〇七頁。

一四　国民的〃義務〃不履行の強調

さて、租税法領域での煽動罪を扱ったもう一つの最高裁判決は、大法廷によるものであるだけに、本当は、より詳しい検討をおこなうのが礼儀というものではある。ここでは、遊興飲食税の特別徴収制度とからんで、この制度に対する反対演説が煽動罪に問われているのであって、大法廷の関心はもっぱら特別徴収制度の合憲性に向けられており、煽動罪の憲法問題のほうはきわめて表面的にしか扱われていない。大法廷判決は、この点にかんしまず冒頭、チャタレー合憲判決(最大判一九五七年三月一三日刑集一一巻三号九九七頁)を先例としつつ「言論の自由といえども、絶対無制限のものではなく、公共の福祉に反することを許されない」とする当時流行のきまり文句を掲げ、「そして納税義務者又は特別徴収義務者のなすべき税金の徴収若しくは納付をしないことなどを煽動することは、地方団体の住民の負担する納税の義務の不履行を慫慂するものであって、公共の福祉を害し、憲法の保障する言論の自由の範囲を逸脱するものであるから、これを処罰する旨を定めた地方税法二一条一項の規定は憲法二一条に反するものではない」というに尽きる。この文章が本質とするところのものは、要するに、市民の負担する義務の不履行を慫慂することはけしからんこと(公共の福祉に反すること)であるから、憲法保障のらち外にあるというにあり、そのほかのなにものでもない。同じ命題は、煽動罪に関する戦後最初の最高裁判例たる一九四九年の食糧緊急措置令判決に「国民として負担する法律上の重要な義務の不履行を慫慂し、公共の福祉を害するものである」と出てきて以来、一九五二年の同じ措置令の大法廷合憲判決などなどと、くり返されて登場する、これまたこの方面のきまり文句と化することになる。(30)

(30) 前引のごとく一九四九年食糧緊急措置令のリーディング判決によれば、「国民として負担する法律上の重要な義務の不履行を慫慂」することは、「公共の福祉」に反すると同時に、「社会生活において道義的に責むべきである」と強調されている。この言説を背景に、私は、改正刑法仮案が「公然犯罪ヲ奨励シ又ハ煽動」すること、なかんずく「公然兵役義務又ハ納税義務ノ拒否ヲ奨励又ハ煽動」することに、処罰規定(二四一条一および二項)をおいていることを想起せざるを得ない。こうした刑罰は、最高裁からすれば、違憲でもなんでもない。現在、これがないのは、ただ立法政策上の遠慮がはたらいているからに過ぎまい。こういう理解のもとでは、徴兵令状を焼却してベトナム参戦反対の意思表示をした者の行為が表現の自由によって保護されるかどうかにかんしてアメリカ合衆国最高裁がおこなったような種類のソフィスティケーション(U. S. v. O'Brien, 391

U. S. 367 (1968) などで頭を悩ます必要はなく、「法律上の重要な義務の不履行を慫慂」することなど、憲法上許されるはずがないという結論が、ストレートに出てくるからである。

むすびにかえて

本稿で試みようと意図した一つは、明治以来の煽動罪をそれ自体として析出し、それが戦後の煽動罪をどのように規定しているかを見届けることであった。けれども、こうした歴史分析的な作業は、制度の上面をなぞるのに終始するのでないかぎりは必然的に紙量を食うものとなる。紙幅に制限のある本稿の場合には、この目標は適合的でなかったことを、遅蒔きながら感じざるを得ない。

というわけで、本稿をもってしては、日本の煽動罪が、今もむかしも、主観的な危険犯という本質を失っていないことを、非常に説得力ある形では、示すことができなかったかもしれない。けれども、そうした性格のものであるということを、ある程度は示唆し得たものと思う。

司法によって担われている日本の煽動罪概念にとって最も問題だと思うのは、法律学の世界以外の多くの学問分野においては最近大いに話題となっている「テクストと解釈」の論点が、完全に脱け落ちているということである。もちろん、哲学、言語学、記号論、文学などで現今論議されている「テクストと解釈」論は、そのなかへ入れば入るほどむずかしく、一筋縄ではいかない。しかし、そうだからといって、国家がひとの言動を処罰するについて、送り手の主観に秘められた主観(あるいは、特定メッセージの「勢い」)の危険性を——論議の余地のある司法判断によって

――事前推量することだけをもってよしとし、メッセージの受け手の反応、受け手と送り手との相互交流などなどといったメッセージをめぐるさまざまなコンテクストを、考量の外においていいとは言えぬはずである。[31] そういう、人間・人間性・人間関係をいっさい捨象した判例・学説は、正当ではなく、憲法上許されてはなるまいということを、[32] 本稿ではもう少し衝いてみたかった。

煽動罪というものは、言動そのものを禁止する効果を含むのであるから、私は、日本の学界でもてはやされている「明白にして現存の危険」の法理やらその修正と理解される傾向のあるブランデンバーグ規準なるようなものをもってきて、カテゴリーさえ限定すれば合憲だという考え方に、きわめて釈然としないものを感ずる。そのことを本稿できちんと開陳し得なかったが、いずれかの機会にあらためて責めを果たそうと思う。

さて、さいごになるが、それでは一体、煽動罪というものは、どんな形態のものも違憲無効で、憲法上成立する余地がないのかというと、今の私は、この点で断定的たり得ていない。というのは、典型的には親分・子分のヤクザ関係、あるいは、その他ある種の特別な人間関係においては、「打てば響く」関係が成立していて、その関係のなかで、特定のメッセージが、その受け手に特殊に危険な効果を与える場合があり得るだろうと思う。[33] こういう場合でも、煽動罪という特別範疇の犯罪で対処すべきなのではなくて、正犯に対する従属犯としての教唆罪をもってくれば、それで十分ではないかという議論もあろうが、そう断言する立場に、今のところ私はない。この論点も含め、本稿で論じたこと、論じ得なかったことを見直し、整理し直す必要がある。

(31) 煽動罪における「危険」(J・S・ミルのいわゆる「弊害」)として裁判所や法律学がこれまで構成してきたもののなかには、表現を受けとって行為する(あるいは無視する)主体の〝自主的〟選択の可能性(およびその者の責任)ということが、ほとんど考慮の外に置かれている。けれども、スカンロン(Scanlon, Freedom of Expression and Categories of Expression, 40 Pitts. L.

Rev. 519 (1979))が論じているように、表現行為における「危険」ということを、送り手と受け手の主体的・自主的な関係のなかで見るのでなければ、すなわち、権力が一方的に勝手に「危険」を先取りして認定することができるのだとすれば、表現の自由を語る余地はなかろうと思う。

(32) 日本では〝煽動〟文書は、テクストそれ自体がもつ危険性のうえに成り立つ。しかし、この種のテクストでさえも、われわれ人間にとっては単に「中間生産物」であるに過ぎないのではあるまいか。「われわれとは対話的存在だ」と考えるガダマール的な立場から見ても、また、テクストの「断絶」や意味の「解体」を強く捉えるデリダのような者から見ても、わが煽動罪概念は許されざる人間侵害であると映ずるに違いないと思う。なお、「テクストと解釈」問題のありようについては、本書第六章「「無名の権利」の保障」における注(15)、(18)、(19)(二八五―二八六頁)を参照されたい。

(33) このゆえに、たとえば、市民がビラを撒いて警察幹部らに怠業行為を慫慂するといった種類の「煽動」とは違って、労働組合内部で上部の指揮命令系統組織から下部組織に流されるスト突入指示行為のごときは――実体的にストライキが違法であることを前提としてのうえのことだが――なんらかの規制を受けるのはやむを得なかろう、と考える。また、各種公務員が公務員法上負う守秘義務に背いて職務上知ることのできた秘密を洩らすようにと第三者が慫慂する行為を、「そそのかし」罪として、どう構成するかは、厄介な問題を包蔵するにしても、この種の慫慂を規制することはあり得るだろうと思う。私が「煽動罪」成立余地を認める場合というのは、ヘルメノイティックス的に言えば、テクスト(=命令)が受け手により「意味通りに」、そして直ちにいま実行される条件のある場合に当たるであろう。

六 「無名の権利」の保障
——C・L・ブラックの合衆国憲法修正九条論によせて——

一 はじめに

Charles L. Black, Jr., Decision According to Law (1981)(1)は、ハーヴァード・ロー・スクール主催の「ホームズ記念講演」(一九七九年)を活字にしたものであった。「法に従った決定」というタイトルが示すように、著者ブラック教授はここで司法審査のあり方を論じている。独特な論理をたくみに駆使することによって、いわゆる司法積極主義の正当性を弁証するブラック教授の立場は、すでにして広く知られているとおりである。(2)教授は、この書物では、「法に従った」ということの意味、なかんずく従うべきもの・拠るべき根拠としての「法」の意味を究明し、そのことを通じてあるべき司法審査の方向づけを試みている。そして、ここで特徴的であるのは、合衆国憲法修正第九条に焦点を合わせ、この条項を、従うべき法・拠るべき法として積極的に前面に押し出していることである。

この構想は、ブラックに従来から内在していたものといえるようであるが、(3)本書でこれを顕在化したばかりではなくて、一九八五年E・V・ロストウ教授記念のために書かれた論文(4)で、いま一度、そして若干力点を置き換えて、(5)再確認しているのが興味を惹く。

さて、ブラック教授により憲法上の権利保障の舞台に登らされることになった合衆国憲法修正第九条(以下、これを

「修正九条」という)とは一体、どんな内容のものなのであろうか。文面(テクスト)はこうである。「本憲法中に特定の権利を列挙した事実をもって、人民の保有する他の諸権利を否認しまたは軽視したものと解釈することはできない[6]」。この条文に先行する八カ条には、いうまでもなく信教の自由・表現の自由などを定める修正第一条からはじまり、「残酷で異常な刑罰」を受けない権利などを定める修正第八条などが並んでいる。前の八カ条はそれぞれ「特定の権利」(“certain rights”)を「列挙」(“enumeration”)しているのであるが、修正九条においては「人民の保有する他の諸権利」(“others retained by the people”)が在ることは前提になっているものの、さてそれがどんな権利で、どう保障されるのかは当該条文では語られていない。すなわち、先行する八カ条には明示的に「列挙され」(enumerated)、「名前のついた」(named)諸権利・諸自由が在るのに対し、修正九条が前提とする「諸権利」には「名前がついていない」(unnamed)のである。前者を「有名の権利」というとすれば、後者は「無名の権利」ということになる。

一九六五年合衆国最高裁判所が避妊に関係する行為を規制する立法の合憲性を扱うGriswold v. Connecticut[7]において、権利章典中のいかなる権利が問われているのかという解釈問題に当面するまでは、概していって修正九条は、ある書物のタイトル[8]が示唆しているように、「忘れられた修正条項」であった。一九六〇—一九七〇年代を経過する過程で、合衆国もご多分にもれず——日本流でいえば、いわゆる——「新しい人権」の主張が抬頭し、これをめぐる司法保障のありようが問題になったのであるが、そのさいはどちらかというと、合衆国憲法修正第五条および第一四条の適正手続保障条項あるいは平等保障条項にもとづく権利構成という、ある意味で伝統的な手法が取られた。修正九条は、ほとんど出番を与えられることがなかったのである。

そういう理論状況を背景において、ブラック教授は七〇年代末(または八〇年代初期)端的に修正九条に脚光を浴びせ、この条項をもとに「無名の権利」についての憲法(=司法)保障の必要性・正当性を説いたのであった。もっとも、ブラック自身本稿冒頭で言及した、かれの書物のなかで指摘しているとおり、ちょうどそのころ公刊された、例のイリィ(John Hart Ely)教授の『民主主義と司法審査』においても、ある種の修正九条肯定論・積極論が語られているのであって、ブラックが独走してこれについて先鞭をつけたというのではない。しかし、イリィの業績は民主過程の確保という観点から司法審査のありようおよびその正当性を説く、その点で野心的・開拓的な仕事であったので、その修正九条論はかならずしも議論の中心に置かれたものではなかった。[9] これに反しブラックは、再三述べているように端的に修正九条に標的を合わせているのである。[10]

ブラックが修正九条にもとづき「無名の権利」の憲法(=司法)保障を真正面から主張したことについて、当時の憲法研究者の反応はかならずしも好意的とばかりいえないものがあった。[11] しかしながら八〇年代後半に入りはじめると、この辺の理論状況が少しばかり変化するようになる。事態は、修正九条のみならずこれを含み修正第五条(適正手続規定)や修正第一四条(平等保護、適正手続、特権免責規定)などのオープン・エンド諸条項(open-ended clauses, 保障限度が設定されていない包括的な権利規定)一般についていえることだが、新しい権利保障システムを目指して司法審査を活性化しようとする傾向が見られるようになる。[12] こうしたなかで、修正九条論は、いわゆる立法者意思に拘泥する者や解釈主義者らが多数を制するレーンキスト裁判所(一九八六年―現在)およびその法実践を全面支持するボーク(Robert H. Bork)らの憲法理論グループと、これに反対し批判する理論グループとのあいだに立つ、一種の分岐点たる様相を呈しはじめてきたのであった。[13]

かく展開するにいたった修正九条論は、興味深く、かつたくさんの論点をふくんでいるように思う。たとえばこれを素材にして、すでに触れたことだが、合衆国憲法領域で理論的にも実践的にも最も大きな争点の一つになっている、いわゆる解釈主義v.非解釈主義の対抗関係、非解釈主義として一括される流れのなかでのアプローチの違いなどを浮き彫りにすることができる。[14] これと無関係ではないが、主題は、現在人文諸科学で最も熱心に議論されている論点の一つたる、ガダマール流ヘルメノイティックス(＝解釈学)とデリダ流脱構築(＝ポスト構造主義)の対立を象徴する「テクストと解釈」と密接にかかわるにちがいない。[15]

憲法解釈をめぐる論議といえば、日本には日本独自の「法解釈論争」が――いわば一足先に――あって、すでに卒業済みであると見做してしまう者がいるかもしれない。けれども、日本の論争は法律学者間のそれということから来る独特な刻印がある。[16] アメリカのに比べて、制度論、権力論、判例を含めた歴史論、総じて法実践論がかなりの程度欠けているところがあったように思う。また、日本の場合は、聖書・文学など書かれたもの(テクスト)一般、いや意味のあるもの(メッセージ)一般の解釈との異同を問うことなく、ひたすら「法解釈」(のあるべき姿)の究明が企てられているようにみえる。もちろんこうした日本的アプローチは、それはそれでいいのかもしれない。しかし、他の国の憲法解釈論争におけるアプローチとの比較検証をつうじてのみ、日本的特徴のよしあしの評価が出てくるのではなかろうか。合衆国の修正九条論議は、存外に日本の憲法解釈論争の発展になにかの役に立つかもしれないのである。

合衆国憲法修正九条に拠って構成される「無名の権利」保障論は、日本国憲法一三条に拠って語られる「生命、自由及び幸福追求に対する国民の権利」論、なかんずく、いわゆる「新しい人権」論とある種の親近関係にある。[17] だが、両者の比較検討はこれまでのところ十分になされているとはいえないように感ぜられる。筆者の印象では、彼此のあいだには方法・実体の両面にわたり、かなりの差異がある。それは一体どこから来て、なにを意味するのかは、考究に値するテーマであるように思える。

「無名の権利」の保障をかちとろうとする場合には、根拠法条に拠りかかりその文言(テクスト)解釈に専念しても無駄である。動員しうるあらゆる解釈技術(いわゆる立法者意思をひき合いに出すのも、こうした技術の一つであるだろう、と私は思う)を用いつつ、結局はどうもハイデッガーやガダマールのいわゆる自己「投企」というヘルメノイティックスの考えに傾きたくなるのであるが[18]、それはさておき、そのさいレトリックという視角からの考察も無視できないものがあるように思う。[19]「無名の権利」保障にかんする本稿を執筆しつつある私の脳裏には、まさに日本国憲法では「名を与えられなかった」ところの「適正手続をもとめる権利」をどう構成するかという問いがある。わが憲法学界では当初は、この権利はまさに名無し[20]のゆえに成立を拒まれたが、憲法三一条を根拠に徐々に徐々にそうした権利を承認する度合いが強くなった。しかし他方、当初の全的否認を迂回すべく憲法一三条に援軍をもとめる解釈論が出てきて、それが一定の地歩を占めるにいたったため、「適正手続をもとめる権利」は憲法三一条および／もしくは同一三条に基礎づけられて理論上の市民権を獲得して現在にいたっている。[21]筆者は憲法三一条に拠ってこの権利を認めるのをよしとするが、なぜ然るのかの理由の一端は、他の箇所で述べたことがあるので、今は重複するのを避ける。[22]ともあれ、本稿で修正九条との関係における「無名の権利」を取りあげるについて私の念頭にあるものの一つが、日本国憲法における適正手続請求権であることを指摘だけはしておきたい。

(1) 以下、これを Black, Decision According to Law, あるいは「ハーヴァード記念講演」と略記する。

(2) たとえば、Charles L. Black, Jr., The People and the Court : Judicial Review in a Democracy (1960) 参照。本文で私は「独特な論理をたくみに駆使する」と書いたが、この点はブラック教授の詩人および芸術家としての資質(奥平康弘「ひとの風景——ある身辺雑記」法時六二巻八号六〇、六四—六六頁参照)と無関係ではなさそうだ、と密かに考えている。他の論者(たとえば、Kurland, Book Review, 32 U. Chi. L. Rev. 386 (1965) ; Casper, Book Review, 37 U. Chi. L. Rev. 196 (1969))においても似た感想が表明されているところをみると、私の感想はひどく独断的であるわけでもないようである。

(3) たとえば、Charles L. Black, Jr., The Unfinished Business of the Warren Court, 46 Wash. L. Rev. 3, 31-45 (1970) ; do., Structure and Relationship in Constitutional Law, *passim* (1969) 参照。

(4) Charles L. Black, Jr., On Reading and Using the Ninth Amendment (originally published in a Festschrift for Eugene V. Rostow, Power and Policy in Quest of Law (M. McDougal & W. M. Reisman eds., 1985), *reprinted in* Charles L. Black, Jr., The Humane Imagination 186-201 (1986)). 以下、これを Black, Festschrift と略記する。引用頁数は、The Humane Imagination からのものとする。

(5) かれの「ホームズ記念講演」では、合衆国憲法修正九条に拠って語られた「無名の権利」(この概念については、本文で後述される)は、どちらかというと「国家からの自由」を内容とする消極的性格の権利であった。これに対し、注(4)で言及されている Black, Festschrift にあっては、社会福祉をもとめる権利(日本流にいえば生存権)を基礎づけるものとして同条項が用いられている。「無名の権利」は積極的な方向へと転換しているのである。この方向転換または問題関心のふくらみは、ブラック教授の場合、コロンビア・ロー・スクール主催一九八六年の「ルービン記念講演」(Charles L. Black, Jr., Further Reflections on the Constitutional Justice of Livelihood, 86 Colum. L. Rev. 1103 (1986))において、今度は修正九条そのものというよりもそれを補強する形で、独立宣言、合衆国憲法前文および憲法諸条項を引き合いに出しながら、もう一度理論化が試みられている。このことの意味は本文でのち考察されるであろう。

(6) 宮沢俊義編『世界憲法集』四版(岩波文庫、一九八三年)五三頁による。

(7) 381 U. S. 479 (1965).

(8) Bernett B. Patterson, The Forgotten Ninth Amendment (1955).

(9) John Hart Ely, Democracy and Distrust: A Theory of Judicial Review, 34-41 (1980) (ジョン・H・イリィ『民主主義と司法審査』(佐藤幸治・松井茂記訳、成文堂、一九九〇年)四三—五二頁)。

(10) とはいっても、憲法の文言(テクスト)に独特な仕方でこだわる憲法解釈理論を批判的に分析するイリィ教授の問題意識にとっては、修正九条もその一つであるところの、オープン・エンド条項("open-ended clauses", 修正第五条・第一四条の適正手続条項、第一四条の特権免責条項、同平等条項など)をどう処理するかは、基本的争点の一つたるを失わない。いわゆる解釈主義者らはこれらの条項を、いうところの立法者意思なるものへ縛りつけ閉じ込めることをもってよしとするのであるが(イリィは、これを a "Clause-Bound" Interpretivism と表現する)、イリィは、こうした処理は「不可能」だと宣言するのである。かれの修正九条論も含め、この辺の考察については、Laycock, Taking Constitutions Seriously: A Theory of Judicial Review, 59 Tex. L. Rev. 343 (1981) を参照。

(11) 遺憾ながら筆者は、ブラックの書物に批判的な文章のすべてに当たったわけではない。ここでは以下の二つについて言及するにとどめたい。その一つが、Van Alstyne, Slouching toward Bethlehem with the Ninth Amendment, 91 Yale L. J. 207 (1981) である。表題から予見できるように、相当にきびしい批評が開陳されている。周知のように修正九条は、最初の合衆国憲法成立(一七八八年)後、これに修正付加される「権利章典」のなかの一カ条として他の九カ条とともに一七九一年に成立した。そういうものとしてそれに固有な歴史的背景を持つし、「忘れられた修正条項」と言い条、最近はそれなりに理論分析の対象となってきているのである。しかしながら、ブラックは自己の見解を展開するに当たって、こうした修正九条をめぐる歴史や理論分析のあれこれに言及するというやり方をいっさいとっていない。評者ヴァン・アルスティンには、そうした省略手法が気に入らなかったようである。私はブラックの著述の全般につうじている者では全くないが、先にも言ったように、ブラックの論述は一般に——語弊があるが——芸術家風で直観的、それでいて非常に明快な論理で組み立てられているのが特徴だと思う。通常のスタイルとは、少し違うのである。制度的、歴史的な背景や既存の文献などについての言及は非常に限定的である。しかし、言わずして行間のうちにこうしたことがらについての学問的蓄積を十分に深く踏まえていることが知れる。加えて、ブラックにあっては、立法者意思をはじめとする歴史的な諸事実は、それ自体として拘束的にはたらくわけではないのだから、たとえば、修正九条を含めた「権利章典」の直接の起草者たるマディソンが修正九条についてどう考えていたかは、極端にいえばどうでもいいわけである。さて、本文でややくわしく紹介するが、ブラックの議論は、他のオープン・エンド条項にはそれぞれ欠点があるのに対し、修正九条はテクスト構成の上でも、いわばまだ手垢で汚されてもいないという点でも、「無名の権利」保障の組立てに適合的だとするのである。しかしヴァン・アルスティンはこの点でも不満である。たとえば、ブラックは修正第一四条の適正手続条項や平等条項はある種の袋小路に陥っている側面があるのであって「無名の権利」の新展開にはふさわしくないと論じているのに対して、ヴァン・アルスティンはそのことは十分に論証されていないとみる。そしてまた、修正九条によれば「無名の権利」の繰り出しがうまくゆくとばかりはいえず、かえって司法超積極主義者 (ultra-activist) の跳梁を招きかねないと憂慮するのである。要するに、ヴァン・アルスティンはブラックの立場のうちに憲法(典)の聖典あるいは経典(scripture)と見做す傾きを看取し、そのゆく手にある陥穽に注意を喚起しようとしているもののようである。憲法を聖典のごとく見做す傾向(これについてはたくさんの論述があるが、Sanford Levinson, Constitutional Faith, Chap. I (1988)が興味深い)に対し鋭い批判的分析をしているのは、Monaghan, Our Perfect Constitution, 56 N. Y. U. L. Rev. 353 (1981)である。モナハンのような立場からすれば、もちろん、修正九条に拠る「無名の権利」保障の繰り出しはあり得てはならないのである。

ブラックに対するもう一つの批判的な書評例として管見に属するのは、Caplan, Charles Black's Rediscovery of the Ninth Amendment, and What He Found There, 80 Mich. L. Rev. 656 (1982)がある。ブラックは、修正九条は——本来「権利章典」の一部を成すものである以上——それ自体に固有な、なんらかの実体的な諸権利を包含しているはずだということを疑われざる前提と解しているが、その前提が実は間違いだ、と評者キャプランはいう。キャプランによれば、修正九条の制定過程のどこをとっても、ここにはブラックが前提にするような新しい権利に有利な雰囲気はうかがわれず、権利という点では修正九条は、たかだかイギリス近代初期のエドワード・クックとかウィリアム・ブラックストンによって語られた、合衆国憲法制定当時イングランドで保障されていた諸権利を引きつづいて確保するというぐらいの意味で把握されたにとどまる。要するにキャプランは、制定以来一九六〇年代まで通説として理解されてきた立場、すなわち、修正九条は、なんらかの実体的な権利の保障を内包するものではなく、全体としての憲法の運用上適用される「解釈準則」(a rule of construction)にすぎないという立場を堅持しつつ、そこからブラックを批判しているのである。「出る釘」は、伝統的思考にもとづくこうした形での批評によって「打たれる」運命に置かれるのは、むしろ自然であるだろう。なお、同評者は、もう一つの論文、Caplan, The History and Meaning of the Ninth Amendment, 69 Va. L. Rev. 223 (1983)により、さらなる歴史研究を踏まえて右の議論の発展を試みている。

(12) 司法においても、こうした傾向の反映がうかがえないではない。たとえば、Richmond Newspapers v. Virginia, 448 U. S. 555 (1980)である。ここでは、刑事事件の公判廷に市民は出席する権利があるかどうかが、争点の一つであった。合衆国憲法のテクストでは、こうした権利はなんら語られていない。バーガー長官の執筆した法廷意見では、修正第一条(表現の自由)からこうした裁判出席権を引き出すことによって争点に決着がつけられている。しかしバーガーは、なお、憲法に明文の権利保障規定がないではないかという州側の主張に答える形で、「明文の規定が欠けている場合であっても、憲法は果たして、刑事事件の公判審理から公衆を排除することのないよう保護しているかどうかの問題は残るのである」(*id.* at 580)と答えることによって、修正九条がある種の権利保障の役割をする余地を示唆しているのが注目に値する。なお、Planned Parenhood v. Danforth, 428 U. S. 52, 60(1976); Buckley v. Valeo, 424 U. S. 1, 59 n. 67, 84 n. 113(1976); Lubin v. Panish, 415 U. S. 709, 721 footnote (1974) (Douglas, J., concurring) などで、ごく抽象的にであるが、修正九条の権利保障機能が語られている(Cf. Palmer v. Thompson, 403 U. S. 217, 233-334 (Douglas, dissenting opinion))。

(13) Levinson, Constitutional Rhetoric and the Ninth Amendment, 64 Chi-Kent L. Rev. 131 (1988) は、修正九条などの憲法解釈論争が、レーガン政権下の司法長官E・ミーズ、および大統領レーガンによって指名されながら上院の承認を得ることができないため合衆国最高裁入りを断念せざるをえなかったR・ボークらが仕掛けた、あちらこちらのロー・スクールに巣くっているという左翼教授に対する批判攻撃と深く関係すると見る。似た見解は他の論者の多くにうかがえる。ちなみにボークの修正九条論(それは立法者意思説にほかならないのだが)については、さし当たり、Robert H. Bork, The Tempting of America, 183-185(1990)を参照。また、ミーズの仕掛けたかずかずの憲法論争については、野坂泰司「憲法解釈における原意主義(上)」ジュリスト九二六号(一九八九年)六一頁、六二—六三頁注(7)が詳細である。

(14) この理論対立一般については、注(13)の野坂論文(その続き「憲法解釈における原意主義(下)」ジュリスト九二七号八一頁)および同六二頁注(3)の挙げる諸文献を参照。

(15) ハンス・ゲオルグ・ガダマールによれば、解釈(=理解)とは、人間に基本的に具わっている能力であって、それは「他者との共同生活の支えとなるとともに、特に言語を通じ、相互の会話を経て遂行されて行くのである」(Ph・フォルジェ編、J・デリダ、H・G・ガダマールほか著『テクストと解釈』(轡田収・三島憲一ほか訳、産業図書、一九九〇年)三八頁)。これに反し、ジャック・デリダは、このガダマール流ヘルメノイティックスは「善き意志」を前提としているのであって、「善き意志」およびこれを前提に構想する「普遍性」こそが問題なのであり、これらは徹底して解体されねばならない、と考える。両者の立場には架橋が不能なのだろうか。どちらにしても、法の世界も含めていたるところに「テクスト」は在るのであって、これは一体なにか、これを「解釈」(=構成)するとはどういうことなのかをめぐる論議は、両者のあいだに絶え間なく続きそうである。さし当たり、Ph・フォルジェ編『テクストと解釈』を参照されたい。

(16) 私の意味するものと少しく異なるが、平井宜雄教授は、その「戦後法解釈論の批判的考察(1)」ジュリスト九一一号(一九八八年）七九頁からはじまる一連の長編論文において、戦後法解釈論における「学者中心主義」を批判的に検討していて注目される。

(17) こうした観点からなされた既存の重要研究として、芦部信喜「包括的基本権条項の裁判規範性——アメリカ憲法修正九条について」法学協会編『法学協会百周年記念論文集』二巻（有斐閣、一九八三年）五五頁がある。

(18) ガダマールのヘルメノイティックスが、憲法（法）解釈理論における解釈主義・非解釈主義その他「テクストと解釈」をめぐる方法的な違いを超克して貫徹するものであること（私は、これに共鳴したく思うのだが）を強調するのが、Eskridge, Gadamer/Statutory Interpretation, 90 Colum. L. Rev. 609, 632-633 (1990) である。

(19) 憲法解釈におけるレトリックということにかんして、Levinson, *supra* note 13 参照。なお、カイム・ペレルマン『法律家の論理』（江口三角訳、木鐸社、一九八六年）第二部第一章、小畑清剛『レトリックの相剋』（昭和堂、一九九四年）参照。

(20) いわゆるマッカーサー憲法草案起草者たるニューディーラーは意識して“due process” clause の導入を避けたこと（これに対応する日本法制官僚には、もともと“due process”の観念はなかったから、アメリカ側起草者らによる“due process” clause の意識的排除については、ほとんど気づくことも問題視することもなかったであろうこと）および日本国憲法から“due process” clause が脱け落ちた事実のゆえにその後どんな法状況が生じたかということについては、さし当たり、Okudaira, Forty Years of the Constitution and Its Various Influences: Japanese, American, and Europe, 53 Law & Cont. Prob., Winter 17, 30-32 (1990) を参照。また、本書第四章「日本国憲法の過少な配分」の［補論］参照。

(21) 「無名の権利」たる「適正手続をもとめる権利」の成立（承認）にとって決定的に重要であったのは、周知のように一九六三年の個人タクシー免許申請拒否処分を扱った東京地方裁判所判決（一九六三年九月一八日行裁例集一四巻九号一六六六頁）である。東京地裁はそのさい、この権利の根拠法条として憲法一三条と三一条を二つながら挙げ、どっちがどっちといった詮議をおこなわなかった。私は、それは当時においてありえていい一つの解釈方法だったと思う。

(22) 私が抱懐するところの憲法三一条論は、最近、杉村敏正「行政処分における適正手続の保障——憲法上の根拠とその射程距離について」（上田勝美・杉村敏正・武久征治ほか『効果的な権利保護と憲法秩序』（法律文化社、一九九〇年）二七頁）によって、特殊的に批判の対象になっている。これに対する私の対応は、奥平康弘「手続的デュー・プロセス保障のもつ意味」法時六五巻六号(一九九三年)四二、四六頁でおこなわれている。

二　修正九条が当面する諸問題

コーウィン(Edward S. Corwin)が一九二八年に書いた論文、The "Higher Law" Background of American Constitutional Law(23)は、合衆国憲法を貫流する思想的背景を簡潔にそして明確に分析提示した名作として、おそらく憲法理論史上長くその名を留めることになるにちがいない。コーウィンはその著作で、合衆国憲法が最高法規として人びとに遵守を要請しうる根拠は奈辺にあり、その点にかんする思想はどこから来たのかを考究している。かれによれば、合衆国憲法は、普遍的に貫徹すべき「権利と正義についてのある種の諸原則」(certain principles of right and justice)の存在を前提とし、それを体現した文書として構成されている。この観点からコーウィンは、次のように修正九条を浮き彫りにしているのが注目される。かれはいう。

「この憲法において特定の権利が列挙されているからといって、そのように列挙されてはいない他の権利を不利に扱うことがあってはならない」と定めている合衆国憲法修正九条は、この考え方を完全に言い表わしている。ただ、ここでは先験的な正義についての諸原則が、人に具わった私的な権利という言い方に翻案されているところが違う。にもかかわらず、こうした権利と統治権力との関係は、権利の由来する源であり、かつ権利がそれを映し出すところの、諸原則と統治権力との関係と同一であるのである。これらは、憲法によって認められたから然るのではない――むしろ逆に、憲法が完結したもの(as complete)と見做されるためには、こうした認識が必要であったのである。[24]

憲法(権利章典)制定会議以来一貫して、修正九条は、ひとくちでいえば、客観法的な性質の規定として取り扱われてきた。これに対しコーウィンは、この規定のうちに「人に具わった私的な権利という言い方」(terms of personal and private rights)が使われていることに着目する。すなわち、客観法的な諸原則(それあるがゆえに憲法は最高法規として正当性を持ち得るとされるもの)が、権利の認識と保障という主観法的な文言で綴られていることに留意するのである。しかしここでのコーウィンの関心は、憲法の最高法規性と正当性の根拠を探るという客観法的な世界にあったから、修正九条についてはそれ以上の追究をおこなっていない。総体としてコーウィンは結局、権利の認識・保障一般(したがって客観的なるもの)をここで語っているにとどまる、といえそうである。[25]

修正九条を端的に権利賦与的な主観法と見るにしては、余りにも厄介な隘路があちこちに伏在している、と長いあいだ信じられてきた。そのうち最大・最強の抵抗は、制定会議で表明された解釈(意図)、つまり立法の歴史から来る。[26]次に構造上から来る困難として、たとえば、修正九条と込みで制定された修正第一〇条[27]との関係いかんの争点[28]があり、かつ、それと関連するが、修正九条は一体全体連邦政府だけに向けられた規定か、それとも州政府をも名宛人とするのかという論点[29]がある。

けれども、こうした難儀があったので修正九条は棚上げにされ「忘れられた」というのでは、かならずしもなかったように私には思われる。ここでは詳述を避けねばならないが、合衆国憲法成立後の社会変動[30]は、当然のことながら第一に「有名の権利」に内容上の変化を加えずにおかなかったし、第二にいくつかの「無名の権利」にそれなりの承認を与え——名を冠する冠しないにかかわらず——それなりの権利保障を与えてきたのである。なにに拠ってかというと、合衆国憲法修正第一四条の適正手続条項と平等条項[31](および連邦との関係では修正第五条の適正手続条項)に拠ってである。

ここへ来て新しく、修正九条に権利賦与的な意味を見出そうという考えが出てくるについては、適正手続条項と平等条項で十分にカバーされない性質の権利保障要求が現れたからにちがいない、と私には思われる。

かくして修正九条論に当たってブラック教授が、こうした旧法体系による権利保障のありように内在する欠陥を衝くことからはじめているのは、手法として正当である。かれの戦略目標は、合衆国レベルで保障されているはずの権利を州が侵害した(侵害しようとしている)ばあい、これをいかに排除するかという点に置かれる。[32] ところが旧来のやり方のうちまず適正手続条項は、テクストが持つ「ふつうの意味を恐ろしく破るような」[33] 論理構成(construction＝解釈)をとらないかぎり、実体的な・中身のある権利主張の受け皿としては不適切である、という。次いで平等条項であるが、これは人種差別の撤廃をねらいとする本源的な適用領域を別にすれば、かならずしも有効ではないと見られる。なかんずく「新しい平等」の保障のために適合的ではなく、[34] 女性の差別解放のためには苦戦を強いられている、[35] とブラックは考える。思うに、「平等」かいなかの問題は、あることと他のことを「比較」するという、内容抜きの形式的・外面的な方法に依存するところが大きい。ある種の不利益が持つ不当性(したがってまた違憲性・違法性)を他と「比較」することによって浮き彫りにするのは便利であるが、[36]「比較」はつねに有効適切ではないのである。[37] 忖度するにブラックは、本来形式的な性格の強い平等条項に対し、実体的な権利主張のためにより適合的と見られる修正九条に優越性を認めようとしている。[38]

ブラックが指摘しているごとく、適正手続条項および平等条項に拠って「無名の権利」(「新しい人権」)を生成展開させようとする仕方には、少なからざる——そして深刻な——困難があるのは、それぞれ違った意味合いにおいてであるが、ほぼすべての識者が認めざるを得ないところだろうと思う。[39] 問題は、しかしながら、第一に、この道(「無名の権利」保障システムを適正手続条項および平等条項に基礎づける、多かれ少なかれ伝統的な方途）は不毛であって将来の発展が閉じられているのかどうか、第二に、適正手続条項や平等条項をやめてその代わりに修正九条を持ってくれば、諸困難は回避され「無名の権利」保障は円滑に繰り出し可能となるのかどうか、[40]である。

　この種の問題に接近するにさいし、次のようなもう一つ別の問題も、視界のなかに入ってくるのではあるまいか。今私は、修正九条をはじめその他のオープン・エンド条項との脈絡で、「無名の権利」保障の生成展開が当面する諸困難を取り扱っているのであるが、困難といえば、修正第一条から第八条までの規定で明示的に列挙されている「有名の権利」の保障には、この種の困難はないのかどうか、かりになんらかの困難が生ずるとしても、あれとこれとはそれぞれ異質なのであろうか。この点について多くを語る余裕はない。たとえば修正第八条「残酷で異常な刑罰（を受けない権利）」を取ってみよう。これを化石化したものとして捉えれば困難はないのかもしれない。その意味するところは比較的に明瞭だからである。だが、化石化したものとして捉え安心立命すること自体が根底から問われる世の中なのである。[41] もう一つの例を、修正第一条の保障する「有名の権利」＝「言論・出版の自由」に見ることができる。労働者のピケット行為やこどもたちが着用した黒腕章が「言論」(speech)と認められたのは、そう容易なことではなかったのを知るべきである。[42] ごく最近の事案では、「国旗損壊」(flag desecration)が「有名の権利」保障に値するかどうかをめぐって、単に法的にだけではなく政治的にもすさまじい論議を呼んだのは、記憶に新しい。[43]

　より詳しい検討を要するが、以上の簡略な考察から、適正手続条項および平等条項にもとづく「無名の権利」保障だけが特別に諸困難に遭遇しているのではなくて、明示的に列挙された「有名の権利」保障もまたけっして困難から解放されていないことを、うかがうことができるであろう。そして、例をふたたび最近の「国旗損壊」事件にとってみればわかるように、そこでの「有名の権利」保障をめぐる論争（＝困難）の性質と、オープン・エンド条項を根拠にした「無名の権利」保障をめぐる論争の性質とのあいだには、基本的な差がけっしてあるわけではないのである。

こうしてみれば、「無名の権利」保障の生成展開のためには、旧来頼りにしてきた適正手続条項や平等条項よりも修正九条のほうが優れているとは、かならずしもいえないように思われる。実践上のはたらき・効果という点で修正九条を持って来れば、これまで詰まっていた権利保障がうまく通じるというほど単純に、ブラック教授は考えているのではあるまい。というのは、かれは、議論のうえでこそ修正九条を前面に押し出しているものの、適正手続条項および平等条項の同時並行的な活用をけっして排除しているわけではないからである。(44)

たいへん先走っていえば、ブラック教授にとっては、「有名の権利」であれ「無名の権利」であれ、社会の現実に適合的な個別実体的な内容を持った権利保障が——系統ある一つのシステムとして——生成展開することが眼目なのである。

(23) Corwin, The “Higher Law” Background of American Constitutional Law, 42 Harv. L. Rev. 149-185, 365-409 (1928).

(24) Corwin, *supra* note 23, at 152-153. 文中の修正九条の表出は、憲法テクストどおりでなく、コーウィン自身のことばで言い換えたものなので、私もまた、独自に訳出した。念のため。

(25) かくして、Edward S. Corwin, The Constitution: And What It Means Today, 441 (14th ed. 1978) にあっては、修正九条は「〝悪意を含まない無視〟の状態(a state of “benign neglect”)に置かれ続けている」と評価される。

(26) こうした観点からの歴史分析はかず多いが、以下には比較的最近のものを例示するにとどめる。Berger, The Ninth Amendment, 66 Cornell L. Rev. 1 (1980); Caplan, The History and Meaning of the Ninth Amendment, 69 Va. L. Rev. 223 (1983); Cooper, Limited Government and Individual Liberty: The Ninth Amendment's Forgotten Lesson, 4 J. L. & Pol'y 63 (1987); McConnell, A Moral Realist Defense of Constitutional Democracy, 64 Chi-Kent L. Rev. 89 (1988) がある。他方、これと違って「無名の権利」保障に好意的な歴史分析をおこなっている文献に、Grey, Origin of the Unwritten Constitution: Fundamental Law in American Revolutionary Thought, 30 Stan. L. Rev. 843, 854-856 (1978); Sherry, The Founders' Unwritten Constitution, 54 U. Chi. L.

Rev. 1127 (1987) ; do., The Ninth Amendment: Righting an Unwritten Constitution, 64 Chi-Kent L. Rev. 1001 (1988) (Cf. Maltz, Unenumerated Rights and Originalist Methodology: A Comment on the Ninth Amendment Symposium, 64 Chi-Kent L. Rev. 981, 983 (1988))がある。従来は、修正九条の起草者J・マディソンの見解に単一的に集約されたものとして立法者意思を構成してきたが、最近では、制定過程に現れたいろんな考えが反映したものとして修正九条を捉える傾向が出てきたように見受けられる。こうしたものとして管見に属するのは、Massey, Federalism and Fundamental Rights: The Ninth Amendment, 38 Hastings L. J. 305 (1987) ; Barnett, Reconceiving the Ninth Amendment, 76 Cornell L. Rev. 1 (1988) ; McAffee, The Original Meaning of the Ninth Amendment, 90 Colum. L. Rev. 1215 (1990)がある。

(27) 修正第一〇条は「本憲法によって合衆国に委任されず、また各州に対し禁止されなかった権限は、各州それぞれにまたは人民に留保(reserve)される」(宮沢編・注(6)前掲書五三頁)とある。前条、つまり修正九条では人民保有(retain)の権利が語られているのに対し、本条では州または人民に留保された権限(power)が語られているのである。

(28) たとえば、Redlich, Are There "Certain Rights ... Retained by the People"?, 37 N. Y. U. L. Rev. 787, 806-810 (1962) ; Caplan, The History and Meaning of the Ninth Amendment, *supra* note 11, at 262-264 ; Barnett, *supra* note 26, at 4-9を参照。

(29) 修正九条が権利章典中のまえ八カ条ともども連邦権力にむけられたものであることに多くの異論がない(ただし、Caplan, *id*. at 261-262)。さらに加えて――修正第一四条を経由して州権力に適用されるという、のちに開拓されるルートとは別に、本来的に――州権力に及ぶかどうかの争点については、たとえば、Mitchell, The Ninth Amendment and the "Jurisdiction of Original Intention", 74 Geo. L. J. 1719, 1734-1742 (1986) ; Massey, *supra* note 26, at 327-329; Sager, You Can Raise the First, Hide Behind the Fourth and Plead the Fifth, But What on Earth Can You Do with the Ninth Amendment, 64 Chi-Kent L. Rev. 239, 253 (1988) ; Maltz, Unenumerated Rights and Originalist Methodology: A Comment on the Ninth Amendment Symposium, 64 Chi-Kent L. Rev. 981, 982 (1988)を参照。

(30) 憲法制定会議では、合衆国におけるその後の社会変動をどう予想し、これに対しどう対応したかという興味ある論点については、さし当たり、Hamburger, Constitution's Accommodation of Social Change, 88 Mich. L. Rev. 239 (1989)を参照。

(31) 平等条項に拠る対応については、戸松秀典『平等原則と司法審査』(有斐閣、一九九〇年)にくわしい。

(32) Black, Decision According to Law, at 43.

(33) *Id.* at 45.

(34) *Id.* at 45-46. 平等条項が、Strauder v. West Virginia, 100 U. S. 303 (1880) のごときタイプの黒人差別事件(ここでは、殺人の容疑で起訴された黒人の刑事被告事件で、白人のみで構成すべきものとする陪審で審理されることが修正第一四条違反にならないかどうか問われた)にかかわる時代から、もっと微妙な差別あるいは利益侵害事件を問われるようになり、「疑わしい分類」や司法審査の程度に二段階あるいは三段階基準を設けて対処するにいたっている現代の状況が問われている。

(35) 特に Black, Decision According to Law, at 72-73 を参照。ブラックは、海軍将校の家族扶養手当および医療保険の取り扱いについて、性による歴然とした区別があるのが平等違反に問われた事件(Frontiero v. Richardson, 411 U. S. 677 (1973))を取り上げ、判決が「疑わしい分類」としたことの問題点を論じている。

(36) このことにつき、たとえば奥平康弘『憲法にこだわる』(日本評論社、一九八八年)二六頁参照。

(37) 平等条項の役割分担はいかにあるべきなのだろうか。私はかつて、Westen, The Empty Idea of Equality, 95 Harv. L. Rev. 537 (1982) というたいへんに刺激的な論文につられて、この問題につき臆面もなく不可知論的・懐疑論的な感想をのべたことがある(奥平康弘「『基本的人権』における『差別』と『基本的人権』の『制限』」名古屋大学法政論集一〇九号(一九八六年)二四五頁)。私の問題関心は、修正九条論におけるブラック教授の問題関心とは、ひょっとしてクロスするところがないのかもしれない。ブラック教授は、「平等」概念は実体を欠き空虚であるといった議論には、なんのコメントもしていないからである(もっとも、「平等の理念は、ひとたびゆるめたら、こんどは容易に閉じ込めることができなくなる」(Black, *id.* at 62) とはいっている)。

(38) ブラックが平等条項に拠るよりも、修正九条に拠るのをよしとする最大のポイントは、次の点にある。すなわち、修正九条に拠るアプローチをとることによって、特定のことがらの実体に即した、比較的に具体的な考察を全体構造とからめておこなうことができること、これである(*id.* at 61)。

(39) この点にかんする意見対立を象徴的に示すものとして、Michelman, Foreword: On Protecting the Poor Through the Fourteenth Amendment, 83 Harv. L. Rev. 7 (1969) に端を発する一連の修正第一四条論と、これに対抗する Bork, The Impossibility

of Finding Welfare Rights in the Constitution, 1979 Wash. U. L. Q. 695 とをあげることができよう。

(40) 既述のように Van Alstyne, *supra* note 11 は、この点でブラックの説に否定的である。かえってブラック流の修正九条論は司法超積極主義の跳梁をもたらす、と警戒的である。けれども、バーネットがいうように (Barnett, *supra* note 26, at 42) 司法権の濫用は修正九条において固有なものではなく、あらゆるオープン・エンド条項の領域で生じ得るものであるだろう。これに対抗する抑制理論は、あれこれの既成のものに加えて、修正九条にふさわしく新規開発されるべきなのであろう。

(41) ブラックは、この条項に関係して、学校教師の、こどもに対する体罰を問題にした Ingraham v. Wright, 430 U. S. 651 (1977) を取り上げている (Black, Decision According to Law, at 51)。なお、死刑廃止論を展開するかれの論文 (Charles L. Black, Jr., Capital Punishment : The Inevitability of Caprice and Mistake (1st ed. 1974)) は、憲法論そのものではないが、名高い。

(42) Black, Festschrift, at 192-193. ピケッティングは、一九四〇年代から判例上表現の自由保障内にあると理解されるようになり、そのことは Teamsters Union v. Vogt, Inc., 354 U. S. 284 (1957) で確立したといえよう。しかし、それにいたる道程が坦々たるものであったとか、その後の展開に問題がないとかいったことはだれもいえない。黒腕章着用がベトナム反戦意思表明のためのものと認められ、これに表現の自由保障を与えた Tinker v. Des Moines School District, 393 U. S. 503 (1969) は、いわゆる象徴的表現にかんする典型例として知られる。なお、この法領域については、榎原猛『表現権理論の新展開』(法律文化社、一九八二年) 第二章参照。

(43) ここでは、論議の素材としての、Texas v. Johnson, 109 S. Ct. 2533 (1989) ; U. S. v. Eichman, 110 S. Ct. 2404 (1990) を挙示するにとどめる。

(44) ブラックは、「無名の権利」保障展開のためには修正九条に依拠するほうがいいと主張するものの、「しかし、あれこれ論じ尽くしたあげく、なんらかの理由でやっぱり『平等条項』なり『適正手続条項』なりのほうがいいとお考えの諸君がいるとしても、諸君と私のあいだで実体をめぐる喧嘩 (substantive quarrel) をする必要はない」といい、結局、修正九条には入らないけれども修正第一四条には入るとか、逆に、修正第一四条には入らないけれども修正九条には入るといったようなものはないのだ、という (Black, Decision According to Law, at 48)。キャプランは、ブラックのこの点の構えを「奇妙なこと」と批評する (Caplan, *supra* note 11, at 659)。根拠法条の選択を、文献主義の見地から厳格視するキャプランの立場からすれば、ブラックのように根拠法条について、いわば融通無碍なのは「奇妙なこと」になるのはわかる。

三　ブラックの修正九条の選択

「無名の権利」保障確定のための一つの議論として、ブラックは修正九条を前面に押し出した、とあえて私は解する。強調していえば、かれの修正九条論は、権利章典の現代化、活性化という目標のためにとられた戦術なのである。そういう読み方が正しいかどうかさておき、以下しばらく、かれの「なぜ〝修正九条〟か」を聞いてみよう。最初に、条文の文言(テクスト)に即した、その意味で形式論理上の理由づけである。二つある。第一は、既述したところの、適正手続条項および平等条項との対比に関連する。修正九条は文言上、なんらかの実体的な権利が――他の「有名の権利」同様に――在ることを前提にしている。少なくもそう読む論理的な可能性を否定することはできない[45]。これに反し、実体的権利保障の文言にはなっていない適正手続条項や平等条項の場合には、そこへ実体的なるものを押し込む(incorporate)という、敷居のところで争わねばならないではないか、とブラックはいうのである。

第二、構造上あるいはアナロジーのうえでどんな「権利」についてであろうと、およそ「権利」の剝奪といえるものが生じたならば、それは即ち、修正九条により「人民の保有する……権利」の剝奪を構成することになるはずである[46]。たとえば、人びとの偶発的な寄合いは、憲法修正第一条の「集会」にあらずといえども、この寄合いに向けて警察犬が放たれて強制解散させられる事態が生ずるとしたら、それはかならずやなんらかの「権利」の侵害にならないわけにゆくまい。またたとえば、電話の盗聴は、憲法修正第四条の「不合理な逮捕捜索、もしくは押収」に当たらないとしても、人民はひたすらこれを甘受しなければならない道理はない。つまりこれは、ある種の「権利」侵害というべきだろう。このようにあれやこれや「有名の権利」保護から零れ落ちたものに対して、修正九条は救いの手をさしのべるようにできているのである。[47] すなわち、修正九条がはたらけば、天網恢恢疎にして漏らさず、ということになるというわけである。

さて次に、第一、第二の点にかんしてブラックがどのように敷衍しているかを見ることによって、かれの立場の理解に役立てたい。最初の点でかれは、修正九条がある種の権利の存在を論理的可能性として認めている、と述べているのであるが、ここから実践的には二つの途が分かれる。一つは、論理的可能性をそのままにしておいて、実践的には無作為に過ごす、あるいは昔どおり、これを客観法的な解釈準則と見做しつづける方途である。が、ブラックによれば、この方法は、「人民の保有する……権利」を格別具体的に保護しないわけだから、これは、「……権利を否認しまたは軽視したもの」と解すべく、かかるものとしてこれは憲法上たどってはならない方途であるということになる。[48] 修正九条はむしろ文言上、ある種の「無名の権利」を「有名の権利」とおなじ土俵にあるものとして(as on an equal footing)[49] 扱うべきことを命じている、と捉えるのである。

「無名の権利」と「有名の権利」とはおなじように取り扱うべしといったが、もちろん両者には違いがある。前者は「列挙されていない」(無名である)ということ、したがって、それがなんであるかが語られていないこと、これである。そこで、汝が保護すべきものと考えるなにを、どのように、この語られていない部分へ埋め込むかが、最大の課題になる。ブラックは、そのために「法の技法上利用し得るあらゆる理性的な方法」(any rational methods available the art of law)[50] を駆使すべきことを主張する。

こうした方法としてブラックが具体的に提示するのは、当然のことながら、修正九条に特有な解釈方法ではなく、また、いかなる意味でも新奇な性質のものでもない。歴史上、かつ現実に、法の技法として承認され用いられてきている解釈方法というのだから、コモン・ローが駆使してきた方法がその典型ということになる。[51] そのさいかれが特記するのは、コモン・ロー的方法における「相似性と差異性についての理由づけ」(similarity-difference reasoning)である。一定のことがらを在る法(の保護)のなかに包摂するか、それとも排除するかは、相似性と差異性についてのアナロジーのはたらきによるのであり、これあるがために法は統一性のとれたシステムたることを指向し得ている、と説かれる。

もう一つブラックが強調するのは、「社会的・政治的な諸構造とその諸連関」が生み出す法創出的な役割[52]である。イェール・ロー・スクールにおけるリアリズム法学の影響を受けたブラック憲法理論[53]の特色の一つは、まさにこの「構造と連関」論("Structure and Relationship in Constitutional Law")にあるといってよかろう。一定のことがらの法的帰属を決めようとする場合、そのことがらが置かれている社会的・政治的な構造およびその連関に応分の考慮を払う方法である。[54]

ここはブラック教授の「構造と連関」論に深入りする場所ではないので、ごく簡略に説明するだけにしておこう。かれがこの理論を特殊的に扱う論述で最初に出してくる事例[55]は、Carrington v. Rash (1965)[56]という、合衆国陸軍軍人の選挙権にかんする合衆国最高裁判所判決である。原告(上告人)はテクサス州エルパソに派遣されそこに家族ともども一七年居住してきた職業軍人である。合衆国市民としてかれは、自分に対し選挙権が賦与されるべきことを請求したが、テクサス憲法は一義的に明確に、合衆国の軍籍に在る者(およびその構成員)は、入隊する時点で居住していたところ(郡)でのみ、選挙権を行使しうる、と定めていたので、かれの請求は拒否された。最終的に事件は合衆国最高裁へと上ったが、同最高裁は当該州憲法を合衆国憲法の平等条項に違反し無効と判定、原告は勝訴した。裁判所はテクサス法にみられる合衆国軍人への別異取り扱いが「相当な」(reasonable) 根拠を持つかいなかを審査し、そうした根拠は見出しがたいと判断したのである。ところが、ブラック教授はこの判決は間違っていると批判するのである。ブラックによれば、この事件を平等条項違反かどうかという脈絡でみてしまうから、州にある種の立法裁量があることを前提としたうえで、裁量行使が「相当か」どうかを検討することになるが、ここでの問題は平等か差別かにあるのではない。この事件ではむしろ、連邦制 (federalism) という合衆国全体にかかわる憲法構造からみて、合衆国軍人の選挙権剝奪が許容されるかどうかが問われているはずだ、とブラックは論ずる。このように問題設定をし直したうえで、ブラックもまたテクサスの選挙権剝奪立法が合衆国憲法に違反し無効であると解する点で、結論はおなじになるのだが、問題への接近方法が全然違う。なかんずく違うのは、この方面でなにほどか州に立法裁量を許すかどうか、許すとして、「相当か」いなかという、決着の非常につきにくい司法審査に任すか任さないかという大事な点においてである。

ブラックがこのように Carrington v. Rash を引き合いに出すことによって、その「構造と連関」論の導入としたさいには、本稿の主題たる修正九条論が絡んでいたわけではない。かれは、この事件を憲法の「構造と連関」論からみて違憲無効と解したが、憲法のどの条文に照らして然るのかを語ってはいないのである。けれども、合衆国軍人の法的地位にかかわるこの事件への言及は、性質上当然にその延長線上で今度は、合衆国市民および外国人の法的地位いかんという、最も今日的な争点の一つにつながってくるのである。そして後者は、修正九条論を本来の主題とする別著において、修正九条上の「無名の権利」保障にかかわって議論されることになるのである(57)——いうまでもなく「構造と連関」手法を駆使することによって。

もう一度 Carrington v. Rash に戻っていえば、平等条項に拠る合衆国最高裁のアプローチと「構造と連関」論に拠るかれのアプローチとの方法上の違いは、ブラックによれば、テクストの釈義(textual exegesis)、つまり特定のテクストに拘泥せずんば止まざる主義と、テクストも含めた法構造およびそれが織りなす諸関係に重きを置く主義の違いということになる(58)。

われわれはこうして今や、「テクストと解釈」という、広大にして魅力的な論争領域の周辺に近づきつつあるが、本稿ではあえて周辺部分に身を置いたままで問題を煮つめることに専念しよう。

テクスト拘泥主義(textualism)がこれまでよしとされてきたのは――したがってまた、権利保障的な文言に欠けている修正九条が棚ざらしに置かれていたのは――法にとって本質であるところの「理性的であること」(rationality)は、(裁判所が)テクストに依拠することによってはじめて達成されるという考えが支配してきたからである、とブラックはみる。しかしこれは謬見であって、テクストはけっしてつねに理性的なるものの源泉であるわけではない。ひとはひとつの特定のテクスト(文言)になんとかして当て嵌めようと耽る結果、かえって、解決すべき争点に関連することがらを無視したり、ねじ曲げたり、その他非理性的な作為・不作為をやらかしてしまいがちである(59)。そして、そのあげく個別事案の真の解決にならないだけではなくて、総体として統一ある法システムの形成が妨げられる。これに反し「構造と連関」アプローチは、方法必然的に全体構造の連関における統一ある法のシステムを形成するという、法形成に最も本質的な要請に応えることができるのだ、と説かれる(60)。

かれにあっては、テクストは問題解決――ここでは憲法上「無名の」権利を現実適合的に生成展開させるという課題達成――のための、たぶん説得力を増すためのレトリックの世界に属する、と言えるような一手段たるに過ぎない。そうであるから、既述のように「無名の権利」保障に役立つためには、修正九条のほかに適正手続条項や平等条項その他なんであれ、共存することを厭わないのである。かれは、修正九条を「無名の権利」保障創出のための「文言上の導管」(a textual conduit)と性格づけている。かれにあっては一般に、テクストは(ある目的のための)「導管」であり、かつそれにとどまるのだろうと思う。

(45) Black, Decision According to Law, at 46; do., Festschrift, at 187-198.

(46) Black, Decision According to Law, at 48.

(47) ここでふたたび、Ingraham v. Wright がそうしたように、学校教師の児童に対する体罰が、修正第八条の「(残虐な)刑罰」に当たらないということで問題が終わるのであってはならないという、ブラックの考え(Black, Decision According to Law, at 51)を想起するのも、便利である。

(48) Black, Festschrift, at 188-189.

(49) *Id*. at 188.

(50) *Id*. at 189.

(51) *Id*. at 192.

(52) *Id*. at 194.

(53) たとえば、Kurland, Book Review (Charles L. Black, Jr., The Occasions of Justice: Essays Mostly on Law (1963)), 32 U. Chi. L. Rev. 386, 387 (1965) を参照。

(54) この点についての特質は、Blasi, Book Review (Charles L. Black, Jr., Structure and Relationship in Constitutional Law), 89 Yale L. J. 176 (1969) により肯定的に分析されている。また、Mark Tushnet, Red, White, and Blue: A Critical Analysis of Constitutional Law, at 211-213 (1988) も、この、リアリズム法学の遺産を継いだ、ブラックの方法を積極的に評価する。

(55) Charles L. Black, Jr., Structure and Relationship in Constitutional Law, at 8.

(56) 380 U. S. 89 (1965).

(57) Black, Decision According to Law, at 55-62.

(58) *Id*. at 15.

(59) *Id.* at 53.
(60) Black, Festschrift, at 195-199.

四 むすびにかえて

以上概観したブラックの——適正手続条項および平等条項との対抗関係でなされた——「修正九条の選択」論は、もし私の理解で正しいとすると、レヴィンソンが「法律家らしく考えること」("To think like a lawyer")という表現で問題にするところの、「憲法上の叙法様式」(constitutional modalities)[61]にかかわるであろう。それはまた、(憲法)解釈の客観性とはなにか、それを保持するためにはいかにあるべきかという難問に答えようと、フィスが提示した概念[62]、すなわち「解釈共同体」(interpretive community)で承認され通用するところの、「専門職の文法」(professional grammar)たる「規律準則」(disciplining rules)にかかわる作業である、ともいえるであろう。

憲法解釈は、いかにあるべきかという、こうした総論的観点からブラックの議論を今一度見直し、意義づけてみる必要がありそうである。

「ホームズ記念講演」で語られたブラックの修正九条論は、その後、社会福祉領域の権利保障を取り込むという具合に、射程範域の拡張を試みるとともに、他方その「叙法様式」にある種の補強が加えられるといったふうに、発展しつつある。私が関心を惹かれるのは、こうした議論の発展過程で、かれが、「理性的で統一のとれた人権の法体系」(a rational and coherent corpus juris of human rights)あるいは「理性的に首尾一貫した、包括的かつ公正に活用しうる人権の法」(a rationally consistent, comprehensive and fairly serviceable law of human rights)[63]への志向を語りはじめていることである。つまりブラックは、修正九条を槓杆にして「無名の権利」保障をもとめることから出発して、より高い目標(higher goals)に向けた理論構築をおこないはじめたのである。そうなると、拠るべき法条としては修正九条だけでは不足をきたすと感ぜられる。そこでブラックは、合衆国独立宣言および憲法前文に援けをもとめることになるのである。[64]

ブラックが「人権」を、とりわけ生存権的なものに力点を置きながら「人権」を語りはじめたばあい、かれの念頭にあるのは、国際人権規約、なかんずくいわゆるA規約(経済的、社会的及び文化的権利に関する国際規約)であったにちがいない。いうまでもなく合衆国憲法テクストは、A規約が内容とする「有名の権利」をほぼ全く欠いている。このギャップをどう処理するかは、合衆国憲法理論の今後の課題であるだろう。

修正九条に拠る「無名の権利」保障の実現を国際的人権保障と結びつけて考える方向は、別の論者により、一九七五年発表のある論文[65]で打ち出されていた。ブラックの当初の修正九条論は専ら合衆国憲法の脈絡だけで構築されたが、やがて期せずして国際人権的な拡がりを持つようになったのは、まことに興味深いものがある。

こうした拡がりをもとめることと関連してブラックの議論が独立宣言および憲法前文を引き合いに出し、かつ、より高き国家目標への志向を語りはじめたことで私が注目するのは、憲法上の人権保障と国際法上の人権保障との関係を問題にするヘンキン教授の論述[66]のうちに、ブラックのそれときわめて近似のアプローチがみえることである。

合衆国が憲法を改正して、A規約にあるような「有名の権利」のいくつかを拾いあげ、権利章典のリストを追加するのであれば格別、そうではなくて、現にあるテクストの解釈によって、人権の国際化をはかる途をとりつづけるのであれば、ブラックが先駆的に試みたように修正九条の出番は少なくないであろう。A規約にあるような「有名の権利」の受け皿としては、適正手続条項や平等条項よりも、より実体法的な構成をとる——と解し得る——修正九条のほうが適合的であるらしくみえる。

(61) Levinson, *supra* note 13, at 132.

(62) Fiss, Objectivity and Interpretation, 34 Stan. L. Rev. 739 (1982). なお、野坂泰司「テクスト・解釈・客観性——O・フィスの議論に即して」『憲法訴訟と人権の理論』(芦部信喜先生還暦記念、有斐閣、一九八五年)は、この点の分析として有益である。

(63) Black, Festschrift, at 192 and 195.

(64) *Id.* at 195; Charles L. Black, Jr., Further Reflections on the Constitutional Justice of Livelihood, 86 Colum. L. Rev. 1103 (1986).

(65) Paust, Human Rights and the Ninth Amendment, 60 Cornell L. Rev. 231 (1975).

(66) Louis Henkin, The Age of Rights, *passim* (1990).

初出一覧

序　（書き下ろし）
一　憲法訴訟の軌跡と理論　（『法学セミナー』一九八三年一一月）
二　憲法訴訟の軌跡——その後　（書き下ろし）
三　司法審査の日本的特殊性　（『現代日本社会Ⅴ』東京大学出版会、一九九一年一一月）
四　日本国憲法の過少な配分　（原題「日本における憲法の過小な役割配分について」『現代憲法の諸相』（高柳信一先生古稀記念論集）有斐閣、一九九二年九月）
［補論］告知・聴聞を受ける権利　（書き下ろし）
五　煽動罪と日本国憲法　（原題「〝煽動罪〟解体を試みる序説」『現代立憲主義の展開㊤』（芦部信喜先生古稀祝賀）有斐閣、一九九三年六月）
六　「無名の権利」の保障　（『憲法学の展望』（小林直樹先生古稀祝賀）有斐閣、一九九一年九月）

■岩波オンデマンドブックス■

憲法裁判の可能性

1995年5月2日　第1刷発行
2017年7月11日　オンデマンド版発行

著　者　奥平《おくだいら》康《やす》弘《ひろ》

発行者　岡本 厚

発行所　株式会社 岩波書店
〒101-8002 東京都千代田区一ツ橋 2-5-5
電話案内 03-5210-4000
http://www.iwanami.co.jp/

印刷／製本・法令印刷

ISBN 978-4-00-730634-1　　Printed in Japan